出版说明

高等职业教育既是我国高等教育体系的重要组成部分，也是我国职业教育体系的重要组成部分。近年来，我国高等职业教育蓬勃发展，为现代化建设培养了大量高素质技能型专门人才，展现了其独有的优势。

高等职业教育教材建设是高等职业院校三大基本建设之一，高质量的教材是培养高质量优秀人才的基本保证。为了编写和出版具有高等职业教育特色的教材，满足教学需要，服务高等职业教育事业，我社依据《国家中长期教育改革和发展规划纲要》基本指导思想，以及教育部全国职业教育与成人教育工作会议精神，本着“将教材内容与职业相衔接，注重工学结合”的原则，投入大量资源，经过精心策划和多方联络，隆重推出“新世纪高职高专精品教材”系列。

本系列教材立足于财经类及相关专业，包括财经类专业核心课、会计类主干课、旅游类、工商管理类、财政金融类、经济贸易类、市场营销类、电子商务专业、秘书专业、人力资源管理专业、物流专业等子系列。为了使本系列教材既科学、先进，又合理、可行，我们在编写过程中充分吸收了教学改革的最新成果，突出体现了以下几个特点：

1. 在教材品种涉及、内容取舍和讲述方式方面，均注重培养学生的实践能力，突出工学结合的特点，同时注重培养学生的职业认知、职业道德。

2. “教学”、“训练”与“考核”环环相扣，“案例”与“实训”的“训练”比例适度加大，超越单纯针对“职业知识”的传统考核。

3. 为保证教材与职业内容相衔接，作者均从专家队伍中严格遴选，既具有较高的学术水平，又具有丰富的教学和教材编写经验，以及深入实践的职业经历。

4. 打造网络教学资源包——章后习题答案，每章自测题，模拟试卷及答案，教学课件，多媒体光盘等。

高等职业教育正在快速成长，教学实践日新月异，要使教材建设满足和促进职业教育的发展，需要教育主管部门、教学单位、任课教师和专业教材出版机构的共同努力。我们真诚希望，这套系列教材能满足最新教学改革的需要，为高等职业教育人才培养工作提供教学资源支持，为高等职业教育作出应有的贡献。

大连出版社

新世纪高职高专精品教材·旅游类

旅游市场营销

沈金辉　主　编

胡亚光　副主编

大连出版社

内容简介

《旅游市场营销》以开篇引例为起点，在阐述介绍的同时，引入大量同步思考、知识链接、同步案例、职业道德与企业伦理、情境模拟与实务实训，教习结合，学练叠成，适合在校学生课堂学习。全书共分11章。第1章为导论；第2、3、4、5章分别对营销环境、购买行为、市场调研及营销战略作详细阐述；第6、7、8、9章围绕旅游产品、价格、渠道、促销展开介绍；第10章强调了旅游企业内部营销管理；第11章为旅游市场营销战略应用。

图书在版编目(CIP)数据

旅游市场营销 / 沈金辉主编. —大连：大连出版社，2012.2
新世纪高职高专精品教材. 旅游类
ISBN 978-7-5505-0244-4

Ⅰ.①旅… Ⅱ.①沈… Ⅲ.①旅游市场—市场营销学—高等职业教育—教材 Ⅳ.①F590.8

中国版本图书馆 CIP 数据核字(2011)第265716号

出 版 人：刘明辉
策划编辑：张晓丹
责任编辑：刘丽君 侯娟娟 张晓丹
责任校对：姚 兰 李菁毓
封面设计：张 金
版式设计：张晓丹
责任印制：徐丽红

出版发行者：大连出版社
地址：大连市西岗区长白街10号
邮编：116011
电话：(0411)83627430/83621075
传真：(0411)83610391/83620941
网址：http://www.dlmpm.com
电子信箱：zxd@dlmpm.com
印 刷 者：大连美跃彩色印刷有限公司
经 销 者：各地新华书店

幅面尺寸：170mm×240mm
印 张：13
字 数：292千字

出版时间：2012年2月第1版
印刷时间：2012年2月第1次印刷
书 号：ISBN 978-7-5505-0244-4
定 价：25.00元

如有印装质量问题，请与我社营销部联系
购书热线电话：(0411)83627430/83621075

前　言

旅游业的蓬勃发展在带来了无限商机的同时,也不可避免地引发了激烈竞争。在机遇与挑战并存的背景下,旅游企业需要借助旅游市场营销这一有力工具,赢得优势、占领市场、实现目标。旅游市场营销是旅游从业人员与专业学生必备的技能和素质。为紧密联系实际,适应行业需求,我们组织编写了面向高职院校大专层面的《旅游市场营销》教材。

本教材是在研究了国内外同类教材的基础上编写而成的,借鉴了其他教材的优点,同时又突出了自己的特色。在编排上力求突出重点、注重实际,具备鲜明的职业教育特色。以校企合作为基础,结合双方优势,以营销工作体系作为主线,推进素质能力的提高。本教材由开篇引例为起点,在阐述介绍的同时,引入大量“同步思考”、“知识链接”、“同步案例”、“职业道德与企业伦理”、“情境模拟与实务实训”小栏目,教习结合,学练叠成,适合在校学生课堂学习。全书共分11章。第1章为概述;第2、3、4、5章分别对营销环境、购买行为、营销调研及营销战略作详细阐述;第6、7、8、9章围绕旅游产品、定价、渠道、沟通与促销组合展开介绍;第10章强调了旅游企业内部营销管理;第11章为旅游市场营销战略应用。

本教材由宁波城市职业技术学院沈金辉主编并统稿。具体编写情况如下:宁波城市职业技术学院的黄芸茵编写第1、3章,沈金辉编写第2、6、10、11章,俞圆编写第4、9章,江西旅游商贸职业学院的胡亚光编写第5、7、8章。在编写与整理的过程中,我们汲取了近年来旅游市场营销的相关研究成果,得到了广大酒店、旅行社和景区的大力支持。在此,谨向这些文献作者和行业人员表示由衷的感谢。

由于编写人员经验和水平有限,作为高职高专教材的一次探索,本教材无论在体例上还是在内容上还存在有待商榷之处。希望借《旅游市场营销》一书与更多的专业人士沟通交流,恳请广大专家与读者不吝赐教。

编者

2012年2月

目 录

第1章 旅游市场营销导论

学习目标

知识目标：了解旅游市场营销的概念；掌握旅游市场营销的特点；熟悉旅游市场营销的产生与发展。

能力目标：能够掌握旅游市场营销的研究内容；能够运用旅游市场营销的各种研究方法。

素质目标：具备社会营销理念；能从营销的视角审视并解决问题。

【引例】

迪士尼乐园的诞生

沃尔特·迪士尼本人是主题公园概念的创始人。一天，他和他的两个女儿在一个娱乐公园游玩时，想出了这个主意。他注意到当他的女儿耗费很长时间骑木马时，他除了坐着观看外无事可做。于是他想到，要满足消费者的需求，就必须创立一个为整个家庭服务的娱乐概念。基于这种思想，他推出了旨在满足这种需求的迪士尼乐园。他的理念是将动画片中的魔幻和快乐场景"复制"展现在人们的生活中。沃尔特·迪士尼对乐园的热情甚至超过了电影，他说："电影交出后就不能变动了，而乐园可以通过增建、改建等永无止境地发展下去，简直就是一个活的事物，这一切太有意思了！"自从迪士尼乐园1955年初次登台，迪士尼世界就发生了魔术般的变化。

资料来源：杨丽佳. 2006. 市场营销案例与实训[M]. 北京：高等教育出版社.

1.1 旅游市场营销学概述

1.1.1 旅游市场概述

要研究旅游市场营销，首先要正确而客观地理解什么是旅游市场。在不同的时期、不同的场合，旅游市场具有不同的含义。随着旅游需求的扩张和旅游产业的发展，旅游市场的定义也在不断发展变化。如果从旅游产品的营销特征和旅游市场研究的不同角度出发，可以作出如下定义。

1)有形的交换地点概念

旅游市场是旅游产品和服务进行交换和消费的场所,即在一定的地理位置、空间和时间范围内,旅游者和旅游供给者双方进行旅游产品交易的有形地点。自从有了旅游交换活动,就出现了旅游市场。哪里有旅游产品的交换,哪里就有旅游市场。旅游市场是人类旅游活动和旅游经济活动发展到一定程度的产物。

2)无形的交换关系概念

旅游市场是旅游产品买卖双方以及旅游中间商直接交换现象和交换关系的总和。随着大众旅游时代的到来,旅游已经成为许多人越来越青睐的休闲方式。在现代社会中,旅游已经渗透到社会、经济、文化、政治和人们生活的各个领域,特别是高新科技在金融、信贷、通信、交换领域的大量应用,使旅游产品的交换打破了地理空间和时间的限制,交换现象日益普遍,交换关系日渐复杂。在这种形势下,原来有形地点市场的概念无法涵盖和解释现代旅游市场错综复杂的关系。新的旅游市场概念便应运而生,即旅游市场是供需双方以及中间商之间以各自的经济利益为纽带、为实现旅游产品让渡的交换现象和交换关系的总和。这一概念展现了旅游经济高度发展状况下的无形旅游市场。

3)旅游消费者群体概念

在市场营销学中,旅游市场更多地偏向旅游消费者群体概念,它是指在一定时间和地点条件下,具有旅游购买能力、旅游愿望和旅游购买权利的消费者群体。之所以将旅游消费者群体等同于旅游市场,其原因在于:旅游市场营销通常是站在旅游供给方的角度去研究旅游需求方的管理活动,从而实现旅游企业的经营目标。因此,我们每时每刻所面对的千千万万的旅游者就是旅游市场。旅游市场营销人员常说要瞄准美国市场、东南亚市场、国内市场等,事实上,真正要瞄准的并不是这些国家和地区,而是处在这些国家和地区中现实和潜在的、活生生的旅游者群体。将旅游者群体视为旅游市场,不仅是对旅游市场的一种定义,而且是以消费者为导向、站在顾客的角度去认识和研究旅游市场的一种新理念。

1.1.2 旅游市场发展现状及前景

21世纪是一个所有人都能享受旅游乐趣的新世纪。旅游是人们消费选择中仅次于食品和住房的第三大项目。旅游业是一个国家或地区社会经济发展水平和人民生活质量的综合体现。按照一般规律,人们解决了温饱之后就会产生近距离旅游的动机,达到小康之后就会产生远距离旅游的动机。我国旅游业在20世纪80年代前期才初具规模,发展时间很短,但势头迅猛。随着国民经济的发展,人民生活水平的提高,双休日制度的实行,带薪假期的增多,旅游将成为我国人民的一种生活时尚。随着收入的不断增加和旅游消费观念的更新,人们不会满足于仅在国内旅游,更多的人将走出国门看世界。我国公民的出境旅游将迅速升温,估计到2020年,中国出境游人数将达到1亿人次,成为仅次于德国、日本、美国的第四大客源国。

由于旅游产品是及时买卖、现汇收入、就地出口的,因而旅游业被认为是最优秀的出口产业,许多国家都将它作为外汇收入的主要来源,给予特别的重视和支持。我国是一个文明古国,有着广阔壮丽的河山和悠久灿烂的文化,旅游产品多姿多彩,吸引着世界各国大量的旅游者。据世界旅游组织预测,中国内地将在 2020 年成为国际排名第一的旅游热点地区,每年将吸引 1.3 亿名游客。

旅游还是人们求知、求乐、求新、求异的广阔天地,在滚滚而来的新世纪旅游浪潮中,以往传统的纯观光游览、回归大自然的旅游方式将更为成熟。观光度假旅游、体育健身旅游、修学科考旅游、探险旅游、文化旅游、商务旅游、会展旅游、影视摄影旅游、生态环保旅游等方式得到了继续发展,驱车旅游、驾机旅游、网上旅游、太空旅游等新的旅游消费方式不断出现,旅游需求进一步细化,旅游消费者将不仅仅满足于整齐划一的产品,而是追求彰显个性、发展自我的新产品。旅游消费者希望依据自己的意愿,有更多的选择,趋同性将被趋异性取代,自助型、主题型旅游消费将成为全球流行的时尚。

信息技术的不断发展将为人们的旅游提供更多方便,旅游内容将越来越丰富,个性化程度也呈现出越来越高的趋势。借助信息系统,旅游消费者可以在旅途中处理公、私事务,将工作、生活、旅游融为一体,旅游将不再受闲暇时间的限制,可由人们自由控制。

【同步思考 1-1】

21 世纪人们怎么旅游

21 世纪的某一天,加拿大温哥华一家制药公司的副总裁比尔和澳大利亚墨尔本的内科医生泰德商定去百慕大打几天高尔夫球,共度 40 岁生日。这对相距 8 000 英里的孪生兄弟约定同时到因特网上制订旅行计划。他们查找航班,搜寻最便宜的机票和酒店,然后用信用卡在网上预订并付款。

可是,就在起飞之前,大西洋上气候突变,赴百慕大的航班均被取消。比尔通过机场的无线网络使用笔记本与泰德紧急联系,商定改去苏格兰度假,并定好了机票、酒店和汽车。

在飞行途中,比尔利用设在座位上的电脑继续办公。他制订了一个度假后的业务旅行计划,并通知与他公司订有合同的一家旅行社办理所有的旅行手续。这家旅行社负责管理他公司的出差事务,因此熟悉比尔的习惯和爱好,并忠实执行公司的出差规定,掌管公司的全年出差预算。比尔知道,他们的安排定会使自己满意。

比尔突然想起出发前给泰德准备的生日礼物,是通过互联网在美国亚利桑那州一家公司定做的一套豪华高尔夫球杆,已由公司按原行程送往百慕大了,于是立即在机上与该公司取得联系。公司找到它的运输代理,得知球杆在一辆正开往该州首府凤凰城机场的卡车上。运输代理立即通过电话通知司机,司机用条形码识别机检查各个行李袋的标签,找到了球杆,最后在机场办妥改运苏格兰的手续。

分析说明:在 21 世纪,由于科技的进步,旅游将受到更少的制约。人们可以借助网络便捷地实现旅游购买。临时的线路改变也将由难转易。旅行和办公的界限变得模糊,即使是在旅行途中,游客仍能处理公务,实现休闲办公两不误。

1.1.3 旅游市场营销及其特殊性

旅游市场营销有时是指营销行为,有时又指营销理论。作为一种营销行为,旅游市场营销是指旅游企业在履行社会责任的前提下,以旅游者为中心,在旅游环境分析、旅游购买行为分析、旅游市场调研和旅游市场细分的基础上,选择适当的目标市场,找准本企业和旅游产品的位置，通过营销战略、营销策略的整合使用和科学的营销管理，实现旅游企业、旅游者和社会“三赢”的目标。作为一种营销理论，旅游市场营销是一门研究旅游企业市场营销理念、营销活动规律及营销战略和策略的应用科学。

与市场营销相比，旅游市场营销有着自身的特殊性：

1）旅游市场营销以旅游市场需求为导向

旅游企业的一切经营活动都必须以旅游者的需求作为出发点和归宿。在竞争日趋激烈的背景下，旅游者的需求也越来越个性化。因此，旅游企业在进行市场营销活动时，必须深入细致地研究旅游市场，通过一系列手段管理需求、创造需求、满足需求。

2）旅游市场营销是一个动态管理过程

旅游市场营销是对旅游企业营销资源的有效配置和管理，其过程包括分析、计划、执行、反馈和控制。这是一个不断循环的过程。

3）旅游市场营销重视内外部营销

外部营销是根据旅游目标市场需求，设计使旅游者满意的产品，制定旅游者认可的价格，实施广告宣传、人员推销、树立企业形象、严格控制产品质量和扩大市场占有率等一系列对外经营活动。而内部营销则是把企业的员工作为“内部顾客”，把企业各部门的岗位工作视为企业的“内部产品”，通过招募、培训、激励、沟通等活动影响员工的态度和行为，使“内部顾客”满意，从而达到提高服务质量的目标。旅游企业需要将内外部营销结合起来，提高顾客对企业产品的满意度和重视程度。

4）旅游市场营销是综合性、全方位的营销活动

由于旅游产品是由食、住、行、游、购、娱六个要素组成的整体产品，因而旅游市场营销活动涉及社会的各个方面。其中，除酒店、旅行社、航空公司和风景点等企业是旅游营销活动的主体外，建筑业、制造业、金融业、服装业、海关、公安等也涉及其中。这就要求旅游市场营销能够协调消费者利益、企业利益、地方政府利益和整个社会的利益。

5）旅游市场营销侧重于服务营销

旅游业属于服务行业，因此旅游企业在进行旅游市场营销活动时，应充分考虑旅游业和旅游产品的特殊性，运用服务营销理论解决工作中的实际问题。

【知识链接1-1】

旅游市场营销观念的变化

旅游市场营销观念是旅游企业一切经营活动的出发点，也是旅游企业制定营销战略和策略的根本指导思想。随着旅游业的发展，旅游企业的营销观念大致经历了以下几个演变阶段：

一、产品导向阶段

所谓产品导向，就是以生产为中心的旅游企业营销指导思想。由于物资短缺，需求旺盛，许多产品供不应求，产品导向观念一度颇为流行。在旅游范围内，旅游企业生产什么，旅游市场就供应什么。旅游企业经营管理者的精力主要集中在如何扩大生产和降低成本上面，做到“以量取胜”、“以廉取胜”。旅游企业的商品销售、广告推广等处于无足轻重的地位。

二、销售导向阶段

随着旅游企业不断增加，产品供给增大，花色品种不断翻新，旅游产品开始供过于求。随着市场竞争的日趋激烈，扩大旅游产品销售开始成为旅游企业发展的重心。为了获得更大的利润，旅游企业注意运用推销技术和广告术，向现实和潜在买主大量推销旅游产品，以期压倒竞争者，提高市场占有率。旅游企业相应也扩大了销售部门的职权，增加了市场调研、广告宣传等部门，形成以销售为核心的企业经营体制。

三、市场导向阶段

市场导向就是以消费者为中心的企业经营指导思想。在这个阶段，旅游企业经营的重点放在研究消费者的需求上。旅游企业要想扩大市场占有率，只有加强市场研究，才能生产出适销对路的产品；只有摸清市场需求，并根据市场需求设计产品，才能获得最大利润。旅游企业必须面对广大消费者，切实为旅游消费者服务，使顾客满意。

四、社会责任导向阶段

在世界经济持续发展的同时，也伴随着环境污染、资源耗竭、通货膨胀等一系列全球性问题。因此，倡导消费者需要、社会利益和企业利益三者统一，追求现实与长远利益有机结合的社会责任导向营销观念逐步受到社会与企业的认可与接受。这种观念认为，企业的任务是确定目标市场的需求，以增进消费者利益和社会福利的方式，比竞争者更有效地向目标市场提供所期待的满足。对于危害或不利于社会利益的需求，企业有责任实行“反营销”。

1.1.4 旅游市场营销学的研究对象和研究方法

旅游市场营销学是一门研究旅游企业如何应对市场竞争，提高市场竞争力，以实现旅游企业目标的应用性学科。其研究对象是：如何在满足旅游者利益的基础上，刺激和调控旅游者的需求，并根据社会和企业的具体条件，有计划地进行整体市场营销活动，提供满足旅游者需求的服务，从而获得企业和社会的长期利益。

旅游市场营销学的研究方法主要有：

1）宏观和微观分析相结合的方式

旅游市场营销学的研究要注重旅游宏观环境和旅游微观环境的因素。从宏观的角度，需要研究世界局势，旅游客源地与目的地的政治、经济、社会文化环境等。从微观的角度，需要研究旅游者的特征、年龄、特点、职业、经济收入、购买习惯、旅游兴趣与偏好以及个体旅游者现实与潜在的需求。另外，还要从微观的角度研究旅游企业产品开发、旅游价格制定、旅游产品分销、旅游产品渠道管理等内容，以制定相应的策略指导旅游企业的经营决策活动。

2）定性与定量分析相结合的方式

定性分析是建立在经验和逻辑思维的基础上，运用历史分析法、描述法、交叉影响分析法对事物进行分析的一种方法。旅游市场营销中的许多问题，如旅游者的态度、动机、行为以及旅游市场趋势等，只能进行无法量化的定性分析。定量分析是建立在数学、统计学、运筹学、系统论、控制论、信息论、计算机学等基础上，运用方程、图表、数学、模型和计算机等进行的数量分析。定量分析能够揭示事物发展与变化的程度，旅游市场营销中关于旅游市场规模、旅游环境容量、旅游企业市场占有率、客房出租率等问题都需要通过定量分析获得较为准确的结果。

3)动态分析的方式

动态分析是相对于静态分析而言的。一般来说,在研究工作中既要采用动态分析,又要采用静态分析。在旅游市场营销的研究中,之所以主要采用动态分析是因为:①旅游市场营销的外在因素,如政治、经济、社会、文化、法律和技术等市场环境是经常变动的;②竞争对手的选择和市场占有份额等情况客观上也是经常变动的;③影响旅游市场营销的内在因素,如企业的市场营销组合策略等,是企业可以根据客观要求主动进行调整的。

4)实证分析的方式

旅游市场营销学是一门应用性较强的管理学科,其研究目的是指导旅游企业的营销工作。因此,旅游市场营销学的研究必须从现实出发,研究旅游企业的营销实践活动,总结和概括旅游企业的营销经验,然后把研究已经取得的成果再运用于营销实践,进行验证。旅游市场营销学进行实证分析,应以旅游企业面临的国内外市场环境、市场竞争态势、旅游企业的应对策略、方法措施等客观现实和实际运作作为研究对象,使研究成果对实践工作起到更好的启发与指导作用。

1.2 未来旅游市场营销展望及旅游产品发展

1.2.1 未来旅游市场营销展望

随着社会的发展,市场营销出现了许多新变化,旅游市场营销理念也日益丰富。例如,随着个人计算机的普及和互联网的出现,产生了"旅游网络营销"概念;随着人民对绿色产品的喜好和对环境保护的关注,出现了"旅游绿色营销"概念;随着知识经济时代的到来,诞生了"旅游服务营销"和"旅游文化营销"概念;此外,还出现了"旅游关系营销"概念。

1)旅游网络营销

旅游网络营销是借助互联服务网络、通信和数字交互式多媒体等来实现旅游营销目标,实质是以计算机互联网技术为基础,通过与潜在旅游者在网上直接接触的方式向旅游者提供更好的旅游产品和服务的营销活动。其优势在于:①利用互联网进行营销活动,可以使小规模的旅游产品降低营销费用,实现全球营销;②通过网络旅游者能买到自己所需要的旅游产品,这比传统的营销活动迈进了一大步;③虽然旅游网络营销是定制营销,但并没有因此而增加旅游营销成本,相反还大大降低了旅游营销费用;④利用网络营销方式可以提供全天候的广告及服务而无须增加开支,大大增加潜在销售机会。

按目前在互联网上的商业应用方式,旅游网络营销可分为以下几种:

(1)旅游网上广告。网上广告是网络营销中应用最多、技术也最为成熟的一种营销形式。目前已有大量的旅游公司在互联网上建立自己的网站,即时向全球发布旅游产品信息。由于这些信息采用多媒体技术,集文字、动画、全真图像、声音、三维空间和虚拟现实等为一体,大大吸引了游客的注意力,使旅游者如临其境,从而激发其购买欲望。在跨越空间和时间限制的同时，旅游网上广告可以在很短的时间内配合旅游企业营销策略的更改，完成内容的更换，并且其具有互动性功能。其主要形式有主页和电子邮件等。

(2)旅游电子商店。电子商店是指将商品以多媒体展示的方式通过互联网供全球游客浏览和选购。旅游电子商店有很多特点。由于它基本上是无店铺、无库存的，因此经营成本很低。同时，由于其兼具促销功能，电子货架上的商品本身就是广告宣传的样品，由此经营者不需要再负担促销广告费用。另外，使用电子商店进行销售还可以自动将客户信息汇集到用户信息数据库中，以便将来用于产品促销活动。

(3)旅游网络服务。旅游网络服务主要由利用互联网资源为用户服务的旅游公司提供。这些旅游公司从事的业务主要包括互联网访问、信息检索、软件开发以及用户咨询与培训四大类。

2)旅游绿色营销

环保意识的增强和绿色浪潮的到来，使旅游营销必须重新定位。从国际旅游市场的需求来看，随着环境问题的日益凸显，人们对环境的关注程度越来越高。据美国旅游数据中心的调查，旅游者在其消费支出中平均愿意多支付8.5%来购买对环境重视的供应商所提供的旅游产品和服务；1/3的美国旅游者将企业是否对环境负责作为选择旅游供应商的一项重要因素。在旅游发达国家，自20世纪80年代以来，生态旅游以每年30%的速度发展，它被视为“大众旅游产品”的替代形式并成为旅游市场增长最快的产品形式。

旅游绿色营销正是基于这一需求而出现的一种新型营销理念，其含义包括两个层次：一是基于旅游企业自身的利益而进行的旅游绿色营销；二是基于社会道义而进行的旅游绿色营销。前者是指旅游企业满足旅游者的绿色消费需求，降低成本，在竞争中获取差别优势，从而获取更多的市场机会，占有更大的市场份额，获得更多的利益；后者则指在营销的过程中与社会对环境保护的要求相适应，与社会可持续发展战略相一致，尽量减少对环境的污染，维护全社会的公共利益。绿色营销是人类环保意识与市场观点相结合的一种现代市场营销理念，它能解决自然、经济和社会之间的矛盾，促进三者的协调发展，引导人与自然、人与人之间关系的和谐发展。

【同步案例1-1】

澳大利亚悉尼洲际酒店的绿色管理

澳大利亚悉尼洲际酒店坚持实施绿色管理，在节水方面收效颇佳。客房淋浴喷头的出水量由每分钟22升降到每分钟12升，洗脸盆水龙头出水量降到每分钟9升，马桶抽水从每次12升降到每次7.5升，厨房和后台安装了特制的扁嘴形节水装置，每分钟才出水12升。废水回收处理器将水重复使用，清洁布件的水回收处理后供第一次漂洗用，洗衣房每千克布件的用水量从23.5升减少到18升。使用这些装置后酒店节约了30%的用水量，每年节省水费4.4万澳元。

问题：澳大利亚悉尼洲际酒店为什么要坚持绿色管理？

分析提示：绿色管理不仅能给酒店带来经济利益，还可以对外塑造企业的环保形象，给消费者以良好的印象，帮助树立企业形象。另外，环保是大势所趋，符合社会要求，并能满足消费者的长远利益。

3)旅游服务营销

旅游服务营销即在传统市场营销4P(产品、价格、渠道和促销)策略上再加上3P(人员、环境和程序)。除了需要传统的外部服务营销外,旅游服务营销还要加上两个服务营销要素,即内部服务营销和交互作用服务营销。外部服务营销是指旅游企业为游客准备的旅游服务须考虑定价、分销和促销等服务营销组合要素;内部服务营销是指旅游服务企业必须对直接接待游客的人员以及相关辅助人员进行培训和激励,使其能够对游客提供满意的旅游服务;交互作用服务营销是指旅游服务企业人员在与不同的游客接触时,应具有娴熟的接待和旅游服务技能。游客是以自身感受来对旅游服务质量进行评价的,因此,应根据不同旅游服务对象的情况提供相应的旅游服务。

【知识链接1-2】

旅游服务营销战略

对提供旅游服务的企业来说,解决竞争的办法是发展差别供应、差别交付和差别形象。实行差异化战略有助于争取游客、扩大市场份额。为使自己提供的旅游服务产品有别于其他企业,企业可以在以下四个方面采取措施:

- 人员。通过培训来提高旅游服务人员的旅游服务技能和知识,形成有个性特点的旅游服务。
- 环境。旅游企业可在旅游服务场所的环境布置以及旅游服务设施的水平方面表现自己的特色。
- 程序。通过采用标准化方法和严格的流程管理来稳定旅游服务质量,减少因操作者差异而造成的游客不满。旅游企业可通过不断完善和修改程序使旅游服务获得具有企业特色的稳定质量。
- 品牌。旅游企业通过符号象征和品牌标志来使自己区别于同行。

4)旅游文化营销

知识经济时代的到来,使旅游产品不再是一个纯粹意义上的经济概念,而是一种在满足人们个性化需求的基础上融合了文化知识因素并以文化性质为主的产品形式。知识经济时代的旅游者需求发生了根本的变化,旅游消费行为从现在的旅游者与供应商之间的交换过程,变为供应商与旅游者合作并满足旅游者独特需求的过程。旅游企业与旅游者之间的关系,由旅游者被动接受旅游企业的旅游产品,变为旅游企业主动帮助旅游者学习旅游产品的有关知识。

旅游文化营销就是在这样的背景下提出的,具有知识密集性和可持续性的特点。在运营中,其主要营销途径有:

(1)根据旅游地形象等级和地域条件确定主要客源市场,对客源地文化和旅游者素质、欣赏习惯及个性特征进行形象定位。划分客源市场,推出品牌形象,提升附加形象,并开创新的旅游地形象。

(2)根据旅游者在目的地的游览和消费行为,合理配置食、住、行、游、购、娱六要素,确立和谐的旅游地形象,研究旅游者需求,提供优质和个性化的服务。

(3)注重广告宣传,保持旅游地形象的连贯性、新颖性和独特性,使人们形成旅游资源与目的地之间在深层意识上的组合。

5)旅游关系营销

旅游关系营销是以系统论和大市场营销理论为基础思想,将旅游企业置身于社会经济大系统中来考察旅游企业的市场营销活动。旅游企业市场营销是一个与旅游者、竞争者、供应商、分销商、政府机构和社会组织发生互动作用的过程,其核心是正确处理与这些个人和组织的关系,将建立与发展同相关个人和组织的良好关系作为旅游企业市场营销成功与否的关键因素,以双向交流、协同合作、互惠互利、反馈机制作为主要特点。旅游关系营销的主要内容有:

(1)旅游企业与游客的关系。旅游企业与游客是旅游关系营销的主要表现形式,即以某种方式将游客纳入旅游企业的特定组织,既能使旅游企业与游客保持更为紧密的关系,又能实现对游客的有效控制。这种关系也是双方共同的愿望,因而旅游企业必须采取一定措施来激发游客主动与旅游企业建立关系。旅游企业通过旅游关系营销可以在两方面使游客满意:一是给予游客优惠的特别照顾;二是减少游客的购买风险。

(2)旅游企业内部关系。内部关系包括部门间的关系和员工间的关系。只有处理好内部关系,员工才能更努力地工作,旅游关系营销的实施才能有一个好的基础。为实现旅游企业内部关系的和谐化,企业文化与企业伦理不容忽视。前者能吸引企业员工建立共同的目标和价值观念,使员工对旅游企业忠诚,从而使旅游企业具有很强的凝聚力和向心力;后者要求旅游企业与利益相关者和睦相处,员工之间团结、友爱、互助,管理者与被管理者之间相互体谅、相互合作。

【职业道德与企业伦理 1-1】

使用自己的产品和服务

在内部营销中,企业要向员工传递正确、科学的企业信息。较为有效的一种做法就是鼓励员工使用自己的产品和服务。旅游企业可以将其薪酬最具吸引力的部分之一设计为员工享有购买产品的优惠折扣,或为其提供免费服务,如免费餐饮等,来鼓励旅游消费。通过自己员工的消费进一步传递企业产品和服务,吸引外界消费者关注。

问题:为什么企业要鼓励员工使用自己的产品和服务?

分析提示:员工使用自己的产品和服务意味着,较之竞争对手的产品和服务,他们对自己的东西更有信心。这从一个侧面向外界消费者传递了产品质量过关、服务上乘的信息。试想某家旅行社的员工从不在自己单位购买旅游产品,大众消费者对该旅行社的产品与服务必抱有怀疑的态度。

1.2.2 新型旅游产品的发展

旅游需求的不断更新,对旅游产品的迅速发展起着持续的刺激作用。为满足新世纪旅游市场的需求,旅游供给将趋于高度灵活化,旅游产品将从统一转向多元,旅游服务也将体现规范化、个性化、制度化相结合的特点。旅行社、酒店及旅游区向旅游消费者提供的将不再是整齐划一的产品,而是针对个性化需求而提供不同层次、不同组合、不同类别、丰富多彩的旅游产品。

1)新型的酒店产品

酒店业将进一步开发无烟客房、女性客房,推出管家服务、秘书服务、托儿服务、惊喜服务等系列项目。酒店的整体产品也不断出新,企业家不再盲目追求超大、豪华、全面,而是注重培养自己的特色,各种规模较小、功能单一、面向个性化消费市场推出的酒店将应运而生。以下为若干新型酒店产品的代表:

(1)家庭式旅馆。只有几间客房,但按星级标准建造和装修,只有住宿设施和咖啡厅,功能非常简单,适合家庭度假。

(2)背包旅馆。不提供床单的旅馆。背包旅游者喜欢自带睡袋,既方便又卫生。

(3)主题旅馆。客房或旅馆设施按一个或多个主题装饰,风格各不相同。

(4)帐篷旅馆。建在公路旁高的水泥帐篷式汽车旅馆,配有全套洗浴设备。

(5)水下旅馆。利用水下建筑而设计的旅馆,提供类似帆布的单人吊铺和经过化学处理的盥洗室。

(6)船舟旅馆。利用小船等设施设计的旅馆,游客住在船上可沿途观赏美丽风景。

此外,还有小说旅馆、井中旅馆等,可谓是无奇不有。随着航天技术的发展,太空旅馆也在运筹中。希尔顿集团就在研究到月球上建一座拥有5 000间客房的酒店;日本希米祖公司也计划在月球上建一座酒店,并着手寻求在月球上研制混凝土的方法。

【同步思考1-2】

各具特色的新型旅馆

美国朱尔斯旅馆是利用航海研究舱室建在水下的旅馆。旅客登记时,需填写一份责任书,内容是若不幸葬身水中,不是旅馆的责任。游客签名后,就可以带上呼吸器潜入水下30英尺的旅馆。傍晚,旅客可以看录像、观赏游过舷窗的鱼类,或享用由潜水员兼厨师潜下来做的龙虾晚餐,或自己用微波炉烤鸡吃。

泰国湄南河上有专供游人观赏两岸风光的活动旅馆。一条小木船就是一间客房,游客住在船上可观赏沿途的美丽风景。

位于美国加利福尼亚州的麦当娜旅馆是一家主题旅馆。109间客房,每间客房都按一个主题装饰,风格各不相同,无一重复。

分析说明:上述新型旅馆规模较小,是针对部分游客个性化的需求设计建造的,因其独特性和不易取代性,赢得了消费者的青睐。

【知识链接1-3】

"金钥匙"服务

"金钥匙"是1929年诞生于法国的国际组织,法语原意是钥匙保管者,后成为礼宾司,为顾客提供合法的、合乎道德的一切委托代办服务。1972年在西班牙举行了第二十届国际会议上发展成世界性组织,形成世界性的一条龙服务网络。这一组织由酒店前厅部的最佳代表组成,他们的衣服上都别有十字形金钥匙标志,其服务范围非常广泛,迎宾、邮件、订票、报纸、商务、饮食、叫醒、协调、帮助等,一应俱全。不论顾客走到世界何处,金钥匙都可以为其办好一切。当消费者要离开酒店去别的城市,金钥匙会向目的地移交,目的地城市金钥匙会继续为该顾客提供服务。

2)新型的旅行社产品

随着时代的发展,旅行社产品只经营标准、豪华、经济、全包价、半包价等统一产品的状况将得到改善。针对市场需求,旅行社产品也要求一改过去,给旅游者以更多的选择和机动的余地,如开辟新线路、增加新项目、区域旅游、高档旅游、参与式旅游、灵活报价旅游等。另外,旅行社趋向于根据季节变化和社会生活节奏,适时推出一些专题旅游项目,如快乐周末、假日远游、沙漠探险、奇洞探秘、观海吃鲜、踏青访古、梦幻之旅、滑雪之旅、快乐老人世界行、农家乐、亲子团、孝顺团等。

3)新型的旅游地产品

旅游地产品也经历着不断的变化。在新经济下,旅游地常以不同主题推出各种融景观、商贸、文化、休闲于一体的节庆活动,引人入胜。此外,灯展、画展、花果展、邮展频频举行,令人恋恋不舍;动吧、网吧、影吧、画廊吧、摩托吧、布吧等产品千奇百怪。

各大城市还开发了嬉水乐园、海底世界、水下龙宫、水上飞机、伞翼滑翔、水族馆、海洋馆、游乐园、热气球、原始大世界等各种妙趣横生文化园来丰富旅游地产品。

【情境模拟1-1】

场景:你所在旅行社开发了一条针对年轻人的新线路,主打探险牌。请站在旅行社营销人员的角度,将该产品卖给潜在旅游者。

操作:学生随机两两组合,分别扮演旅行社营销人员与潜在旅游者的角色。根据市场营销理念,进行现场推销,锻炼语言表达能力、说服能力等。

知识题

1.1 什么是旅游市场?

1.2 简述旅游市场营销的含义及特点。

1.3 旅游市场营销有哪些新趋势?

实务题

请选取一家旅游企业,收集材料,了解其旅游市场营销组合策略的设计思路,分析其优缺点。

案例题

苏州集江南山水文物之大成,寒山寺的霜月钟声更是勾画出其不朽的典雅风范。一首张继《枫桥夜泊》让枫桥与寒山寺享有盛名,也让寒山寺名扬海内外。1978年,开放的中国旅游业刚刚兴起,一位日本友人向苏州国旅负责人提出,在日本有除夕夜吃年夜饭到寺庙听钟声除烦恼的习俗,日本有仿寒山寺,但没有苏州寒山寺有名,何不共同组织推出除夕听钟声活动。这一建议带来了“日本大阪府迎春团”90多名游客,在寂静无声、泥泞弯道的寒山寺聆听了108下除夕钟声。睿智的苏州人从这平常的钟声中觅到了旅游的“天籁”,也在这钟声余音中构架起了苏州大旅游的雏形。

苏州旅游部门清醒地意识到寒山寺在苏州旅游中所具有的“王牌”风范和辐射效应,逐步规划将5.7公顷面积的寒山寺扩大到18公顷,按《寒山寺繁华图》的原貌建成书写院、枫桥古镇、铁岭关广场、寒山别院、江枫洲等景点,形成以山水背景为衬托,古寺、古桥、古镇、古街和古运河相连的优雅意境。钟声活动也在大旅游主轴下延伸出民俗文化的再现。传统龙灯舞狮表演、手艺苏州精品展、农村民间艺人对唱、庆典宴会、枫桥景区庙会等用最完美的元素组合成“大旅游合奏曲”,创造了一个从一般旅游活动跃升到品牌旅游活动的奇迹。

问题:苏州以寒山寺为中心的旅游营销给了我们哪些启示?

分析提示:苏州的旅游发展,从旅游者需求出发,抓住旅游者对古诗中寒山寺的向往,并且抓住旅游者除夕夜听钟声的传统习俗,深入开发寒山寺旅游产品,满足游客需求。在开发旅游产品的过程中注意使用品牌效应,开发系列产品,使得围绕寒山寺这个主题的旅游产品变得丰富多样,形成一个具有地方特色的旅游综合体,在市场竞争中取得了巨大的成功。

实训题

实训项目:实际体验与认知正确的旅游市场营销理念对企业营销活动的指导作用。

实训目的:通过实训,使学生能结合工作实际,重视旅游市场营销,形成科学的营销理念。

实训步骤:本实训可以通过以下步骤实现:①随机组成营销小组,选择本地一家旅游企业并收集其旅游产品等相关市场信息;②对企业经营人员进行访谈,了解其经营理念;③小组分析其所奉行的营销理念是否符合时代要求,并说明理由。

实训成果:通过全班交流座谈会进行小组成果汇报。

第2章 旅游市场营销环境

学习目标

知识目标:了解旅游市场营销环境的含义和特征;熟悉旅游市场营销宏观环境;熟悉旅游市场营销微观环境;掌握旅游市场营销环境评价。

能力目标:能在了解旅游市场营销环境的基本理论的基础上,对某个旅游企业的旅游市场营销的宏观及微观环境进行分析评价,为其制定相应的营销策略提供依据。

素质目标:能敏锐地洞悉旅游企业的市场营销环境;具有全面严谨的营销工作作风;具备灵活的营销工作思路。

【引例】

泰国旅游业的政治经济分析

泰国政府从19世纪60年代开始发展旅游业,成效相当不错,到2008年时,吸引超过1 400万名观光客。泰国政府对旅游业极其重视,最早的泰国旅游组织是19世纪60年代越战开始时成立的,当时有为数众多的美国大兵前往泰国休息度假,为泰国赚进不少外汇,也促进了泰国旅游业软硬体建设的发展。越战结束之后,泰国有效利用越战时期所累积下来的旅游资源,顺利吸引大量美国与欧洲的观光客。泰国政府于1977年正式将旅游业纳入第四次国家经济与社会发展计划书,旅游业被视为赚取外汇的最主要来源。1982年,泰国旅游业正式取代稻米成为最大的外汇来源,旅游业也开始进入黄金时期。1997年的亚洲金融危机对于泰国的整体经济环境造成了相当大的影响,旅游业也遭受到不小的打击。不过,泰国政府有效结合公、私部门的资源与力量,除了推出大型的国际营销活动——"惊奇泰国"外,还推广医疗观光,以及新机场启用等,迅速带领泰国旅游业走出金融危机的阴影。

资料来源:陈尚懋. 2010. 泰国观光业的政治经济分析[J]. 台湾东南亚学刊(7).

旅游业的发展受到多方环境的影响和制约。除了引例中提及的政治、经济之外,就宏观环境而言,还包括法律、人口、社会文化、自然、科技等方面。微观环境则由企业、供应商、中介单位、顾客、竞争者、社会公众等组成。通过对这些方面的学习和分析,旅游专业学生可以更好地驾驭并利用环境,为旅游营销战略的制定打好基础。

2.1 旅游市场营销环境的含义和特征

旅游企业的市场营销活动是在一定的外界条件下进行的,因此旅游企业制定营销策略要与市场环境相适应。经营者为使企业更好地发展,需要对环境进行分析,趋利避害,使之向有利于自身的方向转化。

2.1.1 旅游市场营销环境的含义

与所有的企业一样,旅游企业也是在一个动态、复杂的环境中运行的,在内外环境不断变化的条件下开展营销活动。直接或者间接的环境影响既可以给旅游企业的市场营销带来机会,也可以形成某种风险和威胁。

旅游市场营销环境是指与旅游企业市场营销有关的,影响旅游产品的供给与需求的各种外界条件和因素的综合。旅游企业市场营销成功与否与企业自身的营销组合以及企业运营的宏观及微观环境密切相关。宏观环境是指各国或各地区的政治、法律、人口、经济、文化、自然、科技、交通等一些大范围的约束力。对旅游企业而言,这一方面基本上为不可控因素,需加以趋利避害,积极适应。微观环境则由与企业紧密相连并直接影响旅游产品与服务质量的旅游供应商、旅游营销中介、旅游消费者、旅游竞争者、旅游企业、社会公众等方面组成,其受宏观环境的影响,是企业的半可控因素(见图 2-1)。

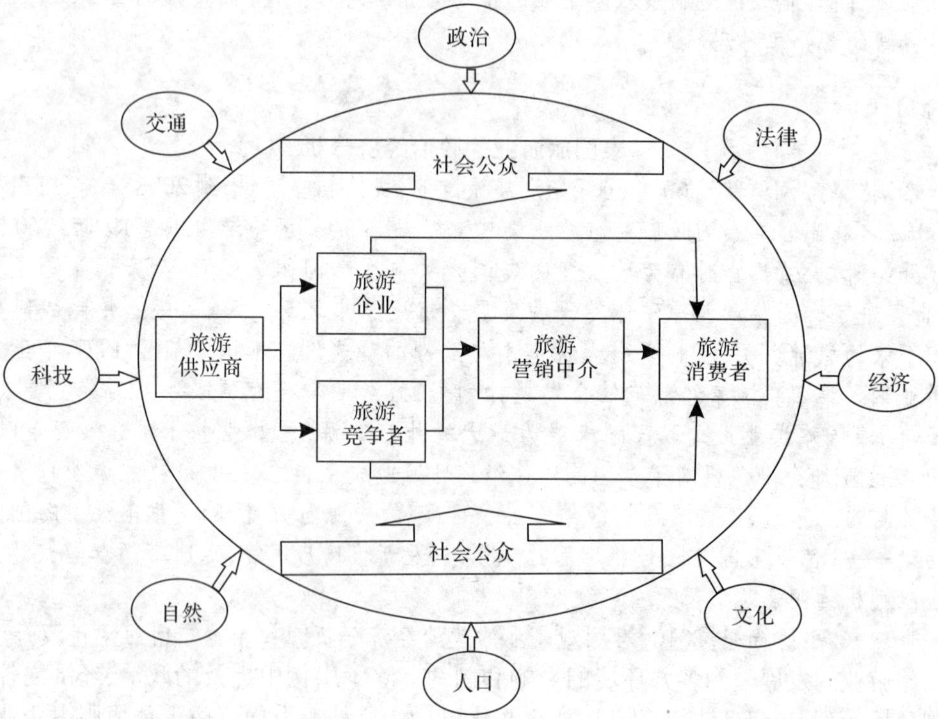

图 2-1 旅游市场营销环境

2.1.2 旅游市场营销环境的特征

旅游市场营销环境的特征具体表现在多样性、多变性、可转换性和不可控性四个方面。

1）多样性

旅游市场环境既有宏观环境，又有微观环境，既有内部环境，又有外部环境，且每类环境又包含很多不同的因素。这些因素的变化都会给企业的营销活动带来影响。就全球而言，同一国家或地区，大的营销环境基本上趋于类似（如政治、经济等），但即便是同一国家或地区在某些环境上（如自然、文化等）也会存在较大的差异。在越来越多的旅游企业跨国经营的今天，不同地区的营销环境不尽相同。旅游营销者需要把握复杂多样的营销环境，因地制宜地制定策略。

2）多变性

旅游市场营销环境和其他事物一样，时刻都在发生变化。变化既来自外部条件的转变，也来自各个因素之间的相互关联。大多数的变化基本属于“渐变”范畴，处于相对稳定的状态，如社会文化、法律法规等。处于相对稳定状态的旅游市场营销环境一般对旅游企业影响较小，但有时旅游市场营销环境也会因为突发事件发生巨变。例如，大地震、海啸及随之引起的核灾使日本的旅游业受到重创，赴日旅游游客的数量在极短的时间内急转直下。

3）可转换性

凡事都有两面性，旅游市场环境在对企业产生制约的同时，也可能带来机遇。在遇到环境威胁时，旅游企业如能突破固定模式，运筹得当，则可避免或减轻环境带来的负面影响，甚至能化弊为利，获取商机。

【同步思考2-1】

逆市而动的酒店

“巴菲特为什么会赢？就是要看清市场，在别人盲目投入或撤出的时候可以有准确判断，甚至逆市而为，这恰恰是商机。”近年来，经济型酒店“拐点论”不时被业界提起。而就在大多数企业收缩战线准备“过冬”之际，如家酒店连锁与格林豪泰却逆市而动，如家酒店连锁宣布正式更名为如家酒店集团，今后将实施多品牌战略；格林豪泰则欲趁目前低成本时机收编闲散酒店，拟拓新店约200家。

分析说明：有时，旅游企业表面上看机遇颇多，前景美好，但实际却潜伏着危机。有时，旅游企业表面上看前景黯淡，但潜心发掘会发现暗藏的商机。如何将环境威胁转化为环境生机，并通过资本运营将公司做大是每个营销者需要考虑的问题。

资料来源：http://cnhotelunion.wwwwang.com/content/200910/768329.shtml.

4）不可控性

对于单个旅游企业而言，旅游市场营销环境，尤其是宏观的市场营销环境基本上是不可控制的，企业只能较为被动地适应，并寻找存在、发展的最佳形式。

2.2 旅游市场营销宏观环境分析

旅游企业进行市场营销活动离不开政治法律、经济、人口、社会文化、自然、科技、交通运输等宏观环境。通常，宏观环境因素对企业的市场营销活动不直接产生影响；或者说宏观环境一般不直接对一个特定的旅游企业的营销活动产生影响，而是通过对那些可以对企业活动产生直接影响的微观环境因素起作用，然后对企业的营销活动发生影响。

2.2.1 政治法律环境

旅游企业的营销活动都必定要受到本国和客源国等地政治与法律环境的制约。旅游营销者必须了解本国和客源国的政治法律环境，才能作出正确的营销决策。

1）政治环境

政治环境是指企业市场营销活动的外部政治形势和状况给市场营销活动带来或可能带来的影响，包括政局、政府态度和政府间关系等方面。

（1）政局。政局是重要的政治环境因素之一，政局稳定是旅游企业营销活动正常开展的前提。旅游企业在进入某个地区之前，一定要将该地区的政局作为首要条件之一进行考量，因为政局会直接影响旅游者的人身、财产安全和旅游企业的正常运营。如果一个国家政局比较稳定，没有战争、暴乱、恐怖活动，游客就会产生一种安全感。相反，如果一个地方状况不断，政变连连，旅游者一般不会对其表现出青睐。

（2）政府态度。政府对旅游业所表现出来的态度也是政治环境的要素之一。如果政府对旅游业不重视，不给予政策上的扶持和态度上的肯定，那么旅游业就很难良性、健康、快速地发展。在政府态度方面，最重要的当属国家旅游政策的制定，如关税减免、财政资助、低息贷款、信誉担保、带薪长假等能在一定程度上刺激和鼓舞旅游业及旅游企业的发展。有的政府为保护资源和防止文物古迹被破坏，会限制游客数量，不过度鼓励旅游发展，如我国敦煌莫高窟等地。

【知识链接 2-1】

境外游客来海南享受免旅游签证待遇

2010 年 6 月 2 日下午，海南省人民政府在海南省公安厅出入境管理局召开的新闻通气会上颁布了《外国人免签证来琼旅游团服务和管理办法》，此办法自 2010 年 6 月 15 日起施行。海南自建省以来，国家给予了 21 国团队免签、口岸签证和台湾居民口岸签注三大出入境便利政策，有效拉动了海南入境旅游市场。其中，21 国旅游团免签入境已成为外国人来海南的主渠道。《外国人免签证来琼旅游团服务和管理办法》在原有制度的基础上，进一步加强、完善了对免签团的服务和管理工作，规定免签团由在海南设立的旅行社负责接待，旅行社应当安排全程陪同提供导游服务。外国人免签证来海南旅游团入境前 24 小时，旅行社应当向边防检查机关报送旅游团名单表，向公安机关报送旅游团名单表和行程安排；旅游团入境后 2 小时内，旅行社应向公安机关报送实际入境信息；每日向公安机关报送外国人免签证来琼旅游团当日住宿信息；旅游团整团或者个别成员分团出境后 2 小时内，旅行社应向公安机关报送出境信息。免签团成员需要延长在海南停留期限或者前往中国国内其他地区的，应当依法办理签证。对旅行社不按规定招徕、组织、接待免签团,导致外国人不能入境的、外国人滞留海南等所产生的费用将由旅行社承担。《外国人免签证来琼旅游团服务和管理办法》是中国内地第一部涉及免签外国人服务与管理工作的规章,为海南省免签团服务管理工作提供了充分的法律依据和保障。

资料来源:http://www.166map.cn/ynzx/dt/20100603/1522.html

(3)政府间关系。旅游客源地与旅游目的地所属国之间政府外交关系的好坏直接影响旅游市场营销。当双边关系良好时,国家之间在各方面都会有良好的互惠政策。就旅游而言,政府会给予开放旅游签证或简化旅游签证办理手续、减免关税、实行特殊的旅游者汇率等措施,这将大力推动两国旅游往来。

2)法律环境

法律环境主要指国家主管部门及地方政府颁布的各项法规、法令、条例等。旅游企业须了解法律、熟悉法律环境,既保证自身严格守法,又能够运用法律手段保障企业的利益。在旅游市场营销工作方面,企业主要关注的法律法规有:①以规范旅游企业竞争为目的的法律法规,如我国的《旅行社管理条例实施细则》、日本的《旅游业基本法》;②以保护旅游消费者权益为目的的法律法规,如我国的《中华人民共和国消费者权益保护法》、《旅游外汇管理办法》;③以维护社会利益为目的的法律法规,如我国的《中华人民共和国文物保护法》、国际旅游组织的《可持续旅游发展宪章》。

【同步案例2-1】

360度转变的消费者购物态度

某教师旅游团赴新马泰三国进行为期10天的旅游。新加坡与马来西亚地域相邻,物产相似,相同的旅游商品马来西亚的价格更优惠,但有趣的是,该教师旅游团的购买欲就两地而言却出现了很大的差别,尤其在珠宝等首饰的购买中,大多数老师在马来西亚都处于观望状态,只看不买,即便是买也是小买,一度让导游及领队心灰意冷。可到了新加坡,他们的购物态度却来了个360度的大转变,动辄上万元的钻石及宝石项链都成了该教师旅游团的购买对象,这让出境领队和当地地陪导游万分惊讶。

问题:为什么该教师旅游团的购物态度会如此不同?

分析提示:对于中国游客而言,购买珠宝类商品时往往害怕上当受骗。虽然马来西亚的该类商品价格较低,但因为内心的不信任,该教师旅游团处于观望状态。新加坡以法律严格而著名,在旅游购物的过程中,导游和介绍人员很好地利用了这一点,大打政府诚信和法律严格牌,使旅游者放下了心中的芥蒂,促成了大量的消费。由此可见,法律法规对旅游有着很大的影响。

2.2.2 经济环境

旅游市场需求的大小由两个基本因素决定,即购买力和人口,其中前者就与经济密切相关。经济环境是指一定时期国家或地区的国民经济发展状况,主要包括国内生产总值(GDP)及人均国内生产总值、区域经济形势、个人收入及个人可支配收入、经济周期和货币汇率。

1)国内生产总值及人均国内生产总值

国内生产总值是指在一定时期内,一个国家或地区的经济中所生产出的全部最终产品和劳务的价值。人均国内生产总值即该国内生产总值在所在国家或地区居民每人名下的平均数,它能反映一个国家人民的富裕程度,与消费者的购买能力密切相关。一般认为,当人均GDP达到300美元时,近距离旅游需求产生;达到600美元时,旅游业开始起步;达到800美元时,国内旅游市场进入"起飞"阶段;达到1 000美元时,跨国旅游转旺;达3 000美元时,洲际旅游需求兴旺。

2)区域经济形势

旅游业对经济有着较强的依赖,某一国家或地区经济形势的变化,对旅游会产生直接的影响。如经济发达,上升快速,地区投资于旅游设施、配套娱乐、商业的资金会跟着增加,人们有经济实力追求旅游产品和服务,同时以该国家或地区为重点客源市场的其他地区旅游业也随之处于上升状态。反之,经济衰退、通货膨胀会减少旅游相关投资,个人旅游产品消费被其他各类生活必需品消费所取代,使旅游消费萎缩。

3)个人收入及个人可支配收入

个人收入是指一个国家的所有个人、家庭和私人非营利性机构,在一定时期内从各种来源所得到的收入总和,包括工资、红利、租金、社会保险、赠予等。消费者的购买力来自其收入,因此个人收入是影响社会购买力、市场规模、消费者支出模式的重要因素。

个人可支配收入是指在个人收入中扣除个人缴纳的各种税款和交给政府的非商业性开支后,可用于个人消费和储蓄的那部分收入。这部分收入往往用于购买高档商品、旅游娱乐等,是决定旅游者购买力和支出的决定性因素。消费者可随意支配的收入越多,用于旅游或其他娱乐的开支就会越多。

4)经济周期

经济周期分为四个阶段:繁荣期、衰退期、萧条期和复苏期。一个国家和地区处于经济周期的不同阶段,也会影响旅游业的发展:繁荣期公众对未来非常乐观,愿意将较多的富余收入花在旅游上;衰退期是从繁荣到萧条的过渡阶段,人们用于旅游方面的支出大大减少;萧条期公众对未来较为悲观,很少进行旅游消费;复苏期是从萧条到繁荣的过渡阶段,人们用于旅游方面的开支比萧条期明显增加。

5)货币汇率

货币汇率是反映不同国家不同货币之间的比价,对国际旅游需求的变化起着重要作用。如果旅游客源国或地区的货币升值,而旅游目的国商品价格又未相应提高,则前者的居民去后者旅游时支出的货币就会减少,从而促使其去后者旅游需求的增加;反之,前者的货币对后者的货币贬值了,则会阻止前者居民去后者旅游需求的增加。

【同步思考2-2】

旅行社利用汇率优势打造购物游

受全球金融危机的影响,欧元兑人民币汇率已经从10.6下降到了9.3左右,英镑兑人民币的汇率也已经跌破了12,不仅相应线路价格有所下降,出境购物也变得十分划算。由于汇率的影响,欧洲、大洋洲等出境游目的地的线路价格均有不同程度的下调。业内人士一致认为，境外游价格对游客有相当大的吸引力。在过去的欧洲旅游行程安排中，偏重于带游客游览目的地的风土人情，购物时间基本在2～3个小时。以去意大利旅游为例，以前相关线路基本不安排购物，即便在米兰的购物街，安排游客逛的时间也不会超过两个小时，而现在，购物时间常常被游客要求增加到半天。旅行社利用汇率上的优势，打起此时出游购物更划算的招牌，游客也十分"买账"，之前的"出境旅游荒"相应有所缓解。旅行社特意在行程中做了相应的改动，连在原本很少涉及购物的美国行程中，也增加了自由购物的时间。多家旅行社表示，为了迎合市场需求，目前出境游的线路大多被打造成"出境购物游"以吸引游客眼球。

分析说明：货币汇率对旅游需求及旅游产品设计都会产生影响。旅行社可以根据汇率的变化，相应地设计出境游或入境游，适应经济环境的变化。

资料来源：http://www.17u.com/wd/showguide/336193.

2.2.3 人口环境

市场是由那些想购买货物同时又具有购买力的人构成的。因此，人口影响着市场的潜在容量。但是，旅游产品和服务不可能面向所有的人口，因此除人口规模外，营销者还需要研究人口结构、人口地位、人口分布和人口流动等。

1）人口规模

哪里有人，哪里就必定有消费。通常，人口规模与市场容量、消费需求成正比。在收入水平一定的情况下，一个国家人口的多少决定着市场容量的大小。从世界人口环境的大趋势看，人口规模不断扩大，从20世纪初的20亿至今已突破70亿。在经济的飞速发展作为支撑的世界人口第一大国——中国，有着极大的旅游市场潜力，入境旅游早已突破1亿人次，国内旅游人次也早已突破10亿大关。

2）人口结构

世界人口的迅速增长与经济水平的提高引起了人口结构的变化。由于人们生活条件普遍提高，寿命增加，死亡率下降，很多国家都已进入人口老龄化阶段，其中发达国家中便有75%的比例面临该项问题，我国人口也已进入了老年型。根据人口结构的不断变化，旅游市场营销者也要适时地调整旅游产品与服务的开发，使之更好地适应当前需要。例如，目前旅游企业都较为重视老年人市场，开发"银发旅游市场"，推出适合老年人的各种旅游项目，设计能为老年人所接受的营销组合。

除年龄结构外，职业结构也在一定程度上引起旅游市场营销者关注。不同职业的人员，受时间、机会等限制，在旅游时间、次数、目的地选择方面有着明显的差异。旅游市场营销人员应针对不同的职业群体，采用不同的营销措施。

3）人口地位

人口地位的提高也会影响旅游营销活动。从世界范围来看，随着妇女解放、男女平等、女性经济独立时代的到来，参加工作的女性迅速增多，女性收入不断提高，女性旅游者人数迅速上升。此外，儿童在家庭中的地位也进一步突出，在家庭中得到了更多的重视。在女性与儿童的人口地位上升的情况下，旅游市场营销人员可研究其旅游消费的特性，开发推出一些刺激女性和儿童出游的产品，必能获得很好的效果。

【知识链接2-2】

全球酒店"女性楼层"的推出

随着女性社会地位的提高,女性旅游者日渐增多,已经成为酒店不可忽视的消费人群之一。世界酒店为了更好地满足她们的需求,纷纷推出女性楼层,改良传统的酒店产品和服务,为其提供更多选择。

挪威的奥斯陆大酒店(The Grand Hotel Oslo)是欧洲首家推出女性楼层的酒店。该楼层是当地4位知名设计师艺术智慧的结晶,更是将挪威艺术、影视、体育、商业、文学等各界杰出女性作了一次总结、精选与展示。该楼层共有13间客房,每间客房皆用以上各界知名女性的真名命名,如时尚设计师塞斯丽、爵士乐歌手希尔列、商业成功人士伊格等。每位有幸为客房代名的杰出女性都亲自参与了客房风格装饰的整个过程,让每间客房都焕发出最个性、最亲和的女性魅力。更重要的是,每间客房的设计均是独一无二的。为了扩大影响力,该楼层还创建了专门的网站,可谓业内独创。

朱美拉阿联酋酒店(Jumeirah Emirates Towers)是中东首家推出女性楼层的酒店。该酒店的女性楼层位于酒店第40层,是与知名香水品牌"肖邦"联手打造的。该女性楼层除了奉行"男士免入"的政策和提供全女性服务人员来确保安全外,还有一系列女性独享的服务。例如,在客房配备定制的羽绒缎面布草,洗浴用品采用"肖邦精选系列",另外配有专用的化妆品冰箱、化妆镜、厚绒化妆浴袍及经典和式晨服,为客人创设出一个完全如家的氛围。在这里,女士们的甜梦之夜由特别的序幕开启,即由肖邦香水系列的开床服务带入甜梦之旅。"肖邦"旗下的"卡士伦"、"疯摩"、"希望"、"绒感"和"永恒"香水系列将以不同的主题展开别样芬芳的世界。安坐瑜伽席上,住客还可以翻阅"肖邦"自有杂志——《喜讯》或观看DVD的瑜伽课程。

4)人口分布

人口分布是指人口在不同地区的密集程度。在相同条件下,某一地区人口密度越大,越有利于市场营销。我国东部与中部地区人口密集,西部地区人口较稀,因此东部、中部历来是旅游企业争夺的主要市场。另外,从地理的角度看,随着两地距离的增大,由于旅游费用增加,交通时间较长,生活习惯与语言差异大等障碍,客源会逐渐减少。在相同条件下,舍远求近是旅游市场选择的原则。

5)人口流动

旅游者属于流动人口的一部分。近年来,人口的流动性越来越多地呈现出国际化趋势。人口流动性越大,人们在流动的过程中,其消费习惯、消费观念和消费方式的地域性差异就相对缩小。全球人口流动带来无限商机,企业开始选择人口在全世界范围内流动的大市场。

2.2.4 社会文化环境

社会文化环境由很多子因素组成,主要包括社会阶层、相关群体、消费习俗及生活方式、教育状况和语言文字、宗教信仰等方面。

1)社会阶层

社会阶层是指某一特定群体相对其他人所具有的地位和身份。任何国家都存在着社会阶层,它是某种购买力的社会表现。在一定的社会阶层里,人基本上具有相似的购买力和购买习惯。人们常选购体现地位标志的商品进行消费,如在旅游方面,身份地位较高的人会在意酒店星级档次。旅游营销人员可以适当地注意消费者的社会阶层特性,带动其消费。

2)相关群体

相关群体是一个人在形成一般或具体观念、态度和行为的过程中用于比较或参考的任何个人或群体,如家庭、邻居、朋友、同学、周围环境等。一个人不知不觉间通常就会受到相关群体的影响,多数人怎么做自己便会跟着怎么做。在旅游市场营销中,名人效应、专家效应都是相关群体影响的体现。对旅游企业来说,向潜在旅游者展示他们满意的旅游经历也是较为有效的措施。

【同步案例2-2】

享誉世界的普普大酒店

位于捷克布拉格附近卡罗维山谷中的普普酒店是东欧名气最大的世界顶级奢华酒店。酒店设施精美,位于温泉浴场区中心。酒店提供宽敞客房、精制美食和高档的温泉浴场。普普酒店自建成以来已经接待了无数的名人,如约翰·沃尔夫冈·冯·歌德、约翰·赛巴斯蒂安·巴赫以及理查德·瓦格纳等。在酒店业竞争激烈的今天,普普大酒店凭借其出色的名人效应,每年吸引着大批好莱坞明星、商界精英以及政界名流定期入住疗养。

问题:为什么普普酒店具有如此大的吸引力?

分析提示:普普酒店的吸引力与其硬件设施、软件配套密切相关,尤其是当地特殊的水疗,在世界上流社会都享有盛誉,有其他酒店不可比拟的优势。除此之外,普普酒店的名人效应也十分明显。自1701年建成至今,接待历史名人无数且评价优良,名人效应进而吸引现今的名人到来入住,产生良性的循环,在世界上流社会形成了自己的口碑和地位。

3)消费习俗及生活方式

消费习俗是人们历代传下来的一种消费方式,它可以给旅游营销提供机遇。旅游营销人员可以结合各地的不同习俗进行旅游产品组合,使之满足旅游者自身的消费习惯。同时,旅游活动会接触到世界各地的文化,除满足自身习俗之外,这也是旅游消费者目睹异地风俗习惯、乡土习惯的机会。旅游企业可以在尊重旅游者自身风俗的基础上,通过充分展示目的地的风俗民情来吸引游客。

此外,旅游企业市场营销活动还应适应旅游者的生活方式,根据革新型、探险型、自我型、逃避型、大我型等旅游者的不同类型开发各种旅游产品和服务。

4)教育状况和语言文字

人们的文化水平、受教育程度和所使用的语言,对旅游市场营销有一定的影响。教育反映着一定的生产力、生产关系和经济状况。一般来讲,受教育水平高的人比受教育水平低的人具有更强烈的旅游需求,且受教育程度高的人士往往收入水平也较高,对宣传工具和媒介的接触也比较多。这些对旅游市场营销都非常有利。

另外,旅游营销活动离不开文字。各国文字多有不同,语言不通或表述不准往往是交流的极大障碍。旅游营销人员要努力学习客源地语言,使之符合当地习惯,准确表达自己的思想,为不同文化间的交流打好基础。

5)宗教信仰

宗教信仰直接影响着人们的生活习惯和风俗喜好。不同的宗教有不同的文化倾向与戒律,从而影响着人们认识事物的方式、行为准则和价值观念。旅游营销者在国内外展开营销活动时,要注意不同民族、不同国家、不同地区间的宗教差别,针对不同习惯进行差别营销,尊重旅游目的地及游客的宗教信仰,避免对旅游者造成强烈的文化冲击。

2.2.5 自然环境

优美的自然环境和丰富的景观资源会对旅游起到极大的推动作用。旅游企业在进行营销活动时,可以利用自然环境本身的诱惑来吸引消费者。通常,自然环境根据其特点可以分为三类,即顺境自然生态景观、逆境自然生态景观和特异自然生态景观。顺境自然生态景观是指如世界自然遗产、自然保护区等保存完整的原始景观,这类景观的生态系统相对脆弱,若开发或管理不当很容易造成自然生态系统的破坏;逆境自然生态景观是自然生态系统因逆向演化而形成的具有观赏价值的自然景观,如因水土流失所形成的云南元谋土林;特异自然生态景观是指自然形成的以奇异特征吸引游客的自然景观,如桂林山水、地下溶洞等。

在利用自然环境进行旅游营销活动的过程中,旅游营销人员要有灵活的头脑,能进行换位思考,将原本看似并不出彩的地区,通过营销变成旅游热土。

【同步思考2-3】

内蒙古自治区库布齐沙漠旅游开发

沙漠对很多人而言是一个炎热、陌生且充满变数的区域。虽然沙漠环境不能跟优美、舒适、宜人等字眼挂上钩,但沙漠拥有其自身的深邃与广阔。内蒙古自治区利用人们求异的心理,在包头往南,经黄河大桥,穿行鄂尔多斯高原,南行约50公里的库布齐沙漠开发了沙漠旅游。将沙漠风光跟当地著名的“银肯”响沙结合起来,吸引游客前来观光。

分析说明:沙漠原本并不是一个很好的旅游目的地,让人心生畏惧。但是随着科技的进步和人们旅游追求的多样性发展,旅游营销人员发现对求新求异的旅游人群而言,沙漠越来越具有吸引力。旅游营销人员分析当地旅游资源,将大漠风光、蒙古风情、雄浑之地作为卖点,取得了良好的效果。

在旅游业一片繁荣的同时,自然环境也面临着挑战,如云南石林等景区都正遭受着人为破坏。旅游企业在市场营销中应强调人与自然的和谐,认识到保护环境就是保护旅游经营的生存空间。旅游企业在市场营销活动中既要讲求经济效益,又要讲求生态效益和环境效益,通过对旅游景点和项目的科学开发,旅游企业的文明经营及游客道德意识的培养,使旅游与自然和谐共存。

2.2.6 科技环境

科学技术是人类在生产和科学实践中,认识自然和改造自然而积累起来的经验、知识的总和,以及体现这些知识经验的劳动资料。科技的发展决定着社会生产水平,而生产力水平又决定着消费水平,决定着需要的满足程度。

科技环境对旅游业较为直接的影响表现在科技促进了旅游营销管理的现代化,提高了营销活动的效率和质量。例如,随着高科技的普及,航空公司、旅行社和酒店等可以通过计算机网络为消费者提供更为全面、周到的服务。科技改变了消费者的购买习惯和消费方式,互联网预订或互联网查阅等大受追捧。另外,科技还提高了工作和劳动的效率,缩短了家务和工作的时间,使消费者有更多的闲暇出游。同时,高科技的娱乐项目也不断引入景点和游乐区,成为旅游消费品,如迪士尼乐园光、声、电等高科技的运用,苏州太湖旅游度假区新建的大型高科技喷泉和人造雾景观等。但科技同时也是一把"双刃剑",在促进旅游产业发展的同时,个人电脑、家庭影院等娱乐活动也成了外出旅游的替代品。

2.2.7 交通运输环境

交通运输环境影响着旅游的安全性、舒适性、便捷性以及旅游景点的可进入性。旅游景点若是交通不便,会大大降低游客的积极性,甚至产生"花钱买罪受"的抱怨;很多以前生意兴旺的旅游饭店,也因泊车位不足等交通原因,渐受冷落。

较之往昔,全球交通运输环境已大大改善,波音、空客等大型飞机飞行速度已达1 000千米/小时,全球直飞线路数量大幅提升;地面交通的主要工具也不断发展,动车、高速铁路等轨道交通的建设,提高了出游的便捷性,并节省了出行时间;汽车高速公路网也十分发达,汽车可用至少 100 千米/小时的车速行驶。交通工具的进步,还为旅游市场带来了新型的旅游项目,国际和国内线路的游轮旅游项目也十分丰富,如"皇冠公主号"游轮、"海洋绿洲号"游轮。我国长江旅游船每年也要接待游客几十万人次。

此外,特色旅游交通工具本身就是极具吸引力的旅游项目,雪橇、缆车、滑竿、速滑车等旅游产品颇受游客欢迎。

2.3　旅游市场营销微观环境分析

旅游市场营销活动除受宏观环境的影响之外,还与存在于旅游营销管理组织周围的各种因素和条件有着密切的关系。这些因素和条件就是旅游市场营销的微观环境,主要包括旅游供应商、旅游企业、旅游中间商、旅游顾客群、同行竞争者以及社会公众。

2.3.1 旅游供应商

旅游供应商是指向旅游营销组织及竞争者提供营销活动所需要的产品和服务的组织或个人。旅游活动具有较强的综合性,企业很难凭一己之力提供全面的服务,在经营过程中往往需要大量旅游供应商提供配套服务。旅游供应商提供产品和服务的数量、质量、时间、速度、价格等会对旅游企业市场营销活动产生一定影响。例如旅游旺季,酒店作为旅行社的供应商不能保证客房的正常供给,对旅行社安排的旅游活动会产生负面作用,使游客心生不满情绪,有时甚至对簿公堂。为了尽量减少或避免类似问题的出现,旅游企业在选择旅游供应商时,应当综合考量其各方条件,在考虑价格、质量等因素之余还应重视其供应的稳定性、灵活性及其诚信度。在与旅游供应商签订合同时,要充分考虑到潜在风险,并明确相应的合同条款。此外,旅游企业还可以考虑为其旅游活动保险,转嫁一定的因旅游供应商问题而导致的损失。

2.3.2 旅游企业

旅游企业内部环境是旅游市场营销的可控环境,包括人力资源,技术实力,资金配套,市场运作,组织结构,管理模式,企业文化,品牌印象度、知名度和美誉度等。旅游市场营销活动能否顺利进行,与企业内各个部门的相互协调的程度密切相关。在运营中,旅游企业内部各部门须在决策层的统一领导和指挥下,进行必要的协调,排除各种消极因素,相互配合,使得旅游企业的整体营销活动高速运转,提升顾客的满意度。

2.3.3 旅游中间商

旅游中间商是指在旅游生产者与旅游者之间,参与商品流通业务、促使买卖行为发生和实现的集体和个人,主要包括经销商、代理商、批发商、零售商、营销服务机构(如广告策划公司、各类广告媒体等)、实体分配企业(如运输公司、仓储公司等)和金融机构(如银行、保险公司等)。旅游中间商是连接生产者与消费者的桥梁和纽带,起着调节生产与消费矛盾的重要作用,其最基本的功能就是简化交易程序,节约时间和费用。产品项目越多,旅游者越多,旅游企业借助旅游中间商获取的利益也越大。正是由于旅游中间商的积极作用,旅游企业将选择最佳销售渠道作为旅游营销管理中一项极为重要的任务,为自己营造一个理想的营销网络。鉴于旅游中间商的重要性,旅游企业在选择时一定要谨慎对待,在了解自身需求的基础上,注重旅游中间商的人员素质、劳务费用、履行职责效果、可控程度等,选择适合自己的旅游中间商,并根据其规模、销售、汇款、能力等方面,实行区别对待,予以优惠措施。

2.3.4 旅游顾客群

顾客是旅游产品的最终消费者,是直接影响营销活动的因素之一。旅游企业的顾客群通常可以分为个体购买者和组织购买者两类。

1)个体购买者

个体购买者是指最终旅游消费购买者,包括观光度假型旅游者、会议商务型旅游者和探亲访友型旅游者。个体购买者的旅游目的是满足个人或家庭物质和精神的需要。随着社会经济发展以及消费者成熟度的增加,个体购买者的数量与日俱增,旅游营销人员可以根据企业本身特点,针对不同类型的旅游消费者设计旅游产品和服务,并展开相应的促销,以满足顾客群的需要。

2)组织购买者

组织购买者是指企业或机关团体组织为开展业务或奖励员工而购买旅游产品和服务的购买者,如政府机构必要接待时需购买酒店、景点等旅游产品和服务;企业为奖励优秀员工需购买旅游活动等。组织购买者通常数量并不多,但是其购买规模较大,对价格敏感程度较低,重视产品和服务的质量,因此是旅游营销者的重要营销目标。

2.3.5 同行竞争者

旅游企业充满着竞争。从消费需求的角度划分,每一个旅游营销组织都面临四种类型的竞争者,即愿望竞争者、一般竞争者、产品形式竞争者和品牌竞争者。旅游营销人员在工作中,需要重视并处理好与竞争者的关系,找准关键对手,尤其是同行业的产品形式竞争者和品牌竞争者,分析对方的卖方密度、产品差异和进入难度以及自身的竞争环境,使旅游企业在市场中占有一定的竞争优势。值得一提的是，随着人们思想的进步，竞争者不再是传统意义上的敌人，竞争是为了能更好地生存和发展，而不是相互打压，所以如有需要，营销者还可以跟竞争者建立合作关系。

【知识链接2-3】

旅游市场竞争的五个层次

旅游市场竞争不是同一层次的，也有高低之分。一般来说，旅游市场竞争从低到高可以分为五个层次，即旅游产品价格竞争、旅游产品品种与项目竞争、旅游产品质量与服务竞争、旅游品牌竞争和与旅游者结成战略联盟（见图2-2）。

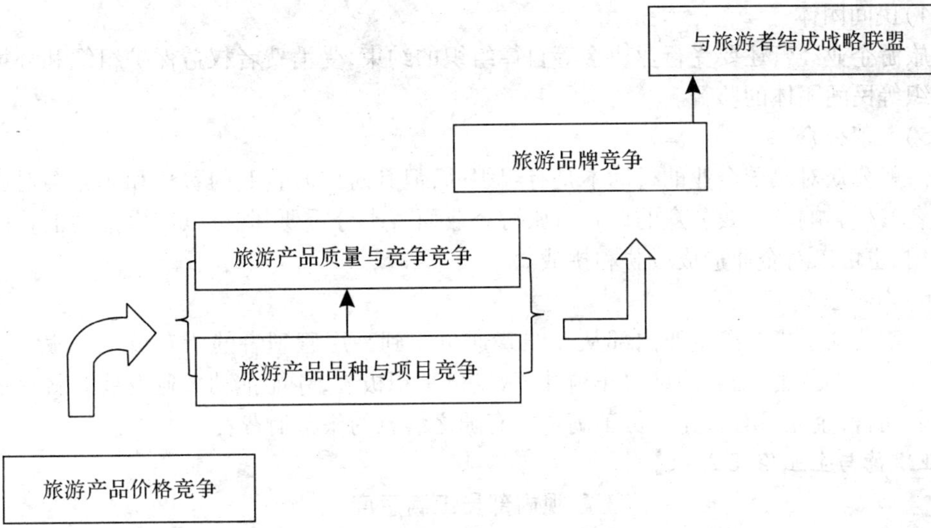

图2-2　旅游市场竞争的五个层次

在旅游市场竞争中，旅游产品价格竞争是最低等级的竞争。最低等级并不能与最差直接等同，价格竞争也有其优点，比如会对消费者产生非常直接的吸引力。但是在现实的经营中，价格竞争往往演变成惨烈的恶性价格战，对参战各方造成不同程度的伤害。为了取得更好的功效，旅游企业采取了相对高等级的旅游产品品种与项目竞争和旅游产品质量与服务竞争，并在此基础上进行旅游品牌竞争，使自己的旅游产品更胜一筹。旅游市场竞争的最高层次是与旅游者结成战略联盟，即培养自己的忠实消费者，通过忠实消费者的不断消费和宣传效应，使顾客如同滚雪球般增多，从而增加自己的消费群，使自己在竞争中立于不败之地。

2.3.6 社会公众

社会公众是指对企业营销有现实或潜在影响的群体。处理并保持与社会公众的良好关系，有助于提升旅游企业的形象，并形成较好的口碑。作为微观环境的社会公众，主要有以下几类。

1）政府公众

政府公众是社会利益的代表，旅游企业的经营活动必须符合并遵守政府的法律和政策,文明经营。对旅游企业而言,政府公众主要是旅游行政部门和政府机构。

2)媒体公众

媒体公众主要包括电视台、报纸、杂志、电台、网络等有广泛影响的媒介。旅游企业需要通过它们向社会传播信息,同时媒体公众也监督旅游企业的营销活动。

3)社区公众

社区公众是当地公众团体,包括旅游企业周围居民、社区组织等。旅游企业与社区保持良好的关系不但可以建立良好形象,还能带来商机,因为社区公众在消费客人中占有一定比例。

4)民间团体

旅游企业经营还要受行业协会等自律组织的约束,受消费者权益保护组织和环境保护组织等民间团体的监督。

5)一般公众

一般公众对旅游企业的行动不是有组织的,但其对旅游企业的看法和印象会对旅游消费者产生影响。一般公众的口碑对旅游企业而言十分重要,既可以产生推动消费的正面作用,也可以对企业造成威胁和挑战。

6)内部公众

内部公众是指旅游企业内部从一线普通员工到高层管理者的所有员工。旅游企业需要开展内部营销,培养团结协作精神,激发员工积极性,才能推动企业发展。就目前服务行业而言,企业只有首先让员工满意才有随之满意的旅游消费者。

【职业道德与企业伦理2-1】

重视内部员工满意度

当今旅游企业为了更好地生存和发展需要改变自己的经营理念。旅游产品和服务在很大程度上依赖于旅游企业员工的付出,因此,为了能使旅游消费者的满意并将其变成自己的忠实客人,企业需要重视企业内部员工,提升他们的工作满意度。该过程可以通过图2-3完整地呈现。

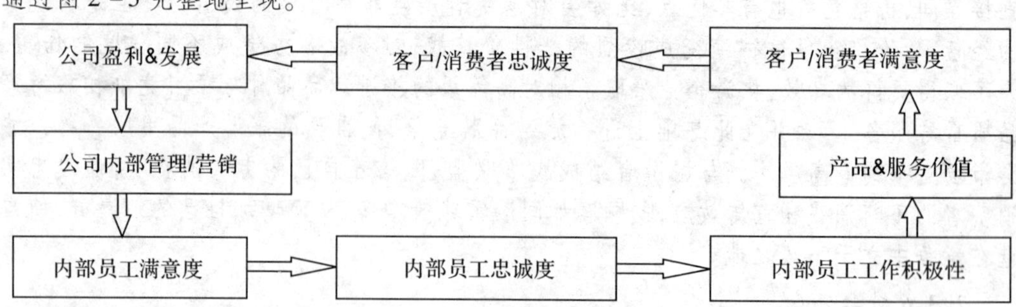

图2-3 “服务—利润”链

问题:为什么旅游企业需要重视自己的内部员工?

分析提示:根据“服务—利润”链,旅游企业重视内部员工的管理和营销能带动员工满意度的提升,满意度的积累使之达到忠诚。忠诚的员工在工作中会发挥极大的工作热情和积极性，为旅游者提供具有价值的产品和服务。这些产品和服务能提高消费者的满意度和忠诚度，最终有利于企业发展。

2.4 旅游市场营销环境评价

企业的生存和发展与市场营销环境密切相关，旅游企业需要分析评价自身所处的市场营销环境，采取相应的对策。

SWOT分析是当今被广泛应用的一种"机会—风险"分析方法。"SWOT"是英语单词Strengths（优势）、Weaknesses（劣势）、Opportunities（机会）、Threats（威胁）的首字母缩写。通常SW（优势、劣势）是旅游企业本身较之竞争对手所具有的；OT（机会、威胁）是来自旅游企业外部的。

衡量旅游企业的优势和劣势有两个标准：一是资金、技术、设备、员工、产品市场和管理技能等单方面的优劣势；二是综合的优劣势，即选定一些因素进行评价打分，然后根据重要程度进行加权，取各项因素加权数之和来确定企业是处于优势还是处于劣势。

外部环境所带来的机会或威胁一般是企业所不能避免及控制的。就机会而言，如宽松的旅游政策、服务业地位提升、奥运会等大型活动的举办，对旅游企业来说就是良好的机会，可以促进其发展；就威胁而言，如恶劣的自然灾害、人为的恐怖袭击、经济衰退等对旅游企业来说会产生一定的威胁，会打击旅游业，阻碍其壮大。通常，来自旅游企业外部的机会与威胁需要与竞争对手比较才能最终确定，因为有利或不利的条件并非只针对单独的旅游企业。在类似情况下，旅游企业需要分析竞争对手的状况，判断外部环境到底对谁更有利或更不利。

SWOT分析对旅游企业制定营销决策具有指导意义。通过分析，旅游企业可以扬长避短，明确优势，把握机会，规避风险，采取适合的战略适应现阶段的发展（见图2-4）。

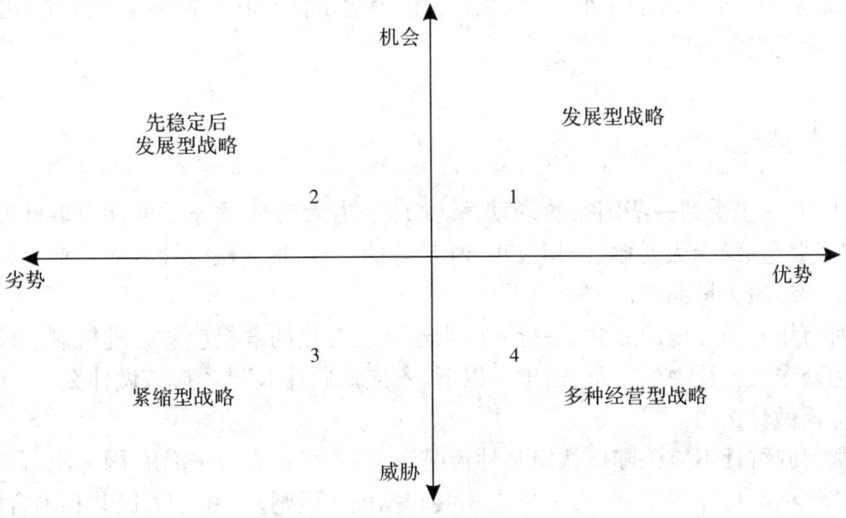

图2-4 SWOT分析及战略选择

处于1象限的企业,外部有众多机会,又具有强大的内部优势,可采用发展型战略;处于2象限的企业,外部有机会但内部条件不佳,可先扭转内部劣势再求发展;处于3象限的企业,外部有威胁,内部状况也不佳,可采用紧缩型战略避开威胁,消除劣势;处于4象限的企业,内部优势与外部威胁并存,可采用多种经营型战略分散威胁,寻求新的机会。

【情境模拟2-1】

场景:以"借用天堂的礼物营造人间仙境(Using the gifts of heaven to create Heaven on Earth)"为口号的泰国达斯特国际旗下的高端酒店品牌达斯特泰尼酒店和度假村(Dusit Thani Hotels & Resorts)想在中国开设连锁,现在作为该公司的旅游市场营销顾问团,请你分析市场营销环境,给出理想的酒店开设地点并说明理由。

操作:学生随机组合成为营销顾问团,深入了解泰国达斯特国际酒店品牌达斯特泰尼酒店和度假村,分析其内在优势和劣势,并结合中国的国情和各类环境因素,挑选适合该品牌连锁酒店的开设地点并说明理由,最后在班级中进行营销顾问团成果分享。

知识题

2.1 什么是旅游市场营销环境?

2.2 旅游市场营销宏观环境与微观环境各包括哪些因素?

2.3 SWOT分析的具体内容是什么?

实务题

在【情境模拟2-1】的小组成果基础上,请为达斯特泰尼酒店和度假村进军中国市场给出现阶段适当的战略战术。

案例题

近几年,由于受到一些国家政局动荡、全球恶劣天气环境等不可抗力事件或突发事件(如埃及骚乱、海南大暴雨、四川汶川地震等)的影响,很多旅行社未履约或是不完全履约而导致的纠纷大量涌现。

面对市场营销环境的威胁,旅行社应当建立常态化的危机应对处理机制。北戴河旅行社作为众多旅行社中的一员,给出了以下"不应该做什么"与"应该做什么"。

不应该做什么:

北戴河旅行社不应该随便认定某种情况属于"不可抗力"的事由,因为不可抗力的事由是有着严格的法律规定的。《中华人民共和国民法通则》、《中华人民共和国合同法》规定,"不可抗力"是指不能预见、不能避免并不能克服的客观情况。2010年11月实施的《关于审理旅游纠纷案件适用法律若干问题的规定》认为,由于恶劣天气、自然灾害、战争、罢工、骚乱、恐怖事件、政府行为、公共卫生事件等客观原因，造成旅游行程安排的交通服务延误、景区临时关闭、宾馆饭店临时被征用、出境管制、边境关闭、目的地入境政策临时变更、我国政府机构发布橙色及以上旅游预警信息等事由，可以适用新旅游纠纷司法解释第 13 条因不可抗力导致旅游合同无法履行之规定。但法律并没有赋予北戴河旅行社根据何种情况和程度，来认定何种事由是否属于不可抗力的权利。

应该做什么：

首先，北戴河旅行社应当将最新的有关旅游目的地突发事件的情况和相关国家政府部门发出的预警信息，用最快捷的方式主动告知游客，并且保持沟通顺畅，随时接听游客的咨询，帮助游客答疑解惑。北戴河旅行社应当根据得到的最新信息制定"××旅游安全告知书"，让游客了解旅游目的地的情况，并就是否前往、是否改变或解除合同书面征求游客意见。如果游客书面表示取消此次出行，北戴河旅行社应当积极配合游客，尽快按照合同约定或有关法律规定办理退费手续，降低游客损失；如果游客书面明确表示选择继续出行，北戴河旅行社应当继续将前方最新的情况及时告知游客，并明确告知遇紧急情况时为了游客的利益，北戴河旅行社有变更旅游行程的权利；如果游客未作出明确表示是否履约，北戴河旅行社仍应按照原合同约定履行，做好出发前的准备。

问题：面对环境威胁，北戴河旅行社采取了怎样的应对策略？

分析提示：面对旅游环境威胁，北戴河旅行社采取"两害相权取其轻"的做法，在努力减轻威胁程度的同时尊应重消费者的选择，并保持良好的信誉和形象。旅游企业在应对环境威胁时，除了可以采取"减轻"的做法，还可以运用"对抗"、"转移"和"转化"。

实训题

实训项目：选择你所在地区的一家旅游企业，分析其旅游市场营销环境。

实训目的：通过实训，使学生能综合掌握旅游市场营销环境的各个要素，并能将其与实际的工作结合起来，活学活用。

实训步骤：本实训可以通过以下步骤实现：①随机组成工作小组，选取本地区的一家旅游企业，针对性地进行旅游市场营销环境分析；②小组完成旅游市场营销环境分析报告的撰写；③小组制作 PPT，并在课堂进行汇报。

实训成果：本实训最终成果为：①小组旅游市场营销环境分析报告一份；②小组 PPT 展示。

第3章 旅游者购买行为分析

学习目标

知识目标：了解旅游者购买行为的含义；熟知旅游购买行为的影响因素；掌握旅游购买决策过程。

能力目标：能够将影响旅游者购买行为的因素合理运用于旅游营销组合的设计；能够分析旅游者购买行为。

素质目标：初步具备引导不同对象进行购买决策的能力。

【引例】

自驾游悄然兴起

春节临近，昆明旅游市场的火爆预订接近尾声，出境游、国内长线游等已尘埃落定。在团队游预订落幕的时候，自驾游悄然兴起，咨询报名暴增，出境自驾游尤其热门，多条线路已在一周之内被订满。

据了解，昆明市各大旅行社春节期间自驾车出游呈现一个给力态势，游客纷纷选择到温暖的东南亚过春节。泰国、老挝成为自驾游热门目的地。昆明旅行社(国际)有限公司汽车俱乐部经理易静介绍，2010年泰国、老挝自驾游报名特别火爆，目前已有100多辆车报名，接近爆满。康辉旅行社自驾车俱乐部经理曹代燕也表示，老挝、泰国自驾路线成为今年的新宠，游客都争相报名。昆明近年来私家车数量激增，并且泰国对中国游客免收签证费以及昆曼大通道带来的便利，都是吸引自驾出境游的因素。春节长假，常规景点和旅游途径已经让游客觉得不满足，因此，自驾游出国成为2010年的"旅游小黑马"。

资料来源：http://www.8264.com/62850.html.

对于旅游企业而言，市场营销是否成功是公司能否盈利一个重要标准。公司利润的提高离不开消费者的购买，因此了解消费者的所思所想，并在一定程度上引导消费行为对营销人员来说是值得研究的课题之一。

3.1 旅游者购买行为概述

旅游者是旅游活动的主体,是旅游业赖以生存和发展的关键因素。在现代经济社会中,无论旅游企业的性质、规模与经营方式如何,都必须研究旅游者市场状况。对于旅游营销工作而言,旅游者的需求及其购买行为是企业制定经营战略的依据和基本出发点。

3.1.1 旅游者购买行为的含义

旅游者购买行为是指旅游者购买旅游产品的活动及与这种活动有关的决策过程。旅游者购买行为是旅游者个人特征、社会影响因素及环境影响因素共同作用的结果。其中,旅游者个人特征包括旅游者的年龄、职业、生活方式、自我观念、个性、经济状况、需求、动机和态度等;社会影响因素包括文化、社会阶层、家庭、角色与地位等;环境影响因素则包括旅游产品、旅游价格和旅游服务等。一个旅游企业要想在激烈的市场竞争中求得发展并取胜,就必须生产和销售旅游者喜欢并愿意购买的产品,在满足旅游者需要的同时获得相应的利润。

3.1.2 旅游者购买行为的分类

旅游者在现实的购买活动中,呈现出复杂多样的购买行为。从不同的角度,旅游者购买行为可以大致进行以下归类。

1)根据旅游者购买目标的确定程度与决策行为分类

(1)全确定型。这种类型是指旅游者在购买行为发生之前,就已有明确的购买目标和具体要求,他们根据已经确定的目标和要求挑选旅游产品并毫不迟疑买下的购买行为。这种情况下的旅游者通常不会花费太多时间去选择旅游产品,也不太在意旅游营销人员的介绍和提示。他们购买的旅游产品一般属于价格适中且经常被购买的产品,如高档商务客人选择自己偏爱的某一品牌酒店。面对该类型,旅游营销人员应在旅游产品的品质、服务和价格等方面,保持一定的水准,并通过增加产品特色及实行价格折扣和额外赠品等方式吸引消费者。

(2)半确定型。这种类型是指旅游者对旅游产品有大致的购买意向,但具体目标和要求不明确,他们需要经过对同类旅游产品的比较选择后才能够作出购买决策的购买行为。这种情况下的旅游者一般需要收集各方面的信息,来降低不太熟悉的旅游产品的购买风险,如旅游者决定利用周末双休日进行周边休闲度假旅游,但尚未决定旅游线路。面对该类型,旅游营销人员应当设计一套沟通方案,增进消费者对旅游产品的认识和信心,以坚定其购买决心。这类旅游者是重点营销对象,需要通过各种促销手段加以招徕。

(3)不确定型。这种类型是指旅游者没有明确和确定的购买目标,购买与不购买都是随意的、不确定型的购买行为。一般旅游者在选择不太熟悉且价格较昂贵的旅游产品时,会出现较大的随机性。因此,旅游营销人员需要研究潜在旅游者的心理特征,主动热情地为其做好宣传服务,尽量引起他们对某一旅游产品的兴趣。

2)根据旅游者购买目的的相似性分类

(1)观光型。这种类型是指旅游者以观光旅游为目的,离开常住地外出旅行而导致的购买行为。

(2)娱乐消遣型。这种类型是指旅游者以娱乐、消遣求得精神松弛为主要目的,离开常住地外出旅行而导致的购买行为。

(3)文化知识型。这种类型是指旅游者以获得精神文化为目的,离开常住地外出参加文化旅游活动而导致的购买行为。

(4)公务型。这种类型是指旅游者以完成公务为主要目的,在一定时间内到外地去出差,顺便参加旅游活动而导致的购买行为。

(5)医疗保健型。这种类型是指旅游者为了治疗慢性疾病或增进本人健康,同时又能轻松地欢度假期而离开常住地外出参加旅游活动而导致的购买行为。

3)根据旅游者的性格特点分类

(1)习惯型。这种类型是指旅游者凭借以往的购买经验和消费习惯而采取的一种反复性的购买行为。它是基于旅游者对某种旅游产品十分熟悉与信任、印象深刻而产生的特殊感情基础之上的。这类旅游者选择某类旅游产品一般不大受时尚流行的影响。

(2)理智型。这种类型是指旅游者在实际购买前已通过收集旅游产品信息、了解市场行情、并经过慎重权衡利弊才作出最终决定的购买行为。这类旅游者一般计划性强、稳重、有主见,熟悉市场行情,乐于收集信息,经验比较丰富,对旅游产品的品质、特征、用途、价格高低等都有自己的见解,不易受外界因素的影响。

(3)经济型。这种类型是指旅游者对旅游产品价格十分敏感的购买行为。这类旅游者特别重视旅游产品的价格,其中一部分人专爱购买高价旅游产品,如参加豪华旅游团,他们认为高价不仅意味着高质量,还可以体现购买者的经济实力或较高的身份地位;另一部分的人则倾向选择价格较为低廉的旅游产品,他们往往善于发现别人不易觉察到的旅游产品价格差异,并花费较多精力了解旅游产品的价格及相关信息。

(4)冲动型。这种类型是指旅游者受现场环境的激发,以直观感觉为主,未经事先考虑,临时作出决定的购买行为。这类旅游者性格一般较外向,在购买时语言直率、意图明确、态度明朗、成交迅速。他们易受广告和旅游产品外观的影响,从个人兴趣出发,喜欢追求新产品。

(5)感情型。这种类型是指旅游者根据情感的反应选择旅游产品的购买行为。这类旅游者的想象力和联想力都较丰富,容易心血来潮,衡量旅游产品时容易受感情左右,也容易受广告宣传诱导,若处于情绪抑制状态,会产生消极情绪而中断购买。

(6)疑虑型。这种类型是指旅游者在购买旅游产品前三思而后行,购买后还疑心上当受骗的购买行为。该类旅游者一般性格内向,言行谨慎、多疑,对营销人员抱有不信任感,对宣传介绍不感兴趣,购买商品凭个人的内心体验和自我评价,往往犹豫不决或过分挑剔。

(7)随意型。这种类型是指旅游者在购买旅游产品时无固定偏爱,一般为顺便购买或尝试购买的行为型。该类旅游者或者缺乏购买经验,或者缺乏主见,心理尺度尚未稳定,既不苛求也不挑剔,购买行为也比较随便。

4）根据旅游者购买行为的兴趣分类

（1）情调型。这种类型是指旅游者根据旅游产品或旅游服务的情调而作出购买决策的购买行为。该类旅游者一般比较关注旅游产品的环境格局，如购物、进餐、娱乐环境中不同的建筑风格、装饰布局及色调、声音、温度、气味等渲染的独特情调。该类旅游者经济基础一般较高，追求新奇、浪漫的感觉，对于感兴趣的旅游产品不惜高价购买。

（2）节日型。这种类型是指旅游者消费兴趣在节假日期间集中而明显地表露出来的购买行为。该类旅游者消费热情还受海外节日影响，如情人节、母亲节、圣诞节等。

（3）时尚型。这种类型是指旅游者受社会风气及消费流行的影响而导致的购买行为。该类旅游者的兴趣反映在社会的趋势消费或特殊性消费上，他们追求新奇时髦、标新立异。

（4）娱乐型。这种类型是指旅游者在物质生活基本满足后，倾向于精神生活享受的购买行为。旅游者购买旅游产品的目的主要是休闲放松、调节情绪、丰富精神生活。

3.2 影响旅游者购买行为的因素

影响旅游者购买行为的因素可以分为两类：一类是旅游购买者自身因素，如个人因素、心理因素等；另一类是外部因素，如社会因素、文化因素、环境因素、营销状况等（见图 3－1）。

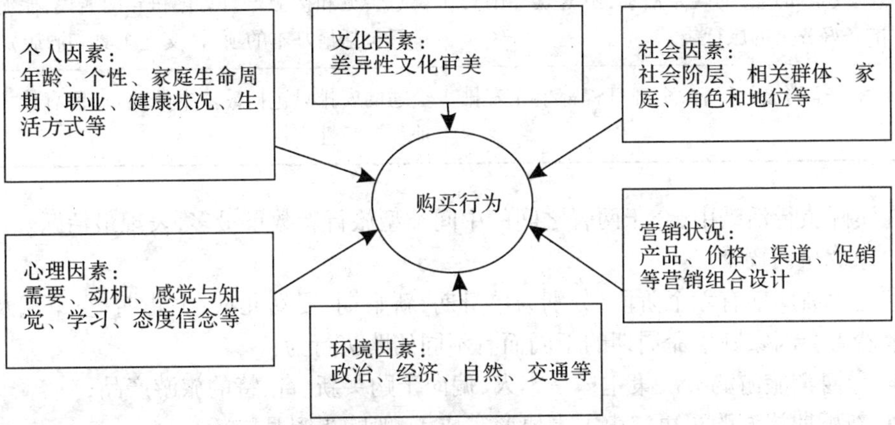

图 3－1 影响旅游者购买行为的因素

3.2.1 个人因素

影响旅游者的购买行为的个人因素主要包括年龄、个性、家庭生命周期、职业、健康状况、生活方式等。

1）年龄

年龄一般可以分为儿童、少年、青年、中年、老年五大类。处于同一年龄阶段的人，其购买行为会呈现某一方面的共性，如儿童、少年喜欢“好玩”；青年人倾向于“新鲜、刺激”；中年人追求“成熟、可靠”；老年人则要求“健康、舒适”。旅游企业在经营过程中，应该针对不同年龄阶段设计相应的营销组合,以迎合各类人群的需求,促进购买行为的完成。

2)个性

个性在心理学中也称人格特质,它是指一个人独特的心理特征,个性促使个人对周围环境有相当持续一致的反应。一般来说,个性为外倾型的人性格开朗、活泼,易于流露自己的感情,独立性强,不拘小节、喜欢与人交往;而个性为内倾型的人沉静、小心谨慎、不爱交际。不同个性类型的人,其旅游购买行为对比分析如表 3－1 所示。

表 3－1 内倾型与外倾型旅游购买行为对比

内倾型	外倾型
选择熟悉的旅游目的地	选择非旅游地区
喜欢旅游点的一般活动	喜欢获得新鲜经历和享受新的喜悦
选择晒日光浴和游乐场所,包括无拘无束的休息	喜欢新奇、不寻常的旅游场所
低活动量	高活动量
喜欢驾车前往旅游景点	喜欢乘飞机去旅游景点
喜欢正规的旅游设施,如设备齐全的旅馆、家庭式的酒店和旅游商店	要求一般膳食,不一定要现代化的高级旅馆,不喜欢专门的旅游商店
喜欢家庭气氛和熟悉的娱乐活动,不喜欢外国气氛,要准备好齐全的旅行袋	愿意会见和接触异国文化和异国居民,旅游的安排只包括最基本的项目(交通工具和酒店)
要准备好齐全的旅行行装,全部日程都事先安排妥当	交通的安排只包括最基本的项目,留有较大的余地和灵活性

在实际旅行活动中,介于两者之间的中间类型旅行者数量最多,表现最活跃。

3)家庭生命周期

家庭生命周期有六个阶段,分别为单身期、新婚期、婴幼儿期、少儿期、空巢期及鳏寡期。消费者会因家庭生命周期的不同而有不同的购买行为:

- 单身期旅游购买决策主体是本人,偏向于购买新、奇、特的旅游产品;
- 新婚期旅游购买决定由夫妻协商完成,一般购买蜜月旅行;
- 婴幼儿期多为妻权型购买主体,旅游产品多为单项购买;
- 少儿期由夫妻和子女共同决定旅游产品的购买,以中短途旅游产品消费为主;
- 空巢期旅游购买决策主体为丈夫或妻子,消费产品多以度假型、探亲访友型产品为主;
- 鳏寡期旅游购买决策由本人作出,喜欢消费度假型、保健型产品。

4)职业

职业状况对人们的需求和兴趣有较大影响,在购买行为中不同职业的旅游者,其需求存在很大差别。例如,医务工作者对旅游住宿的卫生条件可能较为重视;科学家希望导游对于景点的讲解中多一些科学性成分。因而,旅游企业对不同的职业对象进行研究分析后,可以开发适合特定职业消费者需要的产品或服务。目前,针对商务客人设计的商务酒店就是用以满足这类特殊客人的职业需要的。

5)健康状况

旅游活动需要有一定的体力付出,健康状况对旅游过程的完成也有很大的影响。健康状况不同的人士,购买旅游产品有一定的区别,如年老体弱者不喜欢购买刺激、运动量大的旅游产品,而偏爱休闲、疗养、保健产品。

6)生活方式

旅游者生活方式的差异与偏好会形成不同的消费需求。生活方式主要表现在个人的活动、兴趣及意见等方面。旅游营销人员了解与研究旅游者的生活方式,可以根据旅游者的偏好建立起一致性关系,生产适销对路的产品。同时,旅游企业还可以通过生活方式的运用,不断调整营销策略,加强旅游产品对消费者生活方式的影响作用。

除上述几点之外,个人因素中,消费者的性别、居住地、教育状况等也会影响旅游购买行为。

【知识链接3-1】

性别对购买行为的影响

性别不同,购买行为会存在明显差异。通常,男性消费较为理性,对产品的核心价值比较重视,价格敏感度稍低,对包装、附送品等并不十分关注。相反,女性在产品购买时,则偏向感性。她们更为细心、更会讨价还价。在营销过程中,女性更容易受到促销策略的影响,对外包装、附加产品等形式较为敏感。

3.2.2 心理因素

影响旅游购买行为的心理因素主要包括需求、动机、感觉与知觉、学习和态度信念等。

1)需求

人类的一切活动,包括购买行为,都是为了满足自身的需求。旅游需求实质上是人的一种文化需求,是人类变换生活环境以调节身心节律的一种短期生活方式的需要,是人类在特定生活和特定经济条件下对旅游产品、服务的愿望和要求。它是人类总需要中的一个组成部分。

旅游的需求推动旅游者去进行必要的旅游活动,并直接或间接地表现在旅游购买活动中,影响旅游者的购买行为。例如:

(1)观光型旅游者的需求:主要希望观赏游览异国他乡的名胜古迹、风土人情,同时还可以与购物、娱乐、考察、业务等相结合。他们追求的旅游产品一般特色鲜明、价格低廉、逗留时间短。

(2)娱乐消遣型旅游者的需求:主要需求是松弛精神、调节生活节奏、摆脱紧张工作带来的烦恼、享受环境临时变换所带来的欢愉。他们一般选择旅游景区最好的季节出游。

(3)文化知识型旅游者的需求:主要需求是观察社会、体验民俗风情、丰富知识积累,通过旅游达到积极的休息和娱乐,获得知识的启迪和自身的充实。他们在选择旅游产品时,十分在意日程安排的周密性和旅游线路的科学性以及导游的文化修养水平。

(4)公务型旅游者的需求:主要需求是根据工作的需要,以进行贸易、商务洽谈、出席有关会议、进行科学文化交流或举办展览会为目的的游览。他们对旅游产品和服务质量要求较高,对价格不敏感。

(5)医疗保健型旅游者的需求:主要需求是参加有益于身体和心理健康的旅游活动,治疗某些慢性疾病并消除疲劳。他们比较在意旅游项目中的保健、康复功能和医疗效果,以及旅游环境的质量。

在需求方面,值得旅游营销人员注意的是,在旅游购买行为中人们通常会寻求和谐一致,避免冲突,如大多数人喜欢去知名景点、熟悉的品牌酒店、与本民族风格相近的餐厅等。但是,完全的一致和谐缺乏了新鲜感,不能满足旅游者追求新、奇、特、美的常态,因此也要适当安排不同于日常生活的经历,将宾至如归的氛围与不同寻常的体验结合起来。

另外,根据马斯洛的需求层次理论,人类需求从低到高分别为生理需求、安全需求、社会需求、尊重需求和自我实现需求。在旅游活动中,营销人员将这些方面与产品和服务相结合,可以帮助促进旅游购买行为的实现。

2)动机

旅游动机是直接推动人们进行旅游活动的动力,它规定了旅游行为的方向,推动并指导旅游活动的心理过程。

由于人们的旅游需求具有多元性的特点,因此旅游者的动机系统相应也是非常丰富和复杂的。基本的旅游动机可以分为:①身心健康动机,包括休息、运动、消遣、娱乐以及其他与身心健康直接有关的动机,如度假休闲旅游、温泉疗养旅游等。②文化动机,包括了解其他国家和地区的文化历史、风土民情、政治经济、进行学术交流等而产生的动机,如宗教文化旅游、修学旅游、民族风情旅游等。③社交动机,包括接触其他民族、探亲访友、结交新朋友以及摆脱日常事物等旅游动机,如年轻人群的联谊旅游、寻根旅游等。④地位和声誉动机,出于这类动机的旅游包括邀请旅游以及实现个人兴趣爱好的旅游等。这些旅游一般比较高端,可以使旅游者被承认、被注意、被赏识、被尊重,并获得良好的声誉。⑤经济动机,包括人们为一定经济目的而产生的旅游需要动机,如事务旅游、会议旅游、考察旅游等。

旅游动机具有模糊性、复杂性、变化性、内隐性、冲突性等特点。旅游营销人员要时时跟进旅游市场,抓住主要旅游动机,运用营销手段将潜在消费者模糊的动机明朗化,促进旅游购买。

【知识链接3-2】

意见领袖

意见领袖是指在人际传播网络中经常为他人提供信息,同时对他人施加影响的"活跃分子"。他们在大众传播效果的形成过程中起着重要的中介或过渡作用,由他们将信息扩散给受众,形成信息传递的两级传播。意见领袖具有影响他人态度的能力,他们介入大众传播,加快了传播速度并扩大了影响。在旅游中,意见领袖的作用也不容忽视。很多旅游目的地或旅游企业也经常运用意见领袖来刺激旅游动机。例如,马来西亚请世界知名的电影明星杨紫琼宣传本地旅游,在全世界得到较好的效果。

3)感觉与知觉

感觉是指人们依靠五官获得的视觉、听觉、嗅觉、触觉和味觉。知觉则是人们通过对客观事物的感觉得到相应信息,再经过大脑筛选加工分析,以个人自己的方式对客观事物进行的解释。感觉和知觉对旅游购买行为影响较大。消费者通常根据自己所认为的“事实”而不是客观事实购买旅游产品,因此旅游营销人员可以通过有效引导潜在消费者感觉和知觉的方式,使自己的旅游产品和服务在他们心中占据性价比优势和形象优势。

【同步思考3-1】

去北京游长城,选择八达岭

在北京旅游的游客一定不会错过的景点之一就是长城。那么他们通常会选择哪段长城作为自己的购买对象呢?对于大众而言,毫无疑问,选则最多的就是八达岭长城。但是,实际上,北京有十大长城景点:八达岭、居庸关、慕田峪、司马台、水关、鹿皮关、箭扣、金山岭、黄花城、古北口。可为什么游客往往对八达岭情有独钟呢?

分析说明:游客对八达岭选择相对较多还需归功于旅游营销,因为在北京长城的宣传中,八达岭一直是作为重点在经营的。广播、电视、报纸、杂志等媒体从静态、动态、听觉、视觉等各方面给潜在消费者灌输了很多八达岭的元素,使他们很自然地对该段长城产生了好感,进而促进了购买。

4)学习

心理学家认为,人们只有少数本能会导致行为的产生,其他绝大多数行为都是受后天经验的影响而形成的。学习是指人们在社会实践中,受后天经验的影响而改变其行为,旅游及其购买行为就是其一。

“刺激—反应”模型(见图3-2)表明,消费者的购买行为是驱使力、刺激物、提示物、反应和强化五种要素相互作用的结果。其中,驱使力是指促使消费者产生购买行为的内在力量,它源自消费者未得到满足的需求;刺激物是使消费者需求得到一定满足的事物信息;提示物则指能够诱发消费者购买行为的所有因素;反应指消费者为满足需求所采取的购买行为;强化是指消费者的购物评价。如果消费者对购买商品的满意程度高,就会形成重复购买;相反,诱骗的购买经历会给他们一定的经验教训,防止下次上当受骗。

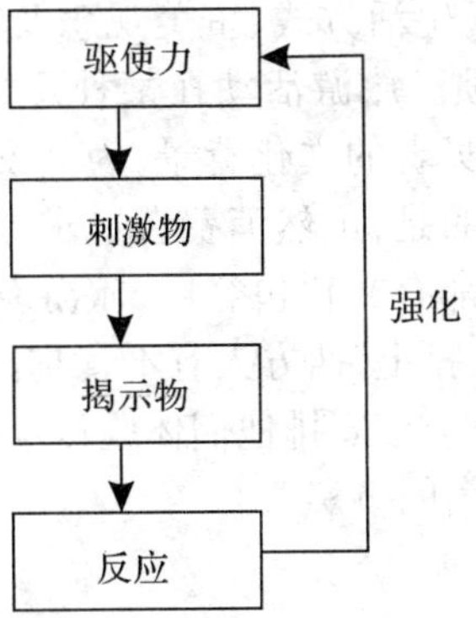

图3-2　“刺激—反应”模型

根据以上理论,旅游营销人员在旅游营销活动中,首先可以努力设计具有差异化的整体旅游产品,以吸引旅游者,刺激其购买欲望;其次,可以及时有效地向旅游者提出启发需求的提示物,强化促销策略,诱发旅游者的购买行为,如通过促销资料、人员推销向游客提供必要的信息,暗示本企业旅游产品的性价比优于其他企业的同类旅游产品。旅游者通过对同类旅游产品的信息比较与分析,自然会作出有倾向性的购买决策。此外,旅游企业还可以强化消费者对旅游企业及产品的满意度,以使消费者重复购买。

【同步案例3-1】

麦当劳主题曲的运用

麦当劳餐厅联合当红歌手设计了属于自己的主题歌"我喜欢",凭借明星效应和自身的影响力,该歌曲很快被大众所熟悉传唱。虽然先后运用了不同的广告,但麦当劳的主题曲保持了稳定的延续。主题曲是麦当劳营销的过程中的常规工具之一,恰到好处地播放能刺激并提示消费者麦当劳品牌的存在,使他们作出购买的决定。

问题:麦当劳主题曲为什么能促进购买?

分析提示:麦当劳主题曲从一定意义上说就是促进消费者学习的一种工具。它可以扮演提示物的角色,使消费者能在适当的时刻,想到麦当劳,购买麦当劳产品。

5)态度信念

态度信念是指人们对某一事物所持的较长期的评价、看法和行动倾向。态度信念可能基于实际认识,也可能基于个人见解,有时也可能掺杂个人感情色彩。个人的态度信念对其思考和行为均有很大影响。

由于态度信念的不易改变性,旅游营销人员在营销活动中要了解旅游者和潜在旅游者对推出的旅游产品的印象和态度,通过沟通,增加旅游者对旅游产品的良好印象。另一方面,旅游企业也可以通过研制新的旅游产品,提高服务质量以改变旅游者对旧有旅游产品的不良态度。例如,在旅游酒店的竞争中,一些酒店打出"三星的价格,五星的服务"的旗号,这正是利用旅游者心目中对不同星级酒店的态度而宣传自身服务的质优价廉。

3.2.3 文化因素

文化包括人们的价值观念、生活方式、审美观念及行为模式。一种文化会有与另一种文化不同的习俗、民风和习惯。旅游活动在某种意义上就是对差异性文化审美的追求。旅游营销者要善于了解购买者的文化背景,为其安排具有吸引力的旅游产品,以帮助购买行为的实现。值得注意的是,虽然消费者追求差异性的文化审美,但是这并不意味着差异越大越好。每个民族都有文化包容度,旅游营销者要适度而行,才能取得较好的效果。例如,在旅游餐饮的安排上,西方人有不食狗肉的习惯,虽然中国东三省狗肉店很是出名,但旅游营销人员也不应该安排他们体验该项美食。因为狗对西方人而言是朋友,是家人,他们接受不了吃狗肉的事实。

3.2.4 社会因素

影响旅游者购买行为的社会因素主要有四类,分别是社会阶层、相关群体、家庭、角色和地位。

1)社会阶层

通常,一定的社会阶层具有相似的价值观、兴趣及行为。根据西方社会学理论,社会阶层可分为六个层次,即上上层、次上层、中上层、中层、中下层和下层。上层社会旅游者虽然人数少,但购买次数却很频繁,消费能力高,是豪华旅游产品和服务的必争客源;中层社会的旅游购买者队伍庞大,是购买中高档旅游产品与服务的主力军;下层社会的人士虽然数量众多,但购买能力较低,偶尔出行也主要选择经济性的旅游产品和服务,是经营相应产品的旅游企业争取的对象。

2)相关群体

相关群体是指对消费者生活习惯和偏好有直接影响的各种社会关系,一般包括主要群体和次要群体。前者指与消费者个人关系密切、接触频繁、影响最大的团体,如家庭、朋友、同学、邻居等;后者指与消费者关系一般、接触不太密切、不保持持续交互影响的群体。此外,崇拜性群体也是相关群体的组成之一。该类群体渴望成为某团体中的一员,仰慕此类团体成员的名望、地位,狂热效仿其消费模式与购买行为。相关群体对旅游消费者的购买行为是潜移默化的,他们为群体成员提供某一特定的消费模式,并运用群体力量影响消费者的购买态度以及对旅游产品的选择。

3)家庭

家庭是社会的组成细胞,尤其是在我国这样一个崇尚家庭血脉、亲情的国家,它对于旅游者的购买行为有很大的影响力。在家庭的影响和熏陶下,旅游者形成了不同的价值观、审美情趣、消费习惯、个人爱好。在旅游者购买决定的参与者中,家庭成员的影响作用是首位的。以家庭权威中心为标准划分的家庭类型有丈夫决策型、妻子决策型、协商决策型和自主决策型四类。不同类型的商品,家庭购买决策的重心也不尽相同。旅游产品购买对于已婚人士来说,一般属于夫妻共同协商决策;对于未婚成年人士来说,一般属自主决策。因而,旅游营销人员设计开发旅游产品时必须协调好家庭各方面需求、兴趣偏好和购买主体。

4)角色和地位

一个人在每一群体中的位置可以用角色和地位来说明。一个角色包涵了周围人期望其进行的所有活动。每一个角色都附着一种地位,地位可以反映该角色在社会中受尊重的程度。个人所扮演的每个角色与地位,都会直接影响其购买行为。例如,现在许多旅行社推出的由成年子女陪伴老年父母的亲情旅游团很受欢迎,反映出旅游营销活动考虑了旅游者的角色。此外,五星级酒店的总统套房,也是为旅游者的特殊身份地位而设计的。

3.2.5 环境因素

政治、经济、自然、交通等环境也会左右购买行为。

1)政治环境

影响旅游购买行为的政治因素包括政治制度、法律法规、政局、国家关系四方面。旅游产品和服务的生产经营必须符合社会政治制度和法律法规的要求。政局稳定,安全有保障,旅游者才愿意外出旅游,才会产生购买行为。国家关系则会促进或阻碍两国间的各类交流和往来,旅游购买行为也会相应增加或减少。

2)经济环境

经济发展水平直接决定了社会的旅游购买力,同时经济状况也影响人们的购买心理。当经济繁荣,人们预期收入提高时,旅游购买欲望和实际购买也随之提高;当经济低迷,人们的收入下降时,旅游开支往往会削减,旅游购买行为会相应减少。此外,汇率也是影响人们旅游购买行为的重要因素。

3)自然环境

自然环境是旅游者选择目的地的重要参考因素。旅游者会优先选择自然环境质量高的地区为旅游目的地。对那些长期生活在污染和工业化程度高的地区的人们而言,回归自然,享受自然是旅游购买所希望实现的主要目的。

4)交通环境

交通运输条件是解决旅游者可进入性、舒适性问题的基础。有的旅游景点观赏价值虽然很高,但由于进入成本高,影响了旅游者购买的热情。有些景点看起来平平,但由于交通条件好,旅游者往往愿意购买。

另外,除上述五点外,旅游企业本身的营销组合也会对旅游者的购买行为产生影响,产品优质且具有针对性,价格合理,渠道科学,促销得力,都能促进旅游购买行为的达成。

3.3 旅游者的购买决策过程

3.3.1 旅游购买决策的参与者

旅游产品和服务购买涉及的决策单位往往不止一个。以家庭旅游为例,也许外出旅游的提议是由放暑假的孩子提出的,妻子表示赞同后,在朋友的推荐下选择了旅游地,最终由丈夫作出购买决定。鉴于此类情况,旅游营销人员应该识别是谁作出购买决策,以便更好地针对这些角色设计产品、确定信息和安排促销等工作。人们在一项购买决策中可能扮演的角色主要有:

- 发起者,即首先提出或有意向购买某一产品或服务的人。发起者不是决策者,但是如果响应者较多,将对决策者产生较大影响。
- 影响者,即其看法和建议对最终决策具有一定影响的人,如决策者的上司、同行、朋友、亲戚等。
- 决策者,即作出购买决策的人。决策者可能是一人,也可能是多人。
- 购买者,即实际采购的人。其对售中服务的满意度会对下一次购买决策产生一定影响。
- 使用者,即实际旅游或使用该产品和服务的人。使用者满意与否会反馈给决策者,对下一次购买决策产生影响。

上述五个角色在实际旅游购买决策时可能全由一个人扮演,也可能由若干人扮演。

3.3.2 旅游者的购买决策过程

旅游者对旅游产品和服务的购买活动,是通过一定的购买决策过程来完成的。通过对购买决策过程的分析,旅游市场营销人员可以针对每个程序中旅游者消费心理与行为特点采取适当的措施影响旅游者的购买决策,从而促使营销活动顺利完成。

旅游者的购买决策过程是一个相互关联的购买行为的动态系列,在实际购买之前就已开始,并且延伸到购买之后的很长一段时间才会结束。它一般被分为五个具体步骤(见图 3－3)。

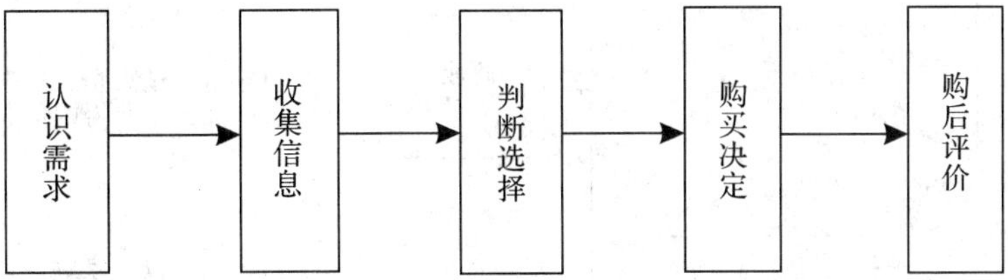

图 3－3　旅游者的购买决策过程

1)认识需求

购买决策过程始于认识需求,即人们认识到自己对旅游产品的需要。这种需求可能由内在刺激引起,如日常工作过于紧张、身心疲惫需要休息;也可能由外界刺激引发,如亲朋好友对某项旅游产品的极力推荐。内在刺激源于旅游者的生理需求,外在刺激则包括一切能够激发旅游者消费动机的因素。但在一般情况下,这一需求是两方面共同作用的结果。

旅游营销人员必须了解自己的旅游产品可以满足消费者哪些内在需求,并且必须熟知通过哪些外在刺激可以引发人们对旅游产品的需求。一项旅游产品能够满足旅游者的需求越多,就越受欢迎。在这一阶段,旅游营销人员要努力唤起和强化消费者的需要,并协助他们确认需要、创造需求。

【同步思考 3－2】

香气引得客人来

20 世纪 40 年代,华人企业家刘先生投资开始经营中餐馆。由于资金少,刘先生只好租了一家较为偏僻的店铺开中餐馆。刚开始生意很清淡,眼看入不敷出,就要倒闭。刘先生分析原因后认为是大街上的行人不知道地处离大街 20 米远的小巷中的中餐馆。市容管理局不允许打太显眼的广告,所以经过一番苦思冥想,刘先生决定用小型鼓风机通过炒菜管道把炒菜的蒸汽往大街上吹。每天一到中午 11 点或傍晚 6 点,大街上便飘着淡淡的菜香,吊起了不少行人的胃口。客人便循着香气找来,从此餐馆生意兴隆,一发不可收拾。

分析说明:该事例中,香气扮演了"刺激物"这一角色。刘先生运用香气使潜在消费者认识到了自己的餐饮需求,进而上门消费。

资料来源:吴金林. 2003. 旅游市场营销[M]. 北京:高等教育出版社.

2)收集信息

收集信息是购买决策的调研阶段。人们认识到自己对某项旅游产品的需求后,就会对他所需的对象产生兴趣,有意识地去收集相关信息,以加深认识。一般而言,旅游者的信息来源有以下四个方面(见图3-4)。

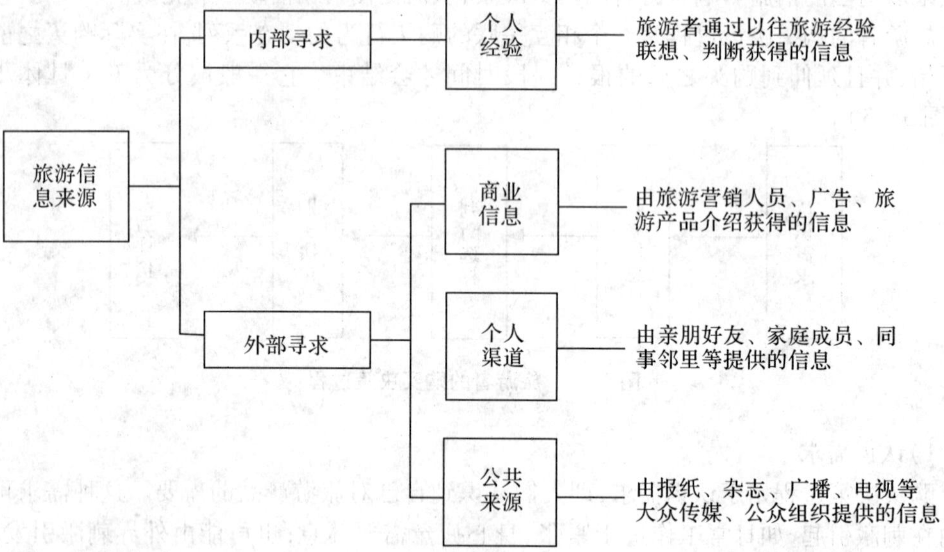

图3-4 旅游信息来源

通常,旅游者获得的信息越丰富,就越有利于作出购买决策。因此,旅游营销人员必须不定期做市场调查,了解旅游者对旅游产品的信息来源渠道,从而制订出有针对性的信息沟通方案,以增强旅游者对旅游产品的了解和信任。

3)判断选择

判断选择是指旅游者在收集各方相关旅游产品信息,并对其进行分析、整理、评估,以形成自己的观念和倾向。旅游者在判断过程中涉及一系列评价标准,这些标准一般是由旅游者态度和事物的客观属性共同产生,但无论如何,利益是人们旅游行为决策过程中最为关心和寻求的东西。

旅游者在评估选择的过程中,以下几个方面需要引起旅游营销者的注意,即旅游产品的属性、对不同旅游者而言各种属性的重要程度、旅游产品的品牌信念、旅游产品每一属性的效用函数以及旅游者的评估程序。此外,旅游营销人员在制定营销策略时,还可以从以下三方面努力:一是实行"实际的重新定位",即改进旅游产品的质量和性能,使之尽量接近旅游者的需要;二是实行"心理的重新定位",即通过广告宣传报道等系列措施,设法转变旅游者对有关旅游产品不切实际的观念和期望,帮助旅游者正确认识产品性能差异;三是"竞争性反定位",即向旅游者宣传自身旅游产品的相对竞争优势,改变某些宣传者对旅游产品的竞争误会。

【知识链接3-3】

旅游产品的判断选择模式

旅游产品的判断选择模式通常有四种:

(1)理想产品选择模式。理想产品选择模式是指潜在购买者有一个完整的旅游产品理想属性,再把实际旅游产品和其心目中的理想产品进行比照,超过时最容易作出购买决定,达到和接近时也可接受,相差较大时则不考虑购买。

(2)最低接受选择模式。潜在旅游购买者对拟购买的旅游产品的主要属性设定最低可接受水平,其中任何一项主要指标低于可接受标准,购买方案就会被舍弃。

(3)重点选择模式。潜在旅游购买者在选择旅游产品时会有重点地分别考虑,如对某项旅游产品选择的重点是经济实惠,只要价格低廉、质量可靠就可选择购买,而不考虑品牌等其他内容。

(4)逐步选择模式。潜在旅游者对拟购买的旅游产品,按自己所认定的旅游产品的重要性,按次序逐项予以评估,都达到一定标准的方可接受。

4)购买决定

购买决定是旅游购买行为的中心环节。旅游者获知并对旅游产品信息进行了比较、评估后,就会形成购买意图,但在从购买意图到购买决定之间的过程中,还会受其他人的态度、可预期的环境因素和无法预期的环境因素三方面的影响,最终形成购买决定。

其他人的态度主要是指旅游者家人的态度或其他关键人士的态度。可预期的环境因素主要指旅游者预期今后的收入情况、预期的旅游费用以及可从旅游产品中获得的利益等。无法预期的环境因素指失业、自然灾害等令人失望的不可控制或超出预期的因素。旅游者修改、推迟或取消某个购买决定,往往是因观察到某种风险,受"知觉风险"的影响。知觉风险的大小随旅游产品的金额多少、产品性能的确定程度以及购买者的信心强弱而改变。因此,旅游营销人员必须尽可能减少旅游者可能承担的风险,令消费者对旅游产品产生信赖与认可。

5)购后评价

购后评价是购买决策的反馈阶段。它是本次购买的结束,也是下次购买或不购买的开端。当旅游者认为购买到期望的旅游产品时,就会认可该项旅游产品,如果不满意其服务与质量,就会选择今后购买其他的旅游产品或采取公开维权行动(见图3-5)。

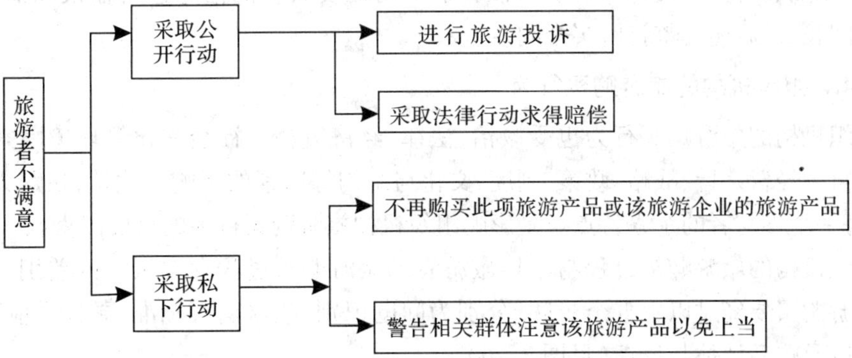

图3-5 旅游者不满意会采取的行动

旅游营销人员在工作中,对旅游产品的广告宣传要实事求是、恰如其分。如果旅游者对旅游产品有意见,应当采取积极的措施,促使游客消除不满意感。良好的购后口碑对旅游企业和旅游产品而言是很有价值的。

3.4 组织机构的购买行为

3.4.1 旅游购买组织机构的特征

旅游购买组织机构是指政府机关、事业单位、企业单位、社会团体等机构。对不少旅游企业而言,组织机构是购买大户,是非常重要的客户资源。与旅游消费者购买行为相比,组织机构的旅游购买有以下特征:

1)购买数量大

组织机构的顾客每次的购买数量都比较大,有时一位买主就能买下一个企业较长时期内的许多产品和服务,有时一张订单的金额就能达到数千万元。

2)供需双方关系密切

组织机构的购买者一旦与旅游企业发生业务联系,往往需要源源不断的产品与服务,旅游企业会有长期而稳定的产品销路。供需双方互相保持着密切的关系,互为依靠。

3)购买专业化程度高

组织机构的购买由训练有素的专门人员去洽购,旅游购买多为专家型购买,对咨询服务、设计服务要求较高。

4)影响购买决策的人较多

影响组织机构购买决策的人多。大多数企业有专门的采购组织,重要的购买决策往往由高级管理人员共同作出,其他人也直接或间接地参与,这些组织和人员形成事实上的"采购中心"。

5)购买决策时间长

由于组织机构具备以上特点,所以在购买时需要大量的信息进行输入和筛选,从而决策时间长,最后还要签订购买合同。

3.4.2 组织机构的旅游购买行为

组织机构的旅游购买行为也受政治、法律、经济、技术、社会文化等环境因素以及组织机构自身经营宗旨、战略、政策、制度、文化与结构等因素的影响。此外,在购买决策过程中,每一个参与者的个人特点也是影响组织机构旅游购买行为的重要因素。

组织机构的旅游购买过程与个体旅游者的旅游购买过程存在很大的差别。组织机构的旅游购买要经过以下五个步骤,分别为问题识别、建立购买标准、寻找供应商、选择供应商以及购后评估与反馈(见图 3-6)。

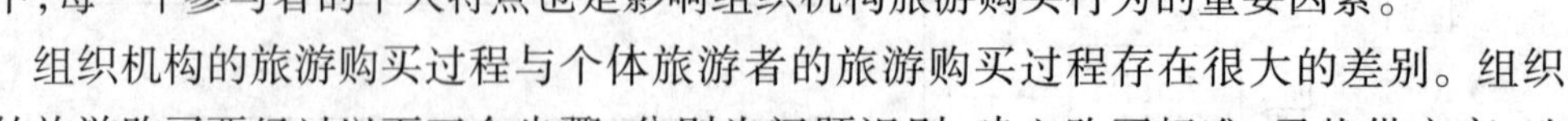

图 3-6 组织机构的旅游购买过程

1)问题识别

当组织机构意识到需要某种旅游产品或服务时,该组织机构的旅游购买过程就开始了。旅游购买的需要大多受内部因素影响,如招待客户、商务出行、参加展会等;外部因素的刺激也会催化这些需要的产生。旅游企业应及时了解组织机构的需要,通过公共信息渠道、商业信息渠道或个人关系渠道打听信息、了解需要。在此基础上,旅游营销人员可提供科学的、有针对性的旅游设计,以供其选择购买。

2)建立购买标准

当使用者及购买者明确了旅游购买需要和问题后,就会为购买确立各种标准,其内容包括:本组织应购买哪一类型的旅游服务;有多少人参加本次旅游,旅游线路及目的地的选择;具体的时间安排;活动项目的安排;交通及饮食住宿设施的选择;所需费用的初步预算等。当较为重要的购买标准经过上级主管人员批准后,就可以此来寻找旅游服务企业。

3)寻找供应商

购买人员可以通过各种方法寻找旅游服务企业。他们可以查找企业名录,由旅游行业协会的咨询机构推荐或由同行推荐。在此基础上,购买人员通常可以选择四至七个旅游服务企业,把购买标准拟定为招标书寄送给各个旅游供应商,并让他们提出各自的建议书或投标书以作为选择的重要依据。

【职业道德与企业伦理3-1】

公平公正地进行招标活动

招标是组织机构购买产品的一种常规手段。在旅游产品与服务的购买过程中,所谓招标就是组织机构按照预先规定的条件,对外公开邀请符合条件的旅游企业进行报价投标,最后由招标者从中选出价格和条件优惠的投标者,与之签订合同。招标的公平、公正性是该项活动顺利、有序进行的前提和基础。在实际的操作中,部分组织机构也存在着"暗箱操作"的情况,对某些投标旅游企业予以"特殊"照顾,导致了竞争的不公平。这会大大打击旅游企业的积极性以及其所提供产品与服务的品质,扰乱竞标秩序,是不予推荐的。

问题:如何才能保证招标的公平公正性?

分析提示:组织机构旅游产品和服务购买过程中进行招标活动时,为了更好地保证其公平公正性,可以采用以下手段:实施业主、监管、代理三者分离的管理模式;通过公开、正规渠道统一发布信息;随机抽取评标委员会组成人员等。

4)选择供应商

在这一过程中,公司决策人员依据各个旅游服务供应商提供的投标书或建议书选择旅游服务企业。在选择中,组织机构会考虑旅游供应商的信誉、产品质量、价格、支付条件、旅游营销人员的素质以及对公司购买人员需要所作出的反应。广告和宣传品等均能对组织购买人员的决策产生重大影响。购买中心人员根据他们感知到的每个旅游企业的属性、提供利益能力的不同等进行综合权衡,找出符合要求的旅游服务供应商。在大批量、高价值的购买成交前,组织机构的购买中心成员一般会与两家以上的旅游服务企业进行洽谈，以便在价格和服务项目上获得更多的优惠。有时，大公司还有可能将大批量的旅游购买分成几个小批量，选择几家旅游供应商，以便分散风险。

5）购后评估与反馈

在这一阶段，购买人员对每个旅游服务企业的绩效进行综合评估。购后评估与反馈经常通过购买人员与旅游企业营销人员的交往来实现。但在比较重大的旅游购买发生后，购买中心人员一般都会向产品和服务的最终使用者征求意见，了解他们对产品和服务的满意程度。购后评估和反馈最终可以导致购买中心作出下次是否继续购买该旅游企业的产品和服务的决定，因此，旅游营销人员应注重购买人员和最终使用者两方对自己产品和服务的满意度，以便及时向其提供购后服务并更新产品。

3.4.3 旅游中间商的购买行为

旅游中间商是指以转售或代理的形式将旅游产品和服务提供给最终旅游者的企业和个人。旅游中间商购买或从事代理的目的是获得利润，获利是其购买行为的最基本动因。有些旅游中间商购买或代理一些赢利不大的产品和服务是为了提高本企业的声誉或扩大经营规模。因此，旅游中间商在产品和服务的选择上十分注重产品和服务能否给他们带来足够的利润和声誉。

为了达到获利的目的，旅游中间商可以代理或转售一个旅游服务企业的一种、部分或全部产品和服务，也可以代理所有旅游服务企业的一种、部分或全部产品和服务。旅游中间商的不同产品和服务组合意味着有不同的顾客组合及旅游服务供应企业组合。对旅游营销人员而言，了解旅游中间商的产品和服务组合也就等于了解了自己的竞争对手。同时，决定产品和服务转售或代理组合的旅游中间商一般由地区或产品经理组成。因此，旅游营销人员应了解每个旅游中间商中具有购买决策权的经理，以便有针对性地进行营销活动。

与一般组织机构的购买行为相似，影响旅游中间商旅游购买及代理的因素也可以分为外部因素和内部因素两类。外部因素包括政治法律制度、人口、社会文化、科学、技术、自然环境、交通运输条件、竞争者等因素；内部因素包括旅游中间商组织特点和购买人员的个人因素。

【情境模拟 3-1】

场景：张先生一家决定过年外出旅游。家庭成员除了张先生、张太太两位年近花甲但身体硬朗的老人外，还有大儿子和其新婚妻子，以及热爱新奇事物、具有探险精神的小儿子。作为旅行社的营销人员，请根据张先生一家的实际情况，给他们一些旅游产品推荐。

操作：利用本章旅游购买行为理论，从张先生一家的实际出发，给出你认为较为理想的新年出游目的地。在确定目的地的基础上，初步设计适合张先生一家购买的旅游产品，并进行模拟推销。

知 识 题

3.1 影响旅游者购买行为的因素主要有哪些?

3.2 阐述旅游者购买决策过程。在不同阶段,旅游企业应分别采取怎样的营销策略?

3.3 组织机构的旅游购买行为有什么特点?

实 务 题

选择你认为比较有潜力的旅游市场,研究影响该市场人群选择旅游目的地的因素,并提出相应的营销策略。

案 例 题

道恩·瓦尔特是领导者会议联络委员会 1994 年度的就任者。他获得这一殊荣是由于在过去 30 年间对会议行业所作的贡献。在道恩·瓦尔特的职业生涯中,其直接购买或影响购买酒店和旅游产品花费了近 1 亿美元。当问他什么是影响酒店谈判的重要因素时,他的回答是,"诚实而直截了当地谈判"。他说:"如果会议策划者和酒店营销部经理都能够开诚布公地谈判,会为每一方节省不必要的时间。"

道恩·瓦尔特的购买不仅仅只看价格。他说经常有些酒店财务出现问题,会导致降价销售以加快周转。在这类酒店里,你可能不得不因降价销售问题而和好几个人打交道。会议进行期间,服务质量低劣,由于人手不够,应在一小时内准备好的食物,结果用了一个半小时,改动设施的要求也难以实现。当他们确实为了你对会议室做改动时,他们会经常感到恼火并且还得让你知道他们的态度。道恩·瓦尔特认为这种糟糕的服务能毁了一次会议。如果会议不能顺利进行,成本的节约与对承办者声誉的损坏相比,是微不足道的。

因此道恩·瓦尔特在谈判时力争公平。他希望酒店赚钱,但是他也希望能得到好的服务和全面的价值。在现场参观时,他对雇员进行观察,以便了解他在会议期间能得到什么类型的服务。当他看见一个雇员弯下身拾起口香糖的包装物时,他得到一个暗示:这个雇员为他们的酒店而骄傲。他喜欢重新光顾他能看见去年曾看到的同样面孔的酒店。较低的员工流失率和注重内部营销的酒店会给他留下好印象。同样,如果当他进入酒店时,雇员招呼他的名字问候他,这表明酒店努力使雇员认出他,这是注重细节和关注的信号。

问题:从上述例子可以看出会议策划者和协会行政官员在购买酒店产品和服务时注重哪些因素?

分析提示:道恩·瓦尔特提供了一个组织型购买者具有强大势力的例子。他使我们洞察到什么是满足会议策划者和协会行政官员需要的重要因素。他们希望以公正的价格获得优质的服务。他们不希望出现任何意外,当他们需要在会议期间做一些变动时,他们希望酒店或者会议厅能全力支持。

实训题

实训项目:以香港旅游为例,了解旅游者的购买动机。

实训目的:通过实训,使学生能分析不同类型的消费者购买香港旅游的动机,并针对他们的动机进行不同的旅游产品及服务的提供。

实训步骤:本实训可以通过以下步骤实现:①随机组成工作小组,对不同性别、职业、个性、经济收入、家庭生命周期的旅游者进行分析;②给出他们购买香港旅游产品和服务时的差异性动机;③小组制作 PPT,并在课堂进行汇报。

实训成果:本实训最终成果为:①小组旅游购买动机分析报告一份;②小组 PPT 幻灯展示。

第4章

旅游市场营销调研

学习目标

知识目标：了解旅游市场营销调研的意义；掌握旅游市场营销调研的含义、分类及内容；掌握旅游市场营销调研的方法和程序。

能力目标：通过本章学习，使学生学会设计旅游市场调查问卷，用该问卷对旅游市场营销的内容进行信息调研，并能根据调研信息写出调研报告。

素质目标：通过小组训练，培养学生团结协作、勇于创新、精益求精的工作态度及敬业精神。

【引例】

上海旅游市场游客情况分析

为了准确把握国内游客来沪情况，吸引更多的游客来沪旅游，上海市旅游局和国家统计局上海调查总队共同开展了2009年上海市来沪游客的旅游调查。调查选择在机场、车站、码头和部分旅游景点，采取随机拦截抽样、问卷调查等方式进行。

调查显示，2009年外省市来沪游客数估计值达到8 483.68万人次，比2008年增长8.2%，比2004年增长33.7%，呈逐年递增走势：

1）苏浙皖游客超过半数

在2009年来沪游客中，江苏、浙江、安徽三省超过半数，分别为26.9%、16.2%和10.4%；游客所占比重居最末三位的是西藏、青海、海南，比重均不到0.2%。在各省来沪旅游人数所占比重中，江苏上升的幅度最大，达1.9个百分点；浙江下降幅度最大，达1.8个百分点；其他各省游客比重的变动幅度均不太大，基本与上年持平。

2）探亲、观光游客比重增加

游客来沪目的比重排列前三位的是观光度假、探亲访友和商务活动，分别达到36.8%、29.8%和22.2%。与上年相比，除探亲访友和观光度假比重分别上升2.1个百分点和1.4个百分点外，其他出游目的所占比重均有所下降，其中商务活动游客比重下降1.8个百分点。

3）中青年游客为出游主体

2009年，来沪游客从年龄构成来看，44岁及以下的中青年游客成为出游主体，所占比重超过八成。24岁及以下的年轻人出游比重较上年有所回落,下降0.9个百分点;45岁及以上游客比重上升0.6个百分点。

4)游客最主要的出游方式是"个人或亲友结伴而行"

2009年,有79.2%的游客选择"个人或亲友结伴而行"的方式出游,比上年下降1.7个百分点;17%的游客是依靠"单位组织"的方式出游,上升1个百分点;3.8%的游客是以"旅行社组织"的方式出游,上升1个百分点。不同的出游方式,人员组成也各不相同,技术人员和职员出游人数较多,因此在各种出游方式人员组成中所占比重均较高。"单位组织"的游客主要是技术人员和公务员;"旅行社组织"的游客主要是职员和技术人员;"个人或亲友结伴"的游客主要是职员和技术人员。

5)在亲戚朋友家住宿比重上升

"宾馆饭店"和"亲戚朋友家"依然是多数游客选择住宿的方式。2009年,住宿在"宾馆饭店"的占43.8%,比上年下降2.3个百分点;而选择住宿在"亲戚朋友家"的游客占8.6%,比上年上升2.3个百分点。不同出游方式来沪的游客对于住宿方式的选择有差别。其中,旅行社组织来沪的游客中,95%选择住宿"宾馆饭店",比上年上升12.8个百分点;由单位组织来沪的游客中,73.8%选择"宾馆饭店",比上年下降7.7个百分点;个人或同亲友结伴来沪的游客中,选择住宿"宾馆饭店"的则只有32.2%。由此可见,不同出游方式来沪的人群对于住宿的需求各有不同。但是,总体来说,选择住宿"宾馆饭店"的来沪游客比重呈上升趋势。

6)"东方明珠"为游客首选

在问卷列出20个具有标志性的上海景点中,"东方明珠"成为2009年来沪游客到访人数最多的景点,到访率达42.8%;其次是"豫园",到访率达37.1%。两者均较上年有所增加。到访率最低的仍是三大森林公园,均不到1%。2009年,有15个景点到访率下降,5个景点到访率呈上升态势,但总体变动幅度均不大。

7)人均旅游消费增加

随着国内经济回暖,人们的旅游消费也有所增加。2009年,来沪游客人均旅游消费总支出为1 548.29元,比上年增长5.7%。从各大类旅游消费支出看,除购物费用下降2.3%以外,其他花费均有所增加,其中增幅最大的为门票费用,增长12%。从各项花费分布来看,作为购物天堂的上海,游客花费仍主要集中在购物上。

资料来源:颜永国.2010.上海旅游市场调查分析[J].统计科学与实践(5).

在旅游市场营销活动中,旅游市场调研和市场预测是重要的一环。重视旅游市场调研,掌握和运用市场信息,是管理现代化的主要标志。通过这个部分内容的学习,我们可以掌握旅游调研的内容、调研的方法、旅游营销信息系统及旅游市场预测等内容。

4.1 旅游市场营销调研的意义与内容

4.1.1 旅游市场营销调研的概念和意义

旅游市场营销调研是指运用科学的方法和手段,有目的、有系统地收集、记录、整理、分析和总结与旅游市场变化有关的各种旅游消费需求以及旅游营销活动的信息和资料，以了解现实旅游市场和潜在旅游市场，并为旅游开发规划与经营决策者提供客观依据。市场调研强调系统性，从整体角度周密地计划和有条理地组织调研工作。市场调研又必须是客观的，调研人员必须保持坦诚的态度，对所有的信息资料应客观地进行记录、整理和分析处理，尽可能减少错误和偏见，以保证调研结果作为决策参考依据的可靠性。

现代旅游企业的营销活动应以市场调查作为起点。旅游市场营销调研的目的就是帮助旅游企业分析旅游市场供求关系的变化，准确选择目标市场，认识营销问题，把握营销机会，更好地进行经营决策。旅游市场营销调研的意义主要有以下几个：

1）旅游市场营销调研是旅游企业进行科学预测与决策的前提和基础

旅游市场是一个动态变化的市场，受政治、法律、经济、社会文化、自然地理等诸多因素的影响和制约，旅游市场环境的变化既可以给旅游企业带来市场机会，也可能给企业造成某种威胁。能否对市场未来发展趋势作出准确判断和估计，以及能否根据预测结果对未来行动方案作出正确的选择和决定，就成为旅游企业在竞争中能否生存和发展的关键。这就需要运用科学的方法，进行深入细致的市场调查，全面收集相关信息。市场调查工作做得越充分，预测和决策的准确性就会越高。

2）旅游市场营销调研能够帮助旅游企业发现更多的市场机会

市场营销环境的变化中蕴涵着市场营销机会。在市场营销调研过程中，旅游企业可以及时掌握旅游产品的价格、供求变化、竞争对手状况、国家旅游产业政策、旅游消费者的心理、潜在旅游需求等各类旅游市场信息，并通过整理、加工、分析这些信息，发现新的市场机会，挖掘潜在的消费需求，有针对性地进行旅游产品开发和旅游营销活动。

3）旅游市场营销调研可以增强旅游企业参与市场活动的主动性、自觉性

旅游市场对现代旅游企业生产经营活动具有直接的导向作用，通过系统的市场调研，企业加深了对影响市场变化的诸多因素及其相互联系的认识，能更准确地把握市场运行规律，预先对市场未来发展趋势作出预测，从而减少参与市场活动的盲目性，增强主动性、自觉性。

4）旅游市场营销调研能够促进旅游企业改善经营管理水平

旅游企业除调查市场需求之外，还需进行内外经营环境、企业形象、服务质量、产品质量等情况的调查。这些调查的结果反映了旅游消费者对旅游企业的产品、服务及经营活动的评价，反映了旅游企业在消费者心目中的地位，可以帮助旅游企业了解自身实力和市场竞争中的地位，找出经营管理水平的差距，以便改善经营管理，取得良好的经济效益和社会效益。

5）旅游市场营销调研有助于充实与完善旅游市场信息系统

旅游企业持续、系统地进行旅游市场调研活动，可以获取大量有价值的信息，将之不断输入旅游市场信息系统，可使系统的内容日益丰富与完善，从而能更好地服务旅游企业调研工作、营销活动及其他经营管理活动。

【同步思考4-1】

马来西亚旅华市场分析和预测

根据国家旅游局提供的数据,2004年1月至9月期间,马来西亚的旅华人数达到了47.46万人次,与2002年同期相比增长了17.7%。马来西亚旅华游客以华人为主,客源主要分布在吉隆坡(约占旅华总人数的55%)、槟城(22%)和新山(20%)三个城市。吉隆坡聚集的华人人数最多,约300万人,是旅华客源的主要出发地。槟城几乎80%的居民都是华人,因此也是一个非常重要的旅华客源城市。新山的旅华游客大多是先前往新加坡,然后再前往中国旅游。中国在马来西亚出境旅游目的地中排名第二。马来西亚游客一般选择学校假期期间,即5月至6月底、11月至12月底出国。相关的旅游展览会一般在3月和9月各开展一次,为各大旅行社提供机会,抓紧时机推出旅游产品和路线,招徕客源。

旅华产品和线路是马来西亚旅游展览会的主角,马来西亚旅游展览会对各大旅行社来说都是至关重要的招徕客源的机会,是旅行社收团、组织客源的最重要途径之一。展览会成绩的好坏直接关系到旅行社经营的兴衰。每年旅游展览会,马来西亚航空公司都会推出相应的票价促销,各大旅行社也倾力展示自己的产品和线路,吸引大批公众前来购买。

此外,由于中国香港的电视节目在马来西亚华人中非常受欢迎,旅行社在组合线路过程中也注意利用这些电视节目的摄制场地进行促销。例如,在广西的旅游线路中就包括了香港电视连续剧《茶是故乡浓》、《酒是故乡醇》外景拍摄场地广西贺州姑婆山。

分析说明:马来西亚旅华的目标市场主要是华人。做好目标市场的细分和对市场的准确定位,是旅游市场调研及市场预测的重要课题之一。准确的细分和定位能给旅华市场带来巨大的收益。

资料来源:http://www.chinairn.com/doc/70300/24704.html.

4.1.2 旅游市场营销调研的内容

旅游市场营销调研的内容十分广泛,涉及旅游市场需求与供给的各个方面。由于调研的直接目的不同、调研对象不同、调研时间和范围不同,每一项具体的调研活动都会在特定时期内侧重于某些方面,有其不同的侧重点和具体内容。通常,旅游市场营销调研的主要内容有以下四大方面:旅游市场营销环境调研、旅游市场需求调研、旅游市场营销实务调研和竞争对手调研。

1)旅游市场营销环境调研

旅游市场营销环境即旅游企业的外部环境。旅游企业的经营活动离不开所处的社会环境,是在一定的社会环境下进行的。外部环境主要是指政治、法律、经济、技术、社会文化、自然地理等方面的因素。这些是企业不可控制、难以驾驭的因素,但企业必须了解它、适应它。

政治环境调研内容主要包括政治形势、政治状况、国与国之间的关系，国家各项政策方针、社会发展规划、经济政策尤其是旅游政策，国家重大政治活动、政治事件，政府机构状况及社会稳定程度等。法律环境调研主要是分析、研究相关国家和地区以及企业所在地的有关法律、法规、条例，特别是有关旅游企业的经济立法，如旅游法、广告法、商标法、专利法、保险法、消费者权益保护法、环境保护法等，同时熟悉国际惯例以及各国、各地区发展旅游业的方针政策。经济环境调研指标主要有 GDP、人均 GDP、人均可支配收入、社会购买力、消费者收支状况、居民储蓄和消费信贷、通货膨胀率、就业率、利率、税率、关税等。技术环境调研主要是了解对旅游企业产生影响的新技术、新工艺、新材料的发展趋势，技术发明、技术引进、技术改造，相关科技的发展政策、方针及规划等。社会文化环境调研应围绕着人们的旅游购买动机、购买心理、购买行为和旅游消费习惯进行。自然地理环境调研主要涉及目标市场的地理位置、季节因素、气候状况、自然环境条件、运输条件、生态条件、环境保护状况等。

2）旅游市场需求调研

旅游市场需求主要由购买者、购买欲望和购买能力所组成。旅游市场需求变化表现为旅游消费心理、消费欲望、消费动机、购买能力等方面的变化。对旅游市场需求的调研，主要是针对旅游消费者的旅游消费过程进行的。其调研内容主要包括：①旅游消费市场容量、市场结构调研即调查旅游消费者的数量及其构成，调查人口、职业、年龄、收入、教育水平、民族、宗教信仰等人口统计特征；②旅游消费者心理、消费欲望、消费动机、消费观念、消费行为特征。

3）旅游市场营销实务调研

旅游市场营销实务调研是指以消费者为中心，针对有形产品的“4P”（即产品、价格、促销、渠道）因素和无形服务产品的“3P”（即人员、过程、公共关系）因素展开调研。该调研主要包括以下几方面内容：

（1）旅游产品和服务调研。该调研围绕产品生产能力、产品实体、产品包装、产品寿命周期等展开。

（2）价格调研。价格调研主要调查价格弹性、定价策略、定价方法、价格变动对消费的影响、替代品的价格、新产品和服务的价格、竞争对手的价格等。

（3）推销调研。推销调研主要调查人员素质、分工、销售技巧、销售方式、销售业绩、销售机构和网点的销售效果等。

（4）营业推广调研。营业推广调研即对营业推广的策略、效果、失败与成功的原因进行调查。

（5）其他调研。其他调研指对公关活动、广告活动、分销管理、经销商的调查等。

4)竞争对手调研

竞争对手调研的内容包括两方面:一是竞争对手的产品调研;二是竞争对手基本情况调研。竞争对手调研具体可围绕如下五个问题展开:

- 我们的竞争对手是谁?
- 竞争对手的战略是什么?
- 竞争对手的目标是什么?
- 竞争对手的优势和劣势各是什么?
- 竞争对手的反应模式如何?

【知识链接4-1】

旅游市场营销调研的类型

按目的和作用分类,旅游市场营销调研可分为以下四种:

- 探测性调研。这种市场调研是旅游企业对市场情况很不清楚或者感到对调查的问题不知从何处着手时所采用的方法。探测性调研主要是发现问题和提出问题,以便确定进一步调查的重点。

- 描述性调研。描述性调研就是对已经找出的问题作如实的反映和具体的回答。这项调研必须拥有大量的信息资料,调研前需要有详细的计划和提纲,以保证资料的准确性。描述性调研比探测性调研细致具体,但也只是描述出问题表面现象的原因。

- 因果关系调研。因果关系调研是在描述性调研的基础上进一步分析问题的因果关系,并弄清原因和结果之间的数量关系。

- 预测性市场调研。预测性市场调研是针对研究对象,收集旅游市场过去与现在的相关信息资料,通过对资料的分析掌握研究对象的发展变化规律,运用科学的方法预测其未来的发展变化趋势。预测性市场调研对旅游企业制订经营计划、进行科学决策、避免较大风险和损失,有十分重要的意义。

上述四种调研类型在实际运用中是相互联系、逐步深入的。

按范围分类,旅游市场营销调研可分为全面调研和非全面调研。

- 全面调研。全面调研也称市场普查,是对所要研究的对象全体进行逐一的、普遍的、无一例外的调查。全面调研能获得较为完整、全面、系统的总量资料。实际运用时,可以根据研究目的与要求,确定一定市场范围,对范围内的市场各个方面情况进行全面调研,也可以为解决某个具体问题而对市场的某一方面进行专项普查。

- 非全面调研。非全面调研是对调查对象中的部分单位进行调研。其优越性在于选择了一部分具有代表性的单位作调查,可以节约成本,且运用起来比较灵活,效果较好。非全面调研又可分为重点调研、典型调研、抽样调研等几种形式。

此外,按调研的时间分类,有经常性调研、一次性调研、定期调研等形式;按空间层次不同,还可分为区域性市场调研、全国性市场调研和国际市场调研等。

4.2　旅游市场营销信息系统

旅游市场营销信息系统是指一个由旅游企业人员、旅游企业软硬件、程序构成的相互作用的综合体,它使旅游企业能够及时不断地收集、分类、评价、整理和分配企业内部和外部的信息,供企业作营销决策使用。旅游市场营销信息系统的主要任务是创造和提供信息资源,目标是辅助各种旅游市场营销调研及管理工作,提高效率和科学性。

一个完整的旅游市场营销信息系统由四个子系统构成:内部报告信息系统、营销情报系统、营销研究系统和营销决策分析系统(如图 4－1 所示)。

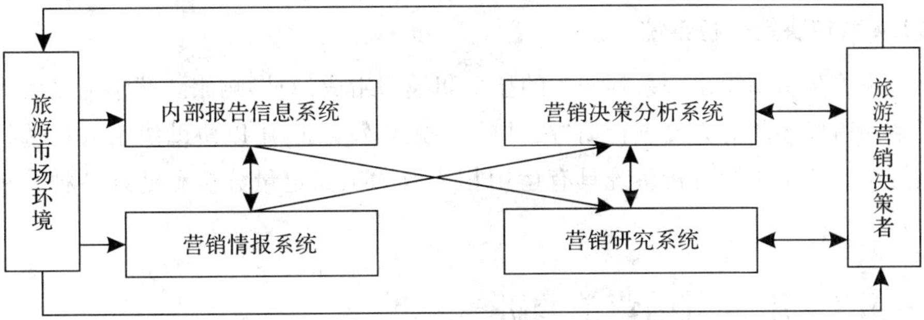

图 4－1　旅游市场营销信息系统

4.2.1 内部报告信息系统

所谓知己知彼才能百战百胜,在旅游市场调研过程中,营销人员在外部工作的基础上绝不可忽视内部信息调研。旅游企业内部报告信息系统,又称为旅游企业会计系统,它致力于从旅游组织内部收集、贮存数据。这些数据信息主要指根据内部信息通报制度要求,企业内部相互传递或上报的各种销售单证和报表,具体如旅游产品的成本、销售额、利润、资金流动、应收应付账款等方面的信息。这些资料可以帮助调研人员评估企业目前的经营活动和实绩。目前,根据旅游业服务性强的特点,旅游企业逐渐建立起服务档案系统,如旅游者的建议与投诉、重要客户信息等。例如,希尔顿酒店集团、喜来登酒店集团等通过计算机网络将全集团预订、接待情况及时、准确地汇集和传递,进行资源共享。

4.2.2 营销情报系统

营销情报系统通过一系列程序与渠道获得外部环境变化的系统性信息,如新法律通过、社会和文化趋势、人口统计资料、旅游业内部新的竞争动态等。营销情报系统的来源主要有:

- 训练和鼓励旅游企业内部营销人员收集和反馈外部环境信息;
- 激励分销商、零售商及其他中间商向旅游企业提供环境情报信息;
- 旅游企业从某些专门性的市场营销研究公司购买商业情报;

- 旅游企业建立专门的组织,负责营销情报的收集和处理。

4.2.3 营销研究系统

营销研究系统主要通过对采集的数据进行动态的规划、收集、分析与解释,使数据信息可以应用于营销决策。旅游市场营销人员通常需要针对一些特定问题作出详细的研究,以减少主观判断所造成的失误。由于旅游市场营销调研是专业性较强的研究性工作,因而在市场营销调研的过程中,旅游市场营销调研人员需要应用专业知识对有关问题进行研究。大型旅游企业与饭店一般都设有营销调研部门,小型旅游企业一般委托市场专业调研公司完成调研任务。

4.2.4 营销决策分析系统

营销决策分析系统由一系列先进的技术和模型组成,对影响旅游营销活动各因素的因果联系和市场预测等方面进行研究,并建立模式库,专门用以协助决策人员选择最佳的营销策略。营销决策分析系统具有运用相关数学工具定量分析和处理各种营销信息的能力。

4.3 旅游市场营销调研

旅游市场营销调研就是运用科学方法收集旅游企业开展市场营销活动所需要的各方面信息,为企业管理者进行旅游市场营销决策提供重要的依据。它是旅游营销活动的重要组成部分,是旅游企业的重要营销职能之一。旅游市场营销调研是根据旅游企业所面临的市场营销问题,制订调研计划,收集市场信息,并对收集到的信息进行分析处理,得出调查结论,为相关部门和决策者提供营销的依据。旅游市场营销是对旅游营销活动全过程的分析和研究。

旅游企业应将旅游市场营销调研作为企业管理的基础工作来抓,将其贯穿于旅游企业营销活动的全过程。除了要做好平时的信息收集、积累,把握进行旅游市场调研的时机也显得尤为重要。通常,市场调研的重要时机有新企业创办、旅游新产品开发、重大投资决策出台、企业经营方向改变、企业经营策略调整以及公司业务出现问题时。

4.3.1 旅游市场营销调研的程序

旅游市场营销调研是对与市场营销有关的信息进行系统收集、整理、分析和解释,它不是盲目进行的,而是有目的、有计划、有步骤、有系统地开展。根据国内外营销调研的大量实践,市场营销调研一般需要经过明确调研目的、制订调研计划、实施调研计划、整理调研资料并提交调研报告、追踪反馈等几个步骤(如图 4-2 所示)。

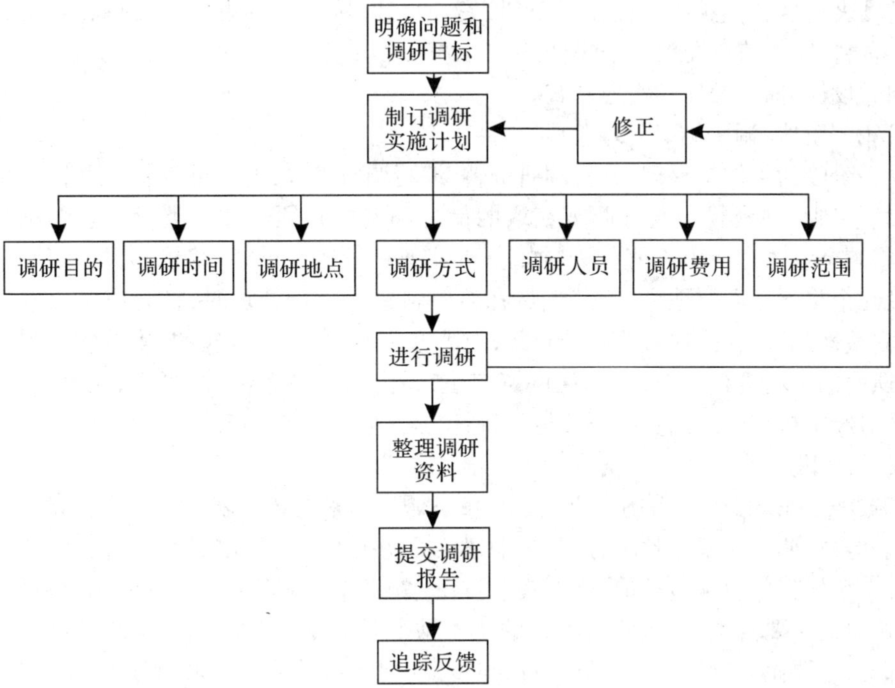

图4－2 旅游市场营销调研的程序

1)第一阶段:调研准备阶段

调研准备阶段是调研开始阶段,所要做的工作是在分析情况、明确问题的基础上,确定调研目标、制订调研实施计划。

(1)确定旅游市场营销调研目标。这是旅游市场营销调研首先要解决的问题,一般从情况分析入手,进而提出问题,明确调研目标。在一定时期,旅游企业面临的市场问题可能会有很多,由于时间、人员、费用等方面的限制,市场调研不可能面面俱到,必须针对所面临的旅游市场现状,找出亟待解决的问题,确定市场调研的目标和范围。所要调研的问题必须是旅游企业所面临的重要问题,这样才能做到有的放矢,事半功倍。另外,在制定目标时要注意科学、具体、可衡量,以便为调研效果评估提供参考标准。

(2)制订调研实施计划。周密的计划是市场营销调研得以顺利进行的保证。在充分利用现有资料、信息的基础上,营销人员应根据旅游市场营销调研的问题、具体情况及既定目标的要求,制订详细的调研实施计划。调研实施计划的内容要具体、明确。制订实施计划是市场调研中最复杂的阶段,因为计划中任何一个环节出错,都会导致调研结果的不准确,而调研结果不准确就会增加决策的风险性。调研实施计划通常包括调研目的、调研对象、调研项目、调研时间、调研地点、调研方法、调研人员安排与分工、调研费用预算、调研工作进度等方面。

2)第二阶段:正式调研阶段

调研计划批准后,就进入正式调研阶段。这一阶段的主要工作是按调研计划和调研工作进度表的规定，进行实质性的资料收集，通过间接调查收集二手资料和直接调查收集一手资料，完成信息资料的采集任务。具体工作有确定资料来源、确定资料收集方法、调查问卷设计、抽样设计和实地调查。

3）第三阶段：调研结果处理阶段

这一阶段的工作是整理、分析调研资料，编写调研报告，内容包括以下几个方面：

（1）整理调研资料。通过调查获取的信息和资料必须经过分类、整理、汇总和分析后，对旅游企业才有使用价值。资料的分析处理一般经过审核、编校、分类、编码、制表、鉴定等几个步骤。简要地说，营销人员在对资料进行分析处理时，首先应审核资料的正确性、完整性和真实性，通过检查与审核，对那些不必要的、不真实的、重复的资料予以剔除，对遗漏的资料进行补充，对错误的资料进行更正，以达到准确、真实、完整、一致。营销人员对经审核校验后的资料还要运用统计方法进行分类、整理，编制统计表或统计图，以便日后使用。

（2）提交调研报告。市场调研报告是市场调研结果的集中表现形式，它通过文字、数据、图表等，将调研结果、研究结论及行动建议简明扼要、系统地展现出来，为营销管理提供依据。调研报告通常包括前言、正文、附录三个部分。前言可简要说明调研目的、调研主体、调研的必要背景情况、调研项目的基本情况、调研时间等；正文是调研报告的主体核心部分，主要阐述调研内容、调研方法与步骤、调研结果及对结果的分析、误差分析、技术上无法克服的问题、结论与建议等；报告使用者研读时所需的信息和必要的附加信息，可放在结尾部分的附录中，包括统计图和统计表、样本清单、调查问卷、统计资料原稿、访问者访谈记录、参考资料目录、说明材料等。在撰写调研报告时，以下几点需要注意：

- 突出调研主题，简明扼要，层次清楚，要点明确，重点突出；
- 实事求是，客观反映调研内容；
- 结构严谨，内容完整，文风干练，易读易懂，尽量减少对调研技术过程的叙述；
- 灵活运用统计表和统计图，着重用资料和数据说明问题；
- 报告的格式要规范、专业。

（3）追踪反馈。在提交调研报告以后，有时还要做追踪调查，了解调研报告中的方案是否被采纳，实施效果如何。

【职业道德与企业伦理 4-1】

遵循营销道德

市场营销活动始于市场营销调研，通过市场营销调研了解现实和潜在顾客的需求，发现市场营销机会，然后选择目标市场，针对目标市场需求特点，制定市场营销组合策略。因此，在营销活动的每个环节都存在着营销道德问题。对于调研人员而言，要为客户保守业务秘密；要保证调研工作质量，如问卷设计要认真，访问次数不要偷工减料；调研人员要经过严格培训，收集的资料要真实可靠；要尊重受访者，保护他们的隐私权，并对其身份进行保密，未经许可，不能随意公布受访者提供的资料。对委托调研一方来说，要依约支付调研费，要公正、全面地发表调研成果，不能断章取义等。

问题：为什么要遵循营销道德？

分析提示：遵循营销道德的营销行为，使营销人员个人、企业和顾客利益保持一致，从而有利于企业创造经济效益和社会效益。违背营销道德的营销行为，使企业的利益与顾客的利益相悖，虽然企业一时受益，但不利于企业的长远发展，更有损社会公众的利益。因此，使营销行为沿着营销道德的轨道进行，对企业和社会双方都是大有裨益的。

4.3.2 旅游市场营销调研的资料来源

旅游市场营销调研人员收集的资料包括一手资料和二手资料。一手资料是为当前特定的目的而收集的原始信息；二手资料则是为其他目的已收集到的信息。

旅游市场营销调研人员开始调查时总是先收集二手资料，以判断问题是否全部或部分解决，是否需要去收集成本很高的一手资料。二手资料是调查的起点，其优点是成本低且立即可供使用。二手资料包括统计机构提供的各种统计数据、他人的研究成果，以及任何其他可以利用的数据和资料。在收集一手资料前，应先收集二手资料。二手资料非常充分，就不必再设计原始资料收集方案。政府机构、专业学会和信息中心都是二手资料的重要来源。然而，有时旅游市场营销调研人员所需要的二手资料可能并不存在，或现有的资料已经过时、不准确、不完整或不可靠，那么市场调研人员就得耗费时间和金钱以收集更切题、更准确的一手资料。收集一手资料需要更多的时间和资金，但信息往往更加符合实际要求。大多数旅游市场调查项目都要求收集一手资料。常规的做法是先与某些人单独或成组交谈，以了解人们对该项调研的大致想法，接着确定正式的调查方法，排除其中的错误，进行实地调查，获得一手资料。

【同步案例4-1】

旅游者行为市场调研的资料来源

旅游者行为市场调研的一手资料：	
调查方法	旅游景区的实地观察、旅游专题讨论、旅游市场抽样问卷调查、旅游者心理实验等
调查手段	旅游市场抽样问卷、旅游者心理实验仪器等
联系方法	电话、面谈等
旅游者行为市场调研的二手资料：	
内部来源	旅游报告、旅游统计、旅游预测、旅游调查等
政府出版物	中国旅游统计资料、世界旅游组织统计报告、年度数据
期刊书籍	《旅游学刊》、《旅游市场》、*Annals of Tourism Research* 等国内外旅游期刊书籍
商业性资料	旅游政府、旅游企业提供的有关旅行手册、专题讨论等形式的定性调查资料

问题：旅游者行为市场调研的资料来源是否可靠？

分析提示：旅游者行为市场调研的资料由一手资料和二手资料组成。前者通过观察、研讨、抽样问卷、心理实验等方式获得；后者则借助于一些较为权威的途径收集。整体而言,该项调研资料来源渠道较为正规且多样化,能够较好地保证其可靠性。

4.3.3 旅游市场营销调研的方法

旅游市场营销调研所要获得的资料有两类,即二手资料和一手资料。二手资料是通过间接方式取得的,也叫间接资料;一手资料必须通过实地调查才能获得,所以也叫原始资料或直接资料。与之对应,旅游市场营销调研的方法可分为间接资料调研法和直接资料调研法。间接资料调研法也称文案调研法、二手资料调研法或案头调研法,是对已经存在的、旅游企业内部和外部现有的各种情报、信息、资料进行收集;直接资料调研法也称实地调研法,是为解决特定问题而深入现场,专门收集资料和数据,具体细分为访问法、观察法和实验法(如图4-3所示)。

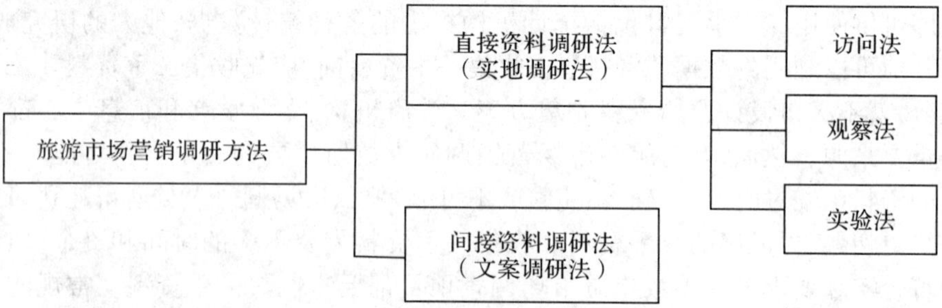

图4-3　旅游市场营销调研方法分类

1)间接资料调研法

间接资料调研法是根据一定的研究目的,通过对收集到的与调研课题相关的各种信息和资料进行分析研究,获得调研成果的一种方法。这是开展旅游市场营销调研的首选方法。比起一手资料收集来说,二手资料的获得更方便且更便宜,因为它是已经收集好了的。只有当间接资料不能提供所需的足够依据时,才进行直接资料调研。间接资料调研法的信息来源有两大渠道,即企业内部和企业外部。

(1)企业内部资料。企业内部资料即旅游企业内部生产经营活动各环节所产生的各种记录、资料与信息。内容如下:

- 业务资料。这是指与旅游企业业务经营活动相关的资料,包括销售量及销售量分布、客户订单、销售记录、库存记录、客户人数、经营总收入、预订客人数、预订记录、客户的历史信息、顾客意见以及企业与客户的往来函电等。
- 财务资料。这是指来自企业财务部门的资料信息,如各种成本统计表、顾客账单、经营利润记录、资金流动情况记录、财务计划、财务报表、财务报告、资产负债表、利润表等。
- 统计资料。这是指旅游企业统计部门按统计工作制度要求建立的有关企业运营情况的各方面统计信息,如各类统计数据、统计报表、统计分析及统计预测资料等。
- 其他资料。这是指除上述三种资料以外的、对市场调研有一定参考价值的资料,如企业发展规划、企业简报、经验总结、企业审计报告、各地市场状况总结及以前所做的调研报告、人员推销报告等。

【同步思考 4－2】

为何企业如此重视数据库的建立

拉尔夫·希茨笛建立了饭店业的顾客数据库，建立了客户档案及会议档案，以便更好地开展饭店 99 营销活动。现在，许多旅游企业都十分重视内部营销信息的积累，纷纷建立起自己的内部数据库。有些企业的数据库规模惊人，如美国运通公司能够从其信用卡数据库中调出过去 6 个月中在高尔夫用品专卖店买过东西的客人名单，或者听过音乐会的人员名单，或者上一年去过欧洲至少一次的旅客名单。福特汽车公司的数据库中存有 5 000 万名用户的信息。卡夫通用食品公司的数据库中存有 3 000 万名用户的信息。沃尔玛的数据库建于 20 世纪 80 年代，1988 年其顾客数据库容量为 12 GB，1989 年升级至 24 GB，1996 年达 7.5 TB。1997 年，为预测和分析圣诞节市场，沃尔玛将顾客数据库容量扩展至 10.24 TB。利用规模巨大的顾客数据库，沃尔玛可以规划商品布局，进行库存管理，掌握销售全局，分析市场趋势。

分析说明：来自旅游企业内部的资料对市场调研有着非常重要的作用。重视客户数据库的建立，能为企业提供有效的调研资料，为解决问题带来极大的方便。企业内部资料包括客户数据库、客户档案、会议记录、财务数据等。

（2）企业外部资料。企业外部资料是指企业外部组织、公共机构和人员提供的资料。主要包括以下几种：

- 政府机关即旅游管理部门公布的有关经济与旅游业发展的方针、政策、法律法规、规划、产业政策等。
- 国家统计机构和地方统计机构发布的相关统计资料。
- 各种市场调查公司、咨询公司、行业协会、市场信息网络、经济信息中心公布或保存的市场信息资料及相关行业的情报。
- 通过经常联系部门获取的有关信息资料。财政、金融、税收、物价、工商行政管理、审计等部门或组织，往往掌握着大量反映市场动态的权威资料。
- 从公开出版物如书籍、报纸、杂志、各种文献档案中检索查询得到的资料。
- 专业组织及研究机构的调查报告。
- 各种类型的图书馆里保存的文献资料，以及各种国际组织、外国使领馆、商会提供的国际市场信息。
- 国际互联网是旅游市场营销信息资料的宝库，借助于国际互联网，可以获得各种数据以及图像、声音文件，使二手资料的获得进入了一个新的时代。

2）直接资料调研法

直接资料调研法是一种通过现场收集数据资料而获得原始信息的方法，具体可分为访问法、观察法、实验法三种。访问法适合于描述性调研，观察法适合于探测性调研，实验法适合于因果性调研。

（1）访问法。访问法是以语言交流作为收集资料的手段，以询问方式向被调研者提出问题，以得到的答复作为调研结果的方法。它是市场调研中最常见、最广泛采用的一种方法，适合于收集描述性信息。根据调研人员与被调研者接触方式的不同，分为面谈访问、电话访问、邮寄调查、留置问卷等几种形式。

• 面谈访问。面谈访问是调研者与被调研者面对面直接接触，调研者有目的地提问，听取被调研者的意见，收集所需信息的方法。面谈访问可分为结构性访问和非结构性访问。结构性访问即调研者事先拟好调查问卷和提纲，严格按调查问卷或提纲所列的问题顺序询问，让被调研者作答，调研者一一予以记录；非结构性访问即没有调查问卷及提纲，任由调研者与被调研者交谈，调研者控制访谈过程，了解所需的情况。另外，面谈访问还可以分为一对一面谈和小组面谈等具体形式。其优点是：当面听取被调研者的意见，能得到直接信息反馈，还可观察其反应，掌握非语言信息；对复杂问题能当面解释，并可对被调研者进行启发，使调研有深度；灵活方便，伸缩性强，谈话内容集中且有针对性。面谈访问法的缺点有：调研成本较高，时间较长，范围有限；调研结果受调研者的技术熟练程度及素质的影响，还受被调研者态度、合作与否的影响，小组面谈时受主持人的影响。

• 电话访问。这是指通过打电话的方式向被调研者询问所要了解的内容和征求意见的一种调研方法，调研人员可以以电话簿为基础进行随机抽样确定受访者。此方法取得市场信息快，节省时间，费用较低，回答率较高。此方法的不足之处在于受通话时间限制，电话访问大多采用二项式选择法提问，不宜询问深度问题和开放性问题，只能得到简单的回答，无法深入了解情况；样本不完善，只限于能通电话者；在必须做产品、广告等展示的情况下无法使用；所得信息在数量和类型上都极为有限。

• 邮寄调查。这是指将事先设计好的调查表邮寄给被调研者，请其填写后按时寄回的方式。其优点是调研范围广，不受地域限制；收集信息量较大，费用较低；被调研者思考和填写问卷的时间充裕，填写真实答案的可能性大；没有调研者参与，可避免产生偏误。该方法有助于提高调研质量，是国内外市场调研中被广泛采用的一种方式。其缺点是问卷回收率低，信息反馈时间较长，容易影响资料的时效性。

• 留置问卷。这是指由调研者将事先设计好的调查问卷当面交给被调研者，并说明填写要求，让被调研者自行填写，然后与被调研者约定完成时间，由调研者以一定方式收回的一种调研方法。它是介于面谈访问和邮寄调查之间的一种调研方法，吸收了两者的长处，克服了两者的不足。这种方法的优点是可以进行长期跟踪研究，调研者可以当面向被调研者说明调研的目的和要求，及时消除被调研者的顾虑和疑问，有利于被调研者独立思考，免受调研者倾向性的影响。其缺点是调研范围窄，调研费用较高。

(2)观察法。观察法是通过观察被调研对象的行为表现及客观事物的状态、过程，获得一手信息资料的调研方法。这种方法是市场调研人员深入到市场、消费场所、商品展销、洽谈会、博览会或其他场合，通过感官或借助仪器对被调研对象进行观察，取得有关被调研对象的一手资料。在实际运用中，既可以由调研人员通过“耳闻目睹”的方式观察，也可以采用录音机、照相机、摄像机、监视监听设备等各种专用仪器观察；既可以在销售或消费现场观察，也可以在专门的实验室观察；既可以观察人的活动，也可以观察现象的状态;调查人员可以作为旁观者观察,也可以身临其境地去观察。

观察法的优点有:可以客观地收集、记录被调研的人员或事物的现场情况,调研结果较真实可靠,还可以收集到采用询问法无法收集到的资料。被调研对象在不知不觉中被观察,处于自然状态,观察结果比较客观、生动、详细、可靠。不足之处在于:所要调研的问题只有发生在现场才能被观察到,而且往往需要较长时间的观察才能取得调研结果;对消费者内在的心理、动机、态度、偏好等不一定都能观察出来;调研时间较长,费用较高,对调研人员业务技术水平要求较高。

(3)实验法。实验法是一种对比实验的方法,该方法通过选择多个可比的主体组,分别赋予不同的实验方案,控制外部变量,以检验所观察到的差异是否具有统计上的显著性。对旅游企业来说,当某种产品或服务在设计、价格、包装、广告策略、促销等方面作出改进及向市场推出新产品前,需要进行实验调研。实验调研的方法有实验前后对比、控制组同实验组对比、控制组同实验组前后对比。

上述的旅游市场营销调研方法各有优缺点,在实践中应根据具体的调研问题灵活选择、综合运用,以便提高调研结果的可靠性。

【同步思考 4-3】

美国航空公司提供电话服务的初期调研

美国航空公司是美国最大的航空运输公司之一。该公司一直在寻找为航空旅行者提供服务的新方式,希望通过提供新的服务来取得竞争优势。围绕这一目的,几个经理以头脑风暴法开了一次会议,并就更好的食品服务、机内娱乐、报纸和杂志供应等方面产生了一系列的新构想。其中一位经理提出为那些想在远离地面 30 000 英尺高空打电话的旅客提供电话服务,其他经理对此反应热烈并且一致认为应作进一步研究。为了确定“747”从东海岸到西海岸的飞行中提供电话服务在技术上是否可行,该经理与一家大的电讯公司取得联系,他想知道在一次飞行中平均会有多少次通话,以及按什么价格收取电话费才能与提供该项服务的成本保持平衡。这家电讯公司说,这项服务系统的成本是每次航班 1 000 美元。如果每次通话收费 25 美元并且每次航班至少有 40 位旅客通话,航空公司就能保持收支相抵。于是这位营销经理和公司的营销调研经理取得联系,并请调研经理调查航空旅行者对这项新服务作何反应。

分析说明:调研的结论必须在实践中得以检验。在航空途中,提供电话服务是一个创新方式。但是,好的想法还要经过实践的反复论证,以提高决策的准确性。

4.3.4 旅游市场营销调研的技术

旅游市场营销调研不仅需要明确的调查目的和科学的调查方法,还必须使用一定的调研技术。最常用的调研技术主要是问卷技术和抽样技术。

1)问卷技术

调查问卷是用来收集一手资料的最常用工具之一,了解和设计调查问卷是旅游调查人员必备的知识技能。调查问卷是调研者根据调研目的和要求设计的,由一系列问题、备选答案、说明以及编码组成的书面文件。它将调研目标转化为具体的问题,为从被调研者那里获得准确信息提供了一种标准形式和访问结构,为数据资料处理提供了方便。调查问卷架起了调研目标与调研信息之间的桥梁,在数据收集过程中起着重要的作用。调查问卷设计的好坏,直接关系到调研结果的真实性、针对性、准确性,关系到调研目的能否顺利实现。

(1)调查问卷基本结构。旅游市场营销调查问卷应包括如下结构:

- 开头部分。开头部分内容包括标题、问候语、自我介绍、问卷填写说明,重点在于说明调研目的和要求,以引起被调研者的兴趣,指导被调研者正确填写问卷,请求被调研者予以合作并表示感谢。
- 主体部分。这是调查问卷的核心,主要是提出相关问题,提供回答方式,以求获得所需资料。问题的设计必须具体、客观、简明、通俗易懂。
- 背景部分。这是调查内容的一部分,主要是了解被调研者的基本情况,如年龄、性别、民族、家庭、职业、教育、经济状况等。
- 调查问卷编码。在调查问卷上编号,以便汇总整理。
- 调研人员备注。注明调研人员的姓名、调研时间、调研地点等,以证明调研过程的真实性,便于检查和修正调研计划的执行情况。

(2)调查问卷中问题的基本类型。问题是调查问卷的核心内容和主体,主要的问题类型有开放式问题和封闭式问题两大类。

开放式问题是不先拟定备选答案,而是让被调研者自由地用自己的语言来回答和解释有关想法的问题类型。调研者对被调研者的选择不进行任何限制,让其自由问答。这类问题能进行深入调查,有利于激起被调研者的兴趣,能够得到较为深入的观点和看法,以及获得较为广泛的信息资料,在动机调查中的应用尤为广泛。

封闭式问题是调研者在提出问题的同时,将问题的一切可能答案或几种主要可能答案全部列出,让被调研者从中选出一个或多个作为自己的回答。这类问题标准化程度较高,被调研者容易回答,对调查资料的统计整理分析也较方便。常用的封闭式问题有:

①是非式。给出两个相互排斥的答案,被调研者选择其中的一个即可。

例如:您对宁波万豪酒店的自助餐满意吗?

是□　　否□

②多项选择式。提供含有三个或三个以上备选答案的问题,请被调研者作出选择,可选择一项或几项。

例如:您这次来访的主要目的是什么?

游乐□　　会议/团体□　　集会/宴会□　　商务□

③量表式。用调研者划分的等级来表示研究对象的属性,这类问题可以对应答者的回答强度进行测量。常用的量表有如下几种:

- 李克特量表。该量表要求被访者对一系列说法表示同意或不同意的程度。

例如:小航空公司通常会提供比大航空公司更好的服务。

□非常反对　　□反对　　□既不赞同也不反对　　□赞同　　□非常赞同

• 语义差别量表。在两个意义完全相反的词语间提供不同的尺度，请被调研者选择代表自己意愿的某一程度来表示自己的意见。

例如：请问您在此住宿时的感受？（请您在同意的程度上画"√"）

	房间设施	价格	服务	卫生	安全	环境
很满意						
满意						
一般						
不太满意						
很不满意						

• 重要程度量表。该量表对所要了解的某个问题的某种性质，按重要等级"非常重要"至"极不重要"排序，请被调研者按自己的意愿选择。

例如：宾馆的叫醒服务对我来说__________

□极其重要　□很重要　□比较重要　□不很重要　□不重要　□极不重要

• 等级量表。该量表对某种属性按"极好"至"极差"的顺序排列，请被调研者选择。

例如：本餐厅食品__________

□极好　□很好　□好　□一般　□差

• 购买意向量表。该量表描述被调研者的购买意向。

例如：如果在飞机飞行中提供电话服务，您会__________

□肯定购买　□可能购买　□不确定　□可能不买　□肯定不要

（3）调查问卷设计中的注意事项。调查问卷在收集数据过程中起着重要作用，其设计要做到主题明确、篇幅简短、结构合理，问题编排恰当，版面布局美观。具体应注意以下事项：

• 调查问卷开头语要亲切，能引起被调研者的回答兴趣。

• 问题要简明易懂，语言表达要清晰准确，避免使用模棱两可的词，如"也许"、"可能"、"有时"、"偶尔"、"大概"等。

• 避免使用专业性术语，应使用通俗易懂的语言。例如，"您认为 POP 广告……"中，"POP"是专业术语，一般的被调研者可能不懂其含义。

• 问题的内容要具体，一个问题只包含一项内容，避免把两个或两个以上的问题合在一起提问。例如："您喜欢旅游和购物吗？""旅游"和"购物"是各自独立的两个问题，应分开询问。同时应避免使用长而复杂的句子。

• 尽量避免涉及私人生活、有威胁性的、令人窘迫的问题。例如："您不去旅游，是不是因为收入低、经济拮据？""您结婚了吗？"等。对一些敏感性问题，以及与个人不愉快的经历有关或个人不愿真实回答的问题，应采用委婉的方式来提问。

• 问题不要带有倾向性。问题的设计应避免诱导和暗示，保持中立性。例如："许多人都认为承德避暑山庄是值得一看的旅游景点，您对它印象如何？"这个问题就带有倾向性。

• 避免假定性问题。例如:“假如您选择了五一外出旅游,您是否会来平遥?”被调研者可能会因假设不成立而说“不”,也可能会因假设成立而说“不”,因此这类问题收集的信息可能不准确。

• 问题按顺序排列。尽可能按照逻辑关系、时间顺序排列问题;相同主题、相同形式的问题尽可能安排在一起;一般应先易后难,容易回答的问题放在前面,一般性的问题放在前面,需要思考的问题放在中间,敏感性的问题最好放在最后。

• 问卷要简短,问题数量要适当。问题过多会使被调研者感到时间太长而敷衍了事或拒绝回答。

【知识链接4-2】

某饭店产品需求调查问卷的开头

尊敬的各位女士、先生:

为了更好地满足各位的住店需求,本公司特别开展此项调查,以了解广大客户对饭店产品的需求,以及对我公司经营活动的期望和意见,以便于我们改进工作,提高服务水平。请您就下列问题,作出回答。

为了维护您的隐私,本问卷采用不记名方式,请您如实填写答案。您将有机会获得精美礼品一份。感谢您对我们工作的大力支持!

2)抽样技术

大多数的市场调查是抽样调查,即从调查对象总体中选取具有代表性的部分个体或样本进行调查,并根据样本调查结果去推断总体。抽样方法按照是否遵循随机原则分为随机抽样方法和非随机抽样方法。抽样调查虽然是非全面调查,但它的目的却在于取得反映总体情况的信息资料,因而,也可起到全面调查的作用。

(1)随机抽样方法。随机抽样就是按照随机原则进行抽样,即调查总体中每一个个体抽到的可能性都是一样的,是一种客观的抽样方法。随机抽样方法主要有简单随机抽样、等距抽样、分层抽样和分群抽样。

(2)非随机抽样方法。常用的非随机抽样方法主要有:

• 任意抽样。任意抽样也称便利抽样,这是纯粹以便利为基础的一种抽样方法。街头访问是这种抽样最普遍的应用。这种方法抽样偏差很大,结果极不可靠。一般用于准备性调查,在正式调查阶段很少采用。

• 判断抽样。判断抽样是根据样本设计者的判断进行抽样的一种方法,它要求设计者对母体有关特征有相当的了解。在利用判断抽样选取样本时,应避免抽取“极端型”,而应选择“普通型”或“平均型”的个体作为样本,以增强样本的代表性。

• 配额抽样。配额抽样与分层抽样法类似,要先把总体按特征分类,根据每一类的大小规定样本的配额,然后由调查人员在每一类中进行非随机的抽样。这种方法比较简单,又可以保证各类样本的比例,比任意抽样和判断抽样样本的代表性都强,因此应用较多。

【情境模拟4-1】

场景:宁波东钱湖的五星级柏悦酒店即将开业。面对一个全新的市场,了解自己的客户至关重要。假设你是柏悦的营销顾问，请帮助该酒店设计一个市场调研计划，并阐明实施该计划的理由。

操作：要求学生深入了解柏悦酒店品牌，分析其优势、劣势，并结合宁波的各类环境因素，设计一个市场调研计划，并进行可行性阐述。

知识题

4.1 列举旅游市场营销调研的类型。

4.2 总结旅游市场营销调研的主要内容。

4.3 你认为旅游市场营销调研的程序有没有更优化的可能？

实务题

请根据下面案例题的相关内容设计一份调查问卷。

案例题

北京科思瑞智市场调查公司于 2000 年 2 月底在北京实施旅游调研，调查对象为年龄在 18～60 岁的北京市民。该调查结果可以反映北京居民对旅游的态度。

1）随团旅游：不满意

旅游服务一直以纷争不断而出名，从调查显示的结果看，人们对随团旅游的评价的确不高。在有随团旅游经验的受访者中，有 1/5 的人对其最近一次随团旅游表示不满意，表示满意的仅为 1/3，近一半的受访者表示服务一般。受访者不满意的主要原因是“导游未尽职责”和“旅行社降低等级标准”，这两项的比例共达到 30.8%，其次是“擅自变更行程安排”占 23.1% 和“配套设施不完善”占 15.4%。

科思瑞智的研究人员认为，旅游业作为一个服务行业，消费者花钱购买的是旅行社的导游提供的服务，对服务的满意度高低是保持回头客的关键所在。对于旅行社来说，其所提供的服务并非杀鸡取卵的短期利益行为，所带来的回报应是长期收益。随着中国加入 WTO，国外旅行社加入竞争，必然会使旅行社的客源结构发生变化。对于某些愿意尝新或更加信任外国货的人来说，参加国外旅行社出游具有不小的诱惑力。国内旅行社面临的主要问题就是服务质量的竞争。

2）费用和信誉：参团出游的主要障碍

受访者中，有七成的人没有随团出游过。其中，近一半的人是由于“没有时间”，而 1/3 左右的受访者则是因为“费用较高”，还有 7% 的受访者表示不随团旅游是因为“对旅行社不信任”。

从交叉分析看，家庭收入越高有随团旅游经历的人所占的比例越大。家庭月收入低于 2 000 元的，90% 左右的人没有随团旅游的经历，而家庭月收入达到 5 000 元以上的，则超过一半的人有随团旅游的经历。看来，尽管对旅行社而言，价格的可调节余地不太大，但普通工薪阶层对旅游费用的可支付能力依然有限。或许在达到规模效益的情况下，价格还可以适当调整，毕竟目前降价仍是刺激需求屡试不爽的看家法宝。但对于信誉问题，树立良好的形象、扭转人们心目中已形成的观念则非短时间即可达到的，因为人们更愿意接受与自己观念相近的意见。

3）假期放飞，出游最宜

调查显示，消费者在选择何时出游方面越来越理智。四成的受访者表示愿意在学生的寒暑假期间出游，两成的受访者会利用单位休假出游，依然希望在春节、五一、十一等节假日出游的受访者不到15%。不同年龄的消费者对出游时间的选择有显著差异。年龄在30～50岁的消费者，有50%的人会利用孩子的寒暑假带孩子出去旅游；而年龄在18～29岁的年轻人则更多的会在单位休假期间出游。

出游时间的选择因人而异。但可以看出，人们在出行时间的安排上都注意避开节假日的高峰期，因而外出旅游的时间结构发生变动，学生的寒暑假将会是颇受青睐的旅游时期，这也提醒旅行社可将针对学生组织旅游作为经营的另一方向。

4）潜力巨大的自助旅游

就目前来看，了解自助旅游的人还不是很多，只有30%左右。但受访者被询问是否希望尝试自助旅游时，一半左右的人表示希望。相关分析显示，年轻人更愿意尝试自助旅游，随着年龄的增长，希望尝试的比例逐步降低。这种差异还表现在家庭收入的差异上：家庭月收入在2 000元以上，超过半数的受访者希望尝试，而家庭月收入在2 000元以下的，则只有近1/3的人希望尝试。传统的随团旅游，衣、食、住、行不用自己操心，但代价是失去了自由；自己出行有了随意安排的自由，但凡事都需自己操办，难以玩得尽兴。自助旅游似乎实现了两者的结合，取长补短。

问题：案例中北京科思瑞智市场调查公司的调查者可以采用哪些方法进行调研？

分析提示：电话访谈、问卷调查、面谈等方式，可以比较一下这几种调研方法的优缺点。

实 训 题

实训项目：选择你所在地区的星级酒店，调查客人对酒店产品及服务的满意度，设计一份调查问卷，并完成调查报告一份。

实训目的：通过实训，使学生能综合掌握旅游市场营销调研的内容、方法和技术，并能将其与实际的工作结合起来，活学活用。

实训步骤：本实训可以通过以下步骤实现：①4～6人随机组成工作小组，选取本地区的一家星级酒店，有针对性地进行旅游市场调研；②设计满意度调查问卷一份；③小组完成旅游市场营销报告的撰写，并制作PPT，在课堂进行汇报。

实训成果：本实训最终成果为：①小组问卷设计；②小组调查报告一份。

第5章

旅游市场细分及目标旅游市场的选择与定位

学习目标

知识目标:掌握旅游市场细分的概念、依据、方式和原则;掌握旅游目标市场选择的相关策略和运用条件;掌握旅游市场定位的概念、方法及战略;熟知市场定位的步骤。

能力目标:具备对市场进行有效细分的能力;能够运用细分市场的选择策略和定位原理,在目标市场中深化和展现其旅游企业的特色形象;懂得如何分析竞争环境,制定竞争战略。

素质目标:具备敏锐的市场需求洞察力;熟悉目标市场策略的全过程。

【引例】

普通经济型酒店的市场前景

法国雅高集团国内首家宜必思(Ibis)品牌酒店2004年2月到5月期间逐月激增的入住率为:79%、85%、93%、98%。该集团内部人士怎么也没有想到,他们在天津独资3 500万元人民币开设的经济型酒店会如此火爆。内资的经济型酒店的生意也同样红火,上海锦江集团旗下的锦江之星旅馆投资有限公司提供的数据显示,2004年五一黄金周期间,在该公司所统计到的26家锦江之星经济型酒店平均入住率高达93%,其中11家酒店的入住率达到100%。据新华网消息,在中国饭店业整体利润水平低下、回收期漫长的情况下,符合市场需求的现代经济型饭店经营利润率却高达50%,其3~5年的投资回收期备受投资者尤其是广大商业地产商的青睐。

前几年,我国酒店行业的发展主要是放在中高端星级酒店的打造上,忽略了对经济型商务酒店的创建。近几年酒店业发展数据显示,中高档酒店行业密集度高,拓展空间较窄,很多国内五星级以下的酒店,尤其是三星级酒店都处于亏损状态。随着国内大众旅游逐渐成为我国旅游业的主导,满足普通住宿需求的经济型酒店有着巨大的发展空间。经济型酒店不受星级标准的限制,而且还能在客房功能、产品服务和成本价格方面彰显其独到的特色定位。

资料来源:魏敏. 2005. 旅游市场营销[M]. 长沙:中南大学出版社.

在旅游市场中,总会存在着一些尚未得到满足的需求空白,然而很多的经营者却没有结合自身资源特点,对市场缺乏详细周密的分析,从而盲目争相进入某些热门市场,导致市场空间愈发狭小、竞争压力逐日增大，经营者所期望的目标利润自然也不会理想。因此，每个旅游企业都应该根据自身条件，把握市场机会，这样才能找到适合企业自身生存与发展的空间。为了最终获得可观的经济和社会效益，旅游目标市场营销策略通常遵循三个步骤：第一步，先采用合适的变量将旅游市场细分成若干个子市场；第二步，选择适合的子市场作为企业的目标市场；第三步，确定企业在选定目标市场上的定位。

5.1 旅游市场细分

市场细分的概念是市场营销学家温德尔·史密斯于 1956 年首先提出来的，此后在业界受到了广泛重视和普遍运用。

5.1.1 旅游市场细分的概念与价值

所谓旅游市场细分，是指旅游企业将目光着眼于顾客需求的差异性上，将整个旅游市场根据消费者独特的需求偏好、购买特点及其行为模式，划分为两个或更多的消费群体的过程。旅游市场细分是以需求差异为基础的。由于每位旅游者的兴趣、个性、年龄、地理位置、文化背景、职业、收入等方面都不同，每个人的需求特征也不一样，而且这种需求具有多样性、多变性的特征，无论旅游企业的实力多么强大、资金多么雄厚，也不可能为每位消费者提供量身定制的产品和营销组合，满足全部市场的个性化需求。因此，企业首先只能进行市场细分，在此基础上进而选择出自己特定的目标市场，然后针对这些不同的细分市场，整合营销要素，设计一套具有针对性的营销方案，迎合细分市场人群的个性化需要，实现经营目标。

科学合理地进行市场细分，对于旅游市场营销活动的价值具体体现在以下几个方面：

(1)有助于旅游企业发现市场机会，选择合适的目标市场，开拓旅游新产品。旅游企业通过市场细分，可以了解到不同群体的需求情况。一旦发现那些尚未满足或未被充分满足的需求，或许就是良好的市场机会。一个未被竞争者注意的细分市场，对那些实力规模不是很强的小企业来说，往往更具生存和发展的价值。

(2)有助于旅游企业集中资源，提升市场竞争力，取得良好的经济效益。旅游市场细分有利于旅游企业营销资源的合理配置。对于任何一个旅游企业来说，公司资源和经营能力都是有限的，通过细分可以把握力所能及的市场机会，选择有利于企业发展的市场环境，争取使自己在激烈的竞争中发展壮大，取得最佳经济效益。

(3)有助于旅游企业制定和调整营销策略。旅游企业通过市场细分，可以比较直观、系统、准确地掌握某个具体的目标市场需求特征，从而为营销组合策略的制定提供指导性的方向。同时，如今的市场环境、旅游者的消费观念不断变化，有效的市场细分还有助于旅游企业及时发现这些细分市场中的新变化，以便对现有的营销组合策略进行调整和完善。

【同步思考 5-1】

发现你的另一半——“相亲之旅”大有可为

深圳是一个移民城市，单身青年特别多，加之竞争激烈，工作繁忙、紧张，许多人无暇顾及个人生活问题。同时,各类婚介机构也良莠不齐,使众多的移民青年颇为苦恼。某旅行社敏锐地捕捉到了这一商机,成功开发组织深圳青年的“相亲之旅”这一细分市场,大受青年朋友的欢迎。

分析说明:旅游市场隐藏着潜在商机,旅行社营销人员要有敏锐的眼光,关注市场需求,发现有利可图的细分市场,进而加以开发。

资料来源:刘晓明.2011.旅游市场营销[M].上海:上海交通大学出版社.

5.1.2 旅游市场细分的标准

旅游市场细分标准也称为旅游市场细分变量。在这些细分标准方面,旅游者的消费观念和购买行为都有显著的差异。市场细分常用的四个细分标准为地理变量、人口统计变量、心理变量和行为变量(如表 5－1 所示)。

表 5－1　旅游市场细分标准及具体细分变量

细分标准	具体细分变量
地理变量	地理区域(如洲际、国别、地区) 气候差异(如热带、亚热带、温带、寒带) 空间位置(如近程、中程、远程) 经济地理环境(如发达国家、发展中国家)
人口统计变量	年龄、收入、文化、性别、种族、职业、国籍、民族、宗教、受教育的程度、所处的家庭生命周期阶段等
心理变量	生活方式、社会阶层、个性特征等
行为变量	购买时机(如淡季、旺季、节假日) 使用者状况(如潜在顾客、首次购买者、老客户) 旅游者所追求的利益(如生理需要、安全需要、社会需要、尊重需要、自我价值实现需要) 使用者身份[如 VIP(贵宾)、金卡用户、银卡用户] 态度(如消极、冷漠、中立、积极、支持)

1)地理变量

地理变量即按照旅游者所处的地理位置、自然环境等因素对旅游市场进行细分,具体细分变量包括国家、地区、气候、人口密度以及地区经济状况等。由于一方水土养一方人,来自不同地区的旅游消费者往往对同一类产品会呈现出截然不同的需求偏好,同时对于旅游企业营销组合的反应也会存在较大的差别。例如,在旅游饮食方面,由于湖南、四川等地区的气候常年潮湿,因此造就了当地人特别偏爱麻辣口味,目的是驱除湿寒;而来自浙江、江苏的游客则喜欢甜食,因为那里气候温和。当导游在接待并安排游客膳食时,就需要根据不同的地理因素来细分市场,有针对性地为他们提供符合其地区特点的旅游饮食产品,真正做到投其所好。此外,从旅游资源的角度来看,旅游客源地和目的地在自然风光和人文风貌上差异越大,旅游吸引力也就越大,因此以地理变量划分旅游市场有利于旅游目的地针对不同的客源市场设计特色营销策略。最后,需要特别指出的是,地理环境中的细分因素比较固定,是一种相对静态的变量。即使是来自于同一地区、同一地理环境的旅游者,人们的需求偏好仍然会显现出较大的差异。有时候,只凭借地理一个变量还不能准确地分清旅游市场的需求共性和差异性。因此,旅游企业在目标市场选择时,必须结合其他的市场细分因素综合考虑。

【知识链接5-1】

旅游市场的地理划分

一般来说,根据地理因素,可将全球旅游市场划分为以下几大块:欧洲市场、美洲市场、亚太市场、非洲市场。

中国旅游市场通常可划分为华北市场(京、津、冀、晋、豫、内蒙古部分地区)、东北市场(黑、吉、辽、内蒙古东部)、西北市场(陕、甘、宁、青、新)、华东市场(沪、苏、浙、闽、赣、皖、鲁)、华南市场(鄂、湘、粤、桂、琼)和西南市场(藏、云、贵、川)。

2)人口统计变量

人口统计变量是按照人口统计学变量,如年龄、职业、性别、家庭规模、婚姻状况、收入、教育、信仰、种族、国籍等依据划分成不同的旅游消费群体。很多旅游企业常常采用人口统计变量作为划分市场的标准,主要有以下两个原因:其一是旅游者的需求、偏好和文化习惯与此变量有着密切的联系,如各个年龄段和消费层次的人群在旅游产品档次和类型的选择上会明显不同;其二是人口统计变量比较容易衡量,在市场调研过程中,有关的数据相对容易获取。

(1)性别。由于生理上的差别,男性与女性对旅游产品的需求和偏好有很大不同。男性旅游者较为理性,对价格敏感度低,注重产品实质,往往在商务旅游、体育旅游、探险旅游中所占的比例较高;而女性则较为感性,对价格敏感度高,易受广告等吸引物的影响,偏向于购物旅游和美食旅游。如今,随着女性经济地位的不断提高,商务旅游活动日益频繁,女性旅游市场规模迅速增长,因此很多专门为女性量身定做的旅游产品和服务正大量涌现。例如,京沪列车曾推出过女性包厢;上海海神诺富特大酒店以及瑞吉红塔等高档酒店都推出了女性楼层,女性特色楼层、女性特色客房因其可以机动调配,让运营者灵活支配,因此显得更具生命力。

【同步案例5-1】

酒店女性楼层或女性客房的设计

酒店女性楼层或女性客房和普通标房的设计有着明显的不同,具体如表5-2所示。

表5-2 女性楼层或女性客房设计

区域设施配置	客房房间	高档雅致的品牌家具;彩壳电器;环绕音响系统(配时装光碟);互联网接口;宽大舒适的床;色彩明快的沙发和靠垫;明亮时尚的步入式衣柜,内备熨衣板、电熨斗、裙架;宽大的全身镜;家居化的高品质床上用品;精致的饮具和花草茶等;香熏器;盆栽花木或鲜花;免费上网服务。
	卫生间	面积宽敞,光线明亮,装饰典雅;光源调节器;化妆镜与化妆凳;品牌卫生用品;满足女性化妆及生理需要。

续表

安全性	1. 秘密登记入住，房间钥匙上不标明具体房间号；排房时尽量将她们安排到靠近电梯的房间，并派女服务员将女性客人送进客房。 2. 配备凭住客磁卡钥匙才能启动的智能化电梯，防止闲杂人员进入楼层。 3. 客房内设置紧急呼叫按钮。 4. 客房具备良好的隔音效果。 5. 总机为每位女性客人提供电话保密服务。 6. 在女性楼层内一律配备女性服务员和女性保安人员。 7. 客房内放置针对女性客人的安全提示说明。 8. 不向外界透露任何有关本酒店接待的单身女性客人的饮食、住宿、娱乐等方面的习惯，切实维护住客的个人隐私和人身安全。 9. 针对自驾车旅行的女性客人，设立女性专用停车位（比一般停车位要宽），或提供代客泊车服务。
服务与管理	1. 女性客人对客房的整洁有序相对更为关注，酒店提供一尘不染与一丝不乱的居住环境，有助于女性客人拥有一份惬意的心境。 2. 客房内放置精美的时尚类杂志，供客人休闲时翻阅，如 *ELLE*、*FASHION* 等。 3. 客房中每日准备各种鲜花干花，视需要提供时令水果。 4. 浴室内配备品牌洗浴用品及女性专用卫生包，以体现对女性客人的照顾和体贴。 5. 餐厅提供时鲜卫生、低脂肪低热量、美容保健或地方特色明显的菜式；客房中放置为女性客人度身定制的送餐菜单。 6. 提供电脑出租和必要的技术服务。 7. 对有需要的女性客人可以选派经验丰富的服务人员提供"贴身管家"服务。 8. 限制外来访客活动范围。在酒店公共区域设立单独接待区域，方便女性客人接待来访宾客，避免可能对其他女性客人带来的干扰与不安全因素。 9. 良好的灯光照明和保安服务，尤其是室外公共区域，如停车场等。 10. 为每位入住女性客人建立一份完整详尽的客史档案，便于个性化服务与营业推广。 11. 单身职业女性最重要的人际关系是群体或朋友关系，她们热衷于参加各类社会活动和社交活动。举办各种生活时尚派对，定期邀请著名专家、学者开设系列讲座，如个性化形象设计、社交礼仪、美容健身、家庭园艺、厨房烹饪等，甚至还可延伸到心理咨询、医疗保健、家庭理财、法律顾问等，在满足她们个人涵养和生活情趣的同时，更使女性有一种团队的归属感，成为酒店的忠实客户。

问题：女性楼层或女性客房在布置和设施提供方面是如何设计的？

分析提示：酒店服务设施配置的主要目的之一就是适合并满足服务对象的需求，所以特色女性楼层或女性客房，在服务设施配置上关键是紧扣女性的本质特征和消费需求，努力营造一种女性气息浓郁的酒店氛围，以女性的视角考虑布置她们切实需要的或感兴趣的设施和物品。

(2)年龄。各个年龄阶段的旅游者在食、住、行、游、购、娱各方面都展现出不同的消费倾向。具体来说,老年旅游市场主要以观光疗养、探亲访友居多,对旅居条件、旅游交通的便捷舒适性以及旅游项目的安全性尤为关心;中年旅游者群体,是潜力最大的旅游市场,他们通常年富力强,消费水平高,重视食宿和娱乐条件,看中与自己身份相符的旅游项目,会议旅游、观光旅游、商务旅游一般是他们的主要选择;青年人通常以探险旅游、休闲文化旅游为主,追求旅游过程中的刺激和情调,对饮食和住宿条件不十分重视,整体消费水平不高。

【职业道德与企业伦理5-1】

旅游服务加收“老年费”显失公平

黑龙江省鹤岗市的老年游客徐玉芬、宋珍顺打电话向黑龙江省消费者协会反映,她们参加了中旅四季旅行社香港、澳门九日游。在哈尔滨机场登机前,他们被导游强行收取500元的“老年费”。当时两位老人拒绝交纳,并质问这是什么费用。导游谎称,香港旅行社要收这笔费用,原因是你们老年人需要特殊照顾,购物能力弱,如果不交就不给机票,无奈两位老人只得交付。两位老人到香港后,向香港旅行社导游询问后得知,香港旅行社根本没有“老年费”一说,购物多少都是游客自愿,收“老年费”是内地旅行社搞的鬼,与他们没有任何关系。徐玉芬投诉时气愤地说:“我在港澳九日游过程中,累计购物达人民币2.1万余元。宋珍顺的消费比我还多,将近3万元人民币。怎么能说我们老年人没有购物能力呢?再说,我们参加的是旅游团,不是购物团,即便是不购物也不能强收我们的“老年费”,旅行社的行为明显是歧视老年人,太霸道了!”省消协经调查了解,个别旅行社收取“老年费”、“夫妻费”、“儿童费”的行为,完全是旅游行业无序竞争的结果,一些旅行社的门市部为了招徕游客,在广告中打出低价、特价招牌,有的门市部还报出零团费、负团费,那么旅行社的利润就只能靠消费者购物和自费项目来获得,进而对那些消费能力比较低的老年人、儿童收取额外费用。

问题:旅行社针对老年人等特殊旅游群体征收附加费是否合理?

分析提示:目前,不管是港澳还是境内都没有收取附加费的明文规定。由于很多旅行社属于营利机构,存在成本和利润问题,收取附加费属于旅行社在经营过程中的自身调节问题。根据《旅行社条例实施细则》规定,收取附加费的前提必须是旅行社承诺提供与其他旅游者相比更多的服务,否则同一旅游团队中,旅行社不得由于旅游者存在年龄或者职业上的差异,提出与其他旅游者不同的合同事项,违者要受到处罚。

资料来源:http://heilongjiang.dbw.cn/system/2009/03/14/051809043.shtml.

(3)收入。收入的高低直接影响着旅游者的支付能力和消费构成,因此,把收入水平视为旅游市场的细分依据具有较为普遍的意义。高尔夫俱乐部通常把其目标对象着眼于高收入者,而低收入者则会选择价钱适中或者免费的运动,像乒乓球、羽毛球等。在酒店行业中,即使是同一个集团,也会根据消费者收入的不同再分成不同的子品牌。例如,法国的雅高集团,有高端的索菲特品牌、中端的诺福特品牌以及经济型酒店宜必思等。但需注意的是,收入只是一个单一的细分变量,在旅游消费需求中,并不能完全准确地预测出顾客的购买选择,还需要结合职业、受教育的程度、宗教信仰等诸多变量综合考虑。在进行市场细分时,市场营销人员一定要事先分清所运用的变量,并理解各个变量之间的关系和重要程度。如果认为所有的市场细分变量都可等量齐观的话,那是十分危险的。

3)心理变量

心理变量运用于对旅游消费人群需求模式的深层次细分,通过社会阶层、生活方式以及个性特征划分旅游者的行为倾向。旅游者的心理因素十分复杂,它不仅和旅游者的文化背景有关,还与旅游者的社会地位、价值观念、宗教信仰等因素有着直接的联系。因此,心理细分是一项非常复杂的工作,每一类旅游者群体都体现出不同的特点,这就要求旅游企业有针对性地设计旅游营销组合,以迎合旅游者的心理需求。实践证明,根据旅游者的心理因素来进行市场细分具有实际意义。

(1)社会阶层。每个社会都有其等级结构。社会阶层是指一个社会中相对稳定而有序的分类体系。俗话说,“物以类聚,人以群分”,来自相同阶层的社会成员大都具有类似的价值观、兴趣偏好以及购买能力,而不同的社会阶层在这些方面则有着很大的差异性。所以,营销人员要对不同社会阶层的目标公众特点加以分析、辨认,以便更好地把握旅游市场的需求特点。比如,丽兹卡尔顿酒店推出的下午茶就是面向中上层社会人士的产品。

(2)生活方式。生活方式的不同会导致旅游者在休闲产品类型的选择上有所差异。比如,酒吧根据顾客的生活方式,分成静吧和闹吧。静吧是专门迎合喜好安静舒缓生活节奏的客人,让他们在一个舒适平和的环境中得到充分放松;而闹吧则是针对那些偏爱活力激情的年轻人,带有强劲节奏的舞曲可以让喜好这种生活方式的客人将所有的疲惫和压力发泄出来。就旅游而言,持守旧保守或大胆探索、轻松休闲或辛劳忙碌生活方式的人,其消费倾向也各有不同。

(3)个性特征。个性是一个人相对稳定的心理倾向和心理特征。在分析消费者对某些产品和品牌偏好时,个性这个变量作用十分显著。旅游企业可以使自己的产品个性与目标顾客所推崇的个性相吻合,这样有利于旅游产品形象的推广和销售。

4)行为变量

行为变量应用于根据消费者对一件产品的了解程度、态度、使用情况或反映等,将他们划分到不同群体的细分中。

(1)购买时机。按照购买时机不同,旅游市场不仅可分为旺季市场、淡季市场和平季市场,还可以细分为寒暑假市场、节假日市场。不同的购买时机,消费者对旅游产品的需求也存在极大的差异。

【同步思考5-2】

中国的节假日市场

节假日市场不仅包括法定节假日,还包括许多没有法定假期却具有一定假日消费特征的节日。通过详细的市场细分,对节假日经济下的市场进行研究,能帮助旅游企业认识节假日经济和节假日市场,同时对我国节假日市场上出现的问题加以总结,以避免产生重大的经营和营销失误。结合自己的经验,请谈谈中国节假日市场的特点。

分析说明:中国节假日市场的特点有:①稳定性。因为大部分节假日消费与节假日的特定主题有关,从而使节假日市场相对稳定。② 集中性。消费者的消费对象主要分布在部分市场,如五一劳动节正逢春夏交替,气候温和舒适,大多数人选择外出旅游,五一旅游市场便呈现火爆现象。③差异性。差异性主要表现在两方面,即同一地区不同节假日,主要消费细分市场不同;同一节假日不同地区节假日市场也有很大差别。此外,民族性、社会阶层、文化教育状况、人口构成等都会影响节假日市场。④创新性。越来越多的人开始意识到文化对经济的巨大促进作用,新的节日不断被创造出来,"以节兴市"成为许多地方政府和部门发展经济的有力工具。

(2)所追求的利益。根据旅游者所追求的利益来划分市场,可以开发出有特色的旅游产品,以满足其核心需要。具体来说,在旅游餐饮业中,依照消费者的核心需要,可将餐厅设计成某种风格类型,以最大限度地满足其目标顾客的个性需求。比如,有满足顾客生理饮食需要的快餐厅,也有满足消费者尊重需要的五星级酒店。此外,很多旅游者去江西井冈山旅游,感受红色文化,因此当地的一些饭店就以红色作为主题,开发出形象鲜明、风格迥然的红色饮食产品,以满足旅游者对红色文化的需要。

(3)使用者状况。根据消费者购买旅游产品的频率来细分,一般可分为经常购买者、首次购买者、潜在购买者与非购买者。这种细分有利于描述不同购买数量特征的旅游人群在人口属性与心理方面差异的深层原因,从而便于有针对性地采用顾客关系管理和激励手段,将首次购买者、潜在购买者、非购买者转换为企业重要的老客户。

(4)态度。态度是对某种客观事物或观念的评价、感觉和行为倾向。首先,态度会让人产生对某个特定事物褒贬不一的看法。按照态度的倾向性,可将公众群体分为顺意公众、逆意公众和保持中立态度的边缘公众。对持不同态度的消费群体进行市场细分,并在宣传和销售手法上作相应的调整是旅游企业的明智之举。其次,态度是行为的准备状态,一旦态度形成,就意味着相应的行动将会发生。所以,旅游企业应当对旅游人群的态度进行管理,有意识地培养公众的态度。

5.1.3 有效细分旅游市场的要求

为了保证被细分出来的旅游市场能够成为今后旅游企业制定营销策略的基础,并真正有效地发挥作用,细分后的旅游市场应当满足以下条件:

1)可衡量性

可衡量性是指被细分出来的旅游市场及其细分依据可以被衡量。换句话说,划分市场的依据必须清楚明确,容易识别,可以定量测定。另外,细分依据要与旅游者的需求以及购买行为有必然的联系,这样才能使市场具备细分的价值和意义,从而帮助营销人员有效地针对某个市场的需求特点制定营销组合策略。

2)可进入性

可进入性是指对于细分后的旅游市场,旅游企业能够凭借现有的资源实力进入其中并且占领一定市场份额的能力程度。市场细分的目的就是确定能够为之服务的目标市场,如果我们的旅游企业不能进入这个目标市场并占有一定份额,这个细分市场也就没有任何意义。比如,一家旅行社通过市场调查发现,我国公民对欧洲某个国家十分向往,对其旅游产品存在大量的市场需求,可是如果该国尚未对我国公民开放,并未成为我国的旅游目的地的话，现阶段开发此市场就没有实际意义。

3) 可盈利性

可盈利性也称为实效性，要求细分出的旅游市场在顾客人数和购买能力上足以达到有利可图的程度，也就是其市场需要具备适当的经济规模和发展潜力，有助于企业经营和今后进一步发展。

4) 稳定性

稳定性是指在一定的时间和条件下，细分市场的标志以及性质能够保持相对稳定，使企业占领市场后，在一定时期内不必改变自己的目标市场策略，有利于旅游企业减少经营风险。这里所说的稳定性是相对暂时的，旅游企业也应该根据客观条件的变化，随时调整自己的营销计划。

5.2 目标旅游市场选择

旅游企业的经营活动都是围绕着自己的目标市场开展的。在市场细分的基础上，并非每一个子市场都适合旅游企业，营销人员应当结合自身内部资源条件和外部市场环境状况，选择合适的目标旅游市场，这样才能更为有效地提高旅游企业的经济效益。目标旅游市场，是指旅游企业决定要进入的市场部分，换句话说，就是旅游企业的目标消费群体，也是旅游企业主要的销售对象。

5.2.1 目标旅游市场选择的原则

营销人员在选择目标旅游市场的过程中需要重视以下原则，以便科学地开展工作：

1) 目标旅游市场需具备适度的规模和发展潜力

潜在的目标旅游市场需要有适度的规模，这是保证旅游企业获得满意利润和销量的基础。营销人员在实际工作中可以通过考察该市场的旅游者人数、市场消费水平、产品在市场中的占有率以及市场竞争程度等指标加以综合分析。目标旅游市场最好是正处在成长阶段，要有未被满足的市场需求存在，只有这样，才会有广阔的发展前景。此外，目标旅游市场并不是规模越大、增长速度越快就越好，企业要寻找与自身实力相匹配的市场才能更好地发展。

2) 目标旅游市场的结构需具备一定的吸引力

虽然某些市场可能具备理想的规模和增长速度，但是从盈利的观点来看，它未必有吸引力，因为在整体环境中会存在某些间接性的影响因素。为了较好地评判目标旅游市场的结构是否具有吸引力，营销人员需要考虑四个方面的因素，即旅游市场的竞争密集度、替代产品的市场状况、中间商的购买实力状况以及供应商的状况。通常竞争对手不多，替代产品较少，中间商与供应商实力符合市场要求，那么目标旅游市场就具备一定的吸引力。

3) 目标旅游市场应当符合旅游企业的发展目标和经营能力

旅游企业需要考虑目标旅游市场是否符合其发展的目标，如果相违背的话，不但会分散旅游企业的精力，使之无法完成主要目标，而且还会导致原有目标旅游市场的流失。此外，旅游企业还要考虑自身的资源条件是否适合所选细分市场经营。只有选择那些有条件进入、能充分发挥其资源优势的旅游市场作为目标旅游市场,企业才能克敌制胜,立于不败之地。

5.2.2 目标旅游市场策略

目标旅游市场评估之后,接下来就要选择和进入目标旅游市场。所谓目标旅游市场,是指旅游企业决定要进入的那部分市场,也是企业要投其所好、为之服务的那个顾客群。通常目标旅游市场策略有以下三种,企业可以根据具体情况进行合理的选择。

1)无差异目标市场策略

无差异目标市场策略是指不考虑各个细分市场中需求的差异性,只注重旅游市场的共性,运用单一的营销组合去迎合整体市场中大多数旅游消费者的需要。借助广泛的分销和促销宣传以吸引尽可能多的游客,降低成本,从而获得规模效应(如图5-1所示)。

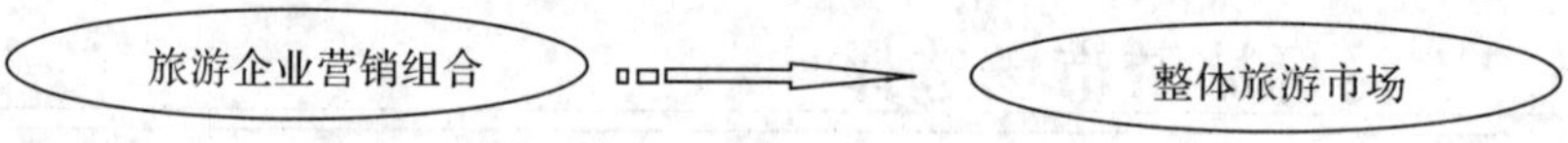

图5-1 无差异目标市场策略

这种策略的理论基础是成本的经济性。其优点主要体现在:第一,有利于标准化、大规模生产,降低旅游企业成本,获得规模效应。由于不做市场细分,市场调研和产品开发以及各种营销方案的开支很低,因此可以获得规模经济效益。第二,容易形成垄断性品牌旅游产品的声势和地位。凭借着旅游企业的大规模生产以及统一的分销和促销,企业易于在市场中获得规模性的品牌优势。但是,该策略的缺点也是不容忽视的,其单一的营销组合缺乏市场竞争力,不能满足广大顾客的个性化需求。

采用无差异目标市场策略需要满足以下条件:一是旅游企业需要具备大规模生产的能力;二是有广泛的分销渠道;三是产品质量较好,能够满足旅游人群的共性化需求。

2)差异性目标市场策略

差异性目标市场策略是指旅游企业将市场划分为若干个不同的细分市场,分别针对每一个细分市场制定一套独立营销方案的策略(如图5-2所示)。

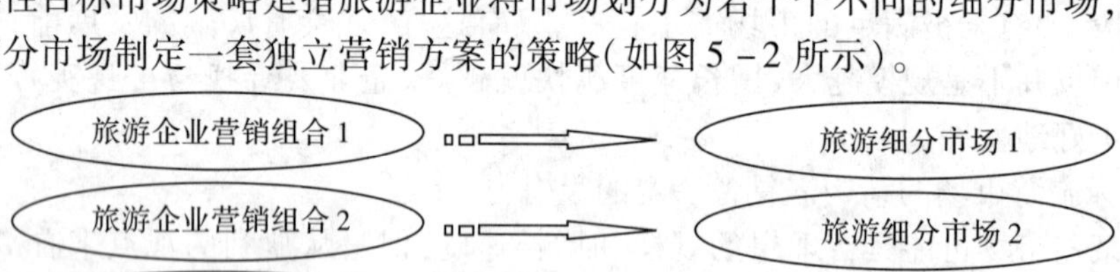

图5-2 差异性目标市场策略

差异性目标市场策略是建立在细分市场需求差异基础之上的。其优点是:第一,针对性强,能够有效满足不同顾客的需要,扩大产品的销售。例如,万豪酒店集团在高端市场有JW万豪、丽兹卡尔顿等品牌为高档次的顾客提供产品和服务,在中端市场有万怡、万丽、万豪春丘等品牌支撑,在低端市场亦有费尔菲得品牌丰富产品线,有利于针对不同的目标市场需求特点,满足顾客需要。第二,抗风险性强。由于拥有多个目标市场,正所谓"不把所有的鸡蛋都放在一个篮子里面",即使某个细分市场出现了什么问题,也不会影响到全局。第三,如果企业的产品种类同时在几个子市场都占有优势的话,有助于提高旅游者对企业的信任,进而提高重复购买率。当然,差异性目标市场策略也存在不足:首先,其成本过大。由于产品种类繁多,需要针对各自的细分市场分别制定和实施不同的营销策略,所以营销成本和管理成本都不容小觑。其次,旅游企业的优势资源不能有效集中,容易顾此失彼,在采用此策略时需要权衡收益和成本的关系。

采用差异性目标市场策略需要满足以下条件:一是旅游企业需要具备一定的规模以及雄厚的实力基础,才能进行多品种生产;二是旅游企业的营销管理人员水平较高,能够适应多种市场条件的要求;三是细分市场中的产品销售利润必须大于营销成本;四是旅游企业的技术水平、设计能力能够适应多品种生产的需要。

3)集中性目标市场策略

集中性目标市场策略是指旅游企业选择一个或几个细分市场作为目标市场,并且集中企业所有的力量与资源专门为其制定一套营销组合,力争在所选子市场中获得较大市场份额的策略(如图5-3所示)。

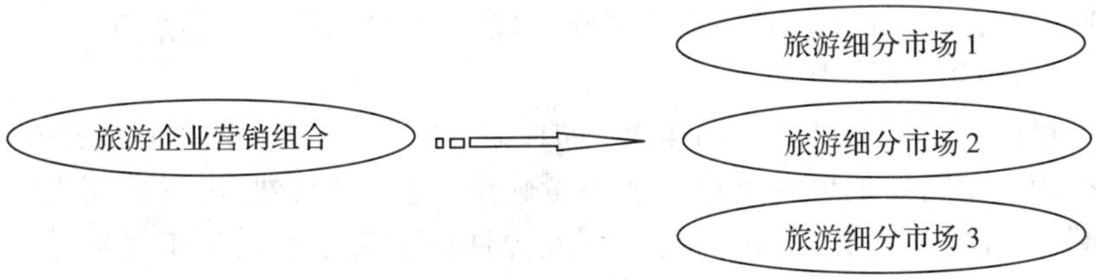

图5-3 集中性目标市场策略

集中性目标市场策略的优点:第一,有助于旅游企业增强在某一细分市场中的竞争力,提高市场的占有力;第二,有助于降低经营成本并减少营销费用,实行专业化经营;第三,有助于企业在自己的细分市场中创出名牌,提升品牌形象。其缺点主要体现为经营风险较大。一旦旅游企业所处的细分市场环境发生突然变化,或者有强大的竞争对手参与竞争等,都会使旅游企业因为没有回旋余地而陷入困境。因此在使用这种策略时,旅游企业要定期对目标市场进行详尽的市场调查,加强风险意识,做好应对准备。

5.2.3 影响目标旅游市场策略选择的因素

上述三种目标市场策略各有特点,但没有好坏之分,只有与旅游企业所处的环境和自身条件是否相适应之别。具体来说,在选择时,营销人员需要考虑以下因素:

1)旅游企业自身资源条件

旅游企业自身资源条件包括人力、物力、财力等规模条件。如果旅游企业资源雄厚,可以考虑采用差异性目标市场策略;反之,如果企业实力不足,资源有限,也没有能力顾及到多个细分市场,最好实行无差异目标市场策略或者集中性目标市场策略。

2)旅游产品的同质程度

旅游产品的同质程度指的是产品与产品之间,在功能、质量、性质方面相互替代的程度。如果产品的同质性很高,换句话说,产品之间的差异很小,而且相互的替代性很强,就比较适合采用无差异的目标市场策略,如同档次的酒店客房、旅游航空服务等。对于一些差异性很大的旅游产品,如海底蜜月旅游线路、主题餐饮等,一般可采用差异性目标市场策略。

3)旅游市场需求的同质状况

旅游市场需求的同质状况是指市场中旅游者在同一时期购买偏好和消费行为相似的程度。如果旅游市场需求的同质程度较高,适宜采用无差异目标市场策略;反之,营销人员则需要考虑差异性或者集中性目标市场策略。

4)旅游产品的生命周期

旅游产品处在不同的生命周期阶段,所适宜采用的目标市场策略也会有所差异。旅游产品的生命周期可分为投入期、成长期、成熟期和衰退期。当产品处在投入期和成长期时,由于产品刚刚投入市场,竞争对手大多都是潜在的,此时就连消费者也没有意识到自己个性化的需要,所以最初可采用无差异目标市场策略。随着旅游产品进入成熟期后,市场竞争加剧,消费者的需求日益多样化,产品种类也随之丰富起来,这时可以改用差异性目标市场策略,以扩大市场份额。最后是衰退期,则宜实施集中性目标市场策略,这样可以收缩企业的产品线,减小生产规模,以维持和延长产品生命周期。

5)旅游市场的竞争状况

旅游市场的竞争状况可以从两个方面加以考虑:一是竞争对手实力的强弱;二是竞争对手所采用的策略。如果同类竞争者数量较少,竞争不激烈,可以采用无差异目标市场策略,但如果竞争压力太大,则需要采用差异性或者集中性目标市场策略。从竞争对手的策略来看,当他们采用无差异目标市场策略时,旅游企业应当使用差异性或者集中性目标市场策略加以应对。如果竞争对手也采用的是差异性目标市场策略,那么营销人员就应当在市场调查和分析的基础上,进一步细分市场,实行更为有效的差异性或者集中性目标市场策略。

6)旅游市场的营销宏观环境

旅游市场的宏观环境决定着旅游市场的供求关系以及消费者的购买行为。通常情况下,当旅游市场属于供过于求的买方市场,则适宜采用差异性或者集中性的目标市场策略;相反,处在供不应求的卖方市场,则更适合采用无差异目标市场策略。

5.3 目标旅游市场定位

旅游企业在经过市场细分选定目标市场之后,接下来就应该考虑如何进入该目标市场和在目标市场中扮演什么样的角色。因为旅游市场的需求是多方向的,即使是相同方向的需求,其需求的强度也不一样。只有在选定目标市场的基础上,采取更进一步的定位策略,旅游企业才能制定出更为有效的营销组合策略。

5.3.1 目标旅游市场定位的概念和意义

所谓目标旅游市场定位,就是旅游企业根据目标市场上同类产品竞争状况,针对目标顾客对该类产品某些特征或属性的重视程度,建立和发展差异化竞争优势,以使本产品在旅游消费者心目中形成优越于竞争者产品的独特形象。换句话说,这里的位置是指旅游企业在旅游者心目中的形象,其实质就是为了把本企业与其他竞争对手鲜明地区分开来,树立一个“人无我有、人有我优、人优我特”的差异形象,最终赢得广大消费者的认同,从而有效地开拓目标市场。

目标旅游市场定位有利于建立旅游企业和产品的市场特色,是市场竞争的有力武器。比如,现阶段大多数餐饮产品都存在着供过于求的现象,导致市场竞争异常激烈,为了使自己经营的饮食产品获得稳定的销路,防止被其他同类型的产品所取代,饭店必须从各方面建立起一定的形象,让顾客形成一种特殊偏爱。因此各种主题型饭店越来越多地涌现出来。此外,目标旅游市场定位是制定旅游市场营销组合的基础,是一种战略性的营销工具。企业的营销要素需要围绕目标市场定位而设计。比如,某酒店定位在高端市场,那么其酒店的硬件设施和软件服务都应体现出豪华、尊贵、周到的特点,从而满足顾客的尊重需要;定价也要体现出目标群体的身份和地位;选择符合顾客消费特点的促销以及分销渠道进行配套。

【同步案例5-2】

“小说旅馆”的生意经

在美国,有一家名叫西尔维亚·奇的小旅馆,共有20间客房,其布置和摆设都极为奇特。每个房间的设计都以世界一位著名的作家为主题。旅客通过房间中的摆设联想到不同作家名作品的精辟句子和情节,从而引起一连串遐想。这家“小说旅馆”吸引了众多爱好读书的游客,生意十分兴隆。

问题:“小说旅馆”生意兴隆的原因是什么?

分析提示:“小说旅馆”生意兴隆的原因是这个旅馆与其他旅馆相比独具特色。“特色是金”,消费者由于其社会地位、经济收入、个人爱好的不同,形成了不同的消费层次和消费特点。依据消费者各不相同的消费需求,开设具有鲜明特色的服务项目,在市场竞争中具有独特的魅力。“小说旅馆”之所以生意兴隆,无非是由于其独特的经营策略满足了那些爱好读书的游客而已。我国是一个人口众多的大国,人们的消费需求各不相同,这为经营者提供了无数的商业机会,经营者应在经营特色上多一些招数。

5.3.2 目标旅游市场定位的步骤

目标旅游市场定位的主要任务,就是将自己的鲜明形象深入人心,并且与竞争者相区别,具体可以分为以下三个步骤:

1)发掘潜在的竞争优势

市场上存在着很多未被旅游企业发掘的潜在竞争优势,这些潜在竞争优势可以作为旅游企业或产品形象定位的切入点。因此,目标旅游市场定位的首要任务就是识别这些潜在竞争优势,确立自己鲜明的定位特色。

- 营销人员可以根据具体的产品属性加以特色定位。如某酒店地理位置坐落在城市的商贸中心,那么可以将其作为商务型酒店进行定位;如果坐落在温泉度假区,则可将温泉资源作为酒店的内在特色区别于其他的酒店产品。
- 营销人员可以根据旅游者所追求的核心利益加以定位。提供给顾客的利益是消费者最能切实感受到的。首先对目标市场顾客的需求进行市场调查,然后再分析旅游者对产品各种属性的重视程度,找准其中的显著利益加以彰显,迎合旅游者的需求,树立市场形象。

- 营销人员还可以根据目标消费群体的类型加以定位。旅游企业常常将其产品指向某一类特定的使用者,以便根据这些顾客的看法塑造恰当的形象。如在旅行社行业中,有专门针对老年旅游团体的夕阳红旅行社;在酒店行业中,有专门针对女性的女性客房或女性楼层等。
- 营销人员亦可以根据特定的功能用途加以定位。如某些酒店拥有足够的会展场地和会议设施设备,他们通常以接待商务会展会议为主,商务会展功能也就成为该类酒店有别于其他竞争者的特色定位。
- 营销人员也可以根据竞争对手的形象状况加以定位,如在宣传上强调自己并非属于某常规旅游产品以彰显特色。

2)选择相对的竞争优势

相对的竞争优势是指凌驾于竞争对手之上的足以克敌制胜的比较优势。首先,旅游企业需要与竞争对手进行比较,找出自己的特色优势。如通过对其服务质量、服务设施、管理水平、产品特色、产品质量、价格成本等因素进行逐步评估,找准其他旅游企业最为薄弱的环节,作为自己的相对竞争优势,采用侧翼突击的手段,以彰显自己产品定位的魅力形象。其次,相对的竞争优势也需根据目标旅游者的需求加以选择。不同旅游消费者在选择旅游产品的标准方面是不一样的,如家庭旅游者、蜜月旅游者和商务旅游者对酒店的要求都不同,因此旅游企业应当结合目标市场的显著需求,并分析其重要程度,作为旅游产品的市场定位因素之一。

3)传播并显示竞争优势

旅游企业在确定产品定位因素之后,接下来就要运用市场沟通的手段彰显自己的特色,以期在旅游者心目中留下极具吸引力的鲜明形象。这个环节也可以称为市场沟通或形象传播。营销人员不仅需要有针对性的广告、公关等一系列促销手段加以宣传沟通,而且还要整合各个营销要素,进行全面配合,以达到最佳效果。此外,无形的形象必须要通过有形的展示加以体现。换言之,形象特色需要体现在有形产品上,只有这样才能让形象深入人心,引起广大旅游者的共识。如以江南水乡为主题定位的饭店,通过装修风格、服务人员的服饰、服务语言、菜肴故事、饮食餐具、背景音乐等有形要素,尽可能地营造出古朴典雅、清新怡人的诗情画意,此情此景此境使饭店的梦里水乡形象深得人心。

【知识链接5-2】

"和常识唱反调"的新赤尾旅馆

日本著名风景区热海市有一家名为新赤尾的观光旅馆,其业绩在日本同类型旅馆中名列前茅。新赤尾旅馆的老板赤尾藏之助,被称为是一位"和常识唱反调"的经营者。他突破了经营观光旅馆的常识并竖起了自己的旗帜。其突出表现有如下几个方面:

第一,尽量延长游客每天的住宿时间。传统观念认为,缩短每天每位游客的住房时间,可以充分提高客房使用率从而取得较佳的经济效益。但赤尾藏之助却反其道而行之,他宣布,凡是住进新赤尾旅馆的游客,每日进房时间为上午8点钟,退房时间为次日上午 10 点钟。这样,游客花 24 小时的住宿费,便可享受 26 小时的服务。这样做的结果是吸引了大批游客,使该旅馆不管是在淡季还是在旺季,生意都很兴隆。

第二,适当控制人数,优先向全家旅行的游客服务。一般的旅馆老板认为,旅馆客房应该全部满员。所以各家观光旅馆,大多数愿意为人数较多的团体游客服务,而把人数较少的全家外出旅游的游客放在次要地位。为此,许多旅馆常常不惜折价招徕团体游客,以保证客房的高住客率。对此,赤尾藏之助不以为然。他的观点是:游客们到风景区观光旅游,是为了尽情享受优美的自然景色和旅馆安逸舒适的生活。如果旅馆内因客满时时人声鼎沸,势必破坏那种宁静、安逸的气氛,影响游客的兴致。因此,新赤尾旅馆即使接待团体游客,也尽量控制人数。反之,对于全家旅游,特别是新婚旅行的游客,新赤尾旅馆则非常热情,不论是客房安排还是餐厅进食,服务员都会优先安排,周到服务。贯彻优待家庭游客思想的结果,使新赤尾旅馆能始终保持一种优雅、静谧的气氛,反而为旅馆吸引了更多的游人。

第三,为顾客提供一些免费服务。通常,观光旅馆的经营者认为,游客既然外出观光游览,一定是不会在乎几个钱的。因而游客住进店,样样服务都收费。而赤尾藏之助的做法却与众不同。在新赤尾旅馆,游客们可以免费享受到诸如早餐咖啡、温泉浴后享用的橘子水、打乒乓球及玩麻将等服务。这些免费提供的服务项目虽然微不足道,但却给人们留下了良好的印象,有利于招徕更多的游客。

5.3.3 目标旅游市场定位的策略

一般,常用的目标旅游市场定位策略有如下几种:

1)市场领先者策略

市场领先者策略是指旅游企业在目标市场中始终保持第一位的优势,不论是在产品质量、规格还是服务上都先声夺人,始终以领导者的地位引导着这一市场消费需求的发展方向。市场领先者的地位不是一成不变的,会受到很多挑战者的威胁。因此,市场领先者必须保持高度警惕,采用合适的竞争策略,以维护自己在市场上的领先地位。通常,市场领先者可以通过以下三方面加强自身的优势:

(1)开拓市场需求总量。当市场需求总量扩大时,市场领先者无疑是最大的受益者。因此促进产品需求总量的不断增长,扩大市场规模,是维护自身地位优势的有效措施。该措施的拓展途径包括开发新的目标市场;开发现有旅游产品的新内涵、新用途;刺激旅游者对本产品的使用次数。

(2)保持现有的市场份额。在旅游市场中总会存在几个实力相当的挑战者。为了应对挑战,领先企业应当维护现有的市场占有率,巩固已有的市场地位。旅游企业可以采取进攻策略以达到此效果。最好的防守就是进攻,旅游企业可以通过主动出击降低成本、创新产品、提高服务等以保持市场领先地位。此外,企业也可采取防守策略。如在现有的旅游市场上,延伸本企业产品的范围以及档次规格,让自己的产品组合更加丰富,并且迅速地在本领域中建立起知名度,以此作为企业未来市场阵地的防线。

(3)扩大市场占有率。通常增加市场份额有利于提高企业的投资收益。市场领先者凭借其规模优势,可大大地降低成本,扩大市场份额。采用这种策略时,营销人员需要考虑为扩大市场占有率所要花费的成本和收益比率,采取何种有效的营销组合策略,是否会引起反垄断法律的制裁等。

2)市场挑战者策略

市场挑战者策略是指那些积极进攻本行业的领导者,并由此来提高市场占有率的定位策略。这种策略比较危险,而且对旅游企业自身资源条件也有很高的要求。采用此策略通常是因为原有的目标市场空间已经很小了,又难以向其他的细分市场拓展,只能在原有的目标市场中抢夺竞争对手市场份额以谋求进一步的发展。作为市场的挑战企业,为了取得竞争优势,可以考虑选择以下进攻策略:

(1)正面进攻。挑战企业与对手在产品质量、促销力量、价格、分销渠道等方面进行直接的较量。通过规模化运营,降低成本,进而与对手展开"价格战",在相持中战胜对手。要想使正面进攻获得理想的效果,挑战企业必须在多方面具备比较性的优势。

(2)侧翼突击。旅游企业集中优势资源,找准领先企业最薄弱的环节,发起攻击。"人无我有、人有我优、人优我特"就是这种策略最好的总结。

(3)围堵进攻。当挑战者拥有足以克敌制胜的绝对竞争优势时,可以将产品范围深入到竞争对手的领域,向市场提供更多的产品和服务,对市场主导企业的产品进行围追堵截,将其挤出市场。

(4)迂回进攻。旅游企业完全避开对手现有的市场而争夺新市场。这是一种间接的进攻战略,用于敌强我弱的状况。当挑战者实力较弱,无法发动正面或者有效的侧翼攻击时,只有向领先企业所占据的某些市场角落发动小型、偷袭式的促销或者价格攻势,这样才能达到逐步削弱对手实力的目的。

3)市场追随者策略

市场追随者策略是指将旅游企业和产品定位在市场领先者之后的策略。此类旅游企业不主动进行新产品的革新和研发,只是效仿和改进市场领先者的新产品。有些竞争者甚至可以通过这类策略获得比行业领先者还要高的投资报酬率。采取这种策略有很多好处:首先,可以借鉴领先企业的产品、经验,节约大量的研发费用;其次,有利于企业在模仿的基础上进行改进创新;再次,节省企业唤起市场需求的时间;最后,由于领先企业打开了市场,追随企业可以更大规模地投入生产,获得规模效益。但是这种策略在企业新产品模仿效果、广告与销售机会上则可能形成劣势,即使作为市场追随者企业还是必须保持一定的新技术研发能力、广告促销能力,形成自己一定的形象特色,这样才能紧随领先企业,成功实现共同发展的目标。

4)市场补缺者策略

市场补缺者策略是指在旅游市场上选择某些未被满足的需求群体作为目标市场,通过专业性的经营占据有利的市场位置,确定在小市场上有大作为。这种策略往往被许多中小型旅游企业所采用。通过这种定位方法,营销人员可以使旅游企业在空隙市场上迅速获得先入为主的竞争优势,在目标旅游者心目中树立起独一无二的先驱企业形象。此外,该策略还能减少竞争成本,因为空隙市场中的竞争对手大多都是潜在的,尚未进入子市场,所以对本企业来说不会构成直接的竞争。但是,寻找市场空隙的旅游企业也要承担巨大的风险以及高昂的市场导入费用。需要注意的是,采用市场补缺者策略必须建立在对市场进行充分调查研究的基础之上,如这个市场空隙为何会存在;之前是否有竞争对手发现;如果竞争对手早就发现,为什么他们不进入等。即使在了解真正原因之后,旅游企业还要考虑自己的资源状况是否能够开发这一市场空隙,能不能为自己带来满意的经济效益。

【情境模拟 5－1】

场景:姜林是一名旅游专业毕业的大学生,成功的应聘为海外旅行社的业务员。通过两年的努力,2010 年正式被提升为海外旅行社市场部经理,负责推广本公司的寒暑假专线旅游产品。假如你是姜林,请分析研究谁是你的客户,找准目标市场,实施市场定位策略。在市场调研与营销环境分析的基础上,确定并描绘你的客户群。

操作:站在姜林的角度考虑当前客户群组成,客户群来自何处、买什么、怎样买、每隔多长时间购买一次、客户群怎样了解海外旅行社、想要海外旅行社提供什么。根据以上资料,学生确定寒暑假专线旅游产品的市场定位,并拟出市场定位建议书。

知 识 题

5.1 旅游市场细分的标准有哪些?

5.2 旅游目标市场策略有哪几类? 其优缺点各是什么?

5.3 目标旅游市场的定位步骤是什么?

5.4 目标旅游市场定位的策略有哪些?

实 务 题

结合当地某一旅行社实际,分析它应当如何进行旅游市场细分、选择目标市场以及如何进行市场定位。

案 例 题

总部设于巴黎的法国雅高国际酒店集团是欧洲酒店业的领导者和全球最大的酒店管理集团之一,也是全球最大的企业服务集团之一,经过四十多年的不懈努力,现已在全球约 90 个国家和地区建立了 4 000 多间酒店,经营品牌包括索菲特(Sofitel)、铂尔曼(Pullman)、美憬阁(MGallery)、美爵(Grand Mercure)、诺富特(Novotel)、美居(Mercure)、套房酒店(Suitehotel)、阿达吉(Adagio)、全季(All Seasons)、宜必思(Ibis)、第 6 汽车旅馆(Motel 6)、第 6 公寓(Studio 6)、伊塔普(Etap Hotel)和一级方程式酒店(Hotel F1)等,从经济型到豪华型,涵盖了全系列不同档次的服务,满足不同需求层次顾客的需要。以下为该集团的若干品牌介绍:

• 索菲特(Sofitel)

索菲特是雅高国际酒店集团经营的具有世界水准的豪华型酒店,目前在约50个国家有150多家连锁。以“生活是壮观的(Life is magnifique)”为口号,索菲特将目标客源定位于国际豪华休闲与商务客人,致力于为旅客提供独特、非定形的奢华享受,将法国优雅的生活格调融入世界著名的旅游目的地和门户城市。

• 铂尔曼(Pullman)

铂尔曼是雅高国际酒店集团经营的高级酒店品牌,目前在10个国家拥有30家连锁。在经营中,该品牌选址偏向于城市中心区,目标客源为高级商务旅行者。以友好、周到著称,铂尔曼致力于提供舒适的设施、流动的空间、温馨的系列个性化服务和创新科技,使旅客在最大程度上获得宁静和友善的平衡。

• 美爵(Grand Mercure)

美爵是雅高国际酒店集团下经营高档特色酒店及公寓的一个品牌,目前主要市场设在亚太地区,在澳大利亚、中国、印度尼西亚、新西兰、新加坡、泰国和越南7个国家有36家产业。在经营中,美爵较为重视酒店和公寓的个性化营造和客人的入住体验,每一家美爵酒店或公寓都是原创独特的,是其所在区域的精神表达。从滑雪地小屋、饱含历史的大型庄园,到著名旅行目的地的宽敞公寓,该品牌以空间、质量、舒适吸引着旅客的到来。

• 诺富特(Novotel)

诺富特是雅高国际酒店集团经营的具备国际水准及现代化设施的高级酒店,目前在全球约60个国家的主要城市和旅游目的地拥有约400家连锁。以“专为自然生活而设计(Novotel, designed for natural living)”为口号,面向商务和休闲人群。

• 阿达吉(Adagio)

阿达吉是雅高国际酒店集团于2007年开发的一家公寓式酒店,为中长期商务和休闲旅客提供设施齐备的家外之家服务。以“在阿达吉,到处都是欧洲体验(At home, anywhere is Europe)”为口号,阿达吉连锁主要开设于欧洲大城市,目前约有25家产业。

• 全季(All Seasons)

全季是雅高国际酒店集团于2007年在法国设立的经济型品牌,目前在世界6个国家(主要位于欧洲与亚太地区)的城市中心区约有80家连锁,结合简约、好客、优质、欢乐以及亲切,致力于为休闲和商务客人提供“更好的消费(Consume better)”。以“一切所需尽在全季(All is all you need)”为口号,酒店发展走非统一路线,即每家连锁在充分分享幽默、多彩、活力、舒适、欢乐、宽容的品牌精神的同时都拥有自己的特色。

• 宜必思(Ibis)

以卓越服务、质量、价格统一而闻名的宜必思是雅高国际酒店集团于1974年推出的经济型酒店理念,目前在世界42个国家的商务中心、主要地区及周边拥有约900家连锁,是欧洲现有的最大经济型酒店网络。以“总有让你喜欢的理由(Hotels the way you like them)”为口号,虽然同为经济型品牌,宜必思与全季最大的不同点在于其发展走统一路线,即每家连锁都坚持提供同一标准的优质服务和产品。

- 第 6 汽车旅馆(Motel 6)

建立于 1962 年的第 6 汽车旅馆是雅高国际酒店集团的简易型品牌之一,主要针对北美市场,目前在美国和加拿大两个国家拥有约 1 000 家连锁,是美国简易型酒店的龙头。以“我们为你点亮电灯(We'll leave the light on for you)”为口号,该品牌以最低价格提供舒适的住宿条件。

问题:法国雅高国际酒店集团的成功关键在于哪个方面?

分析提示:该案例体现了市场细分和市场定位对企业的重要性,就算是国际著名酒店集团也不例外,必须对其市场进行科学的细分和定位。雅高国际酒店集团把自己的品牌很好地与各类细分市场结合在一起,使酒店选址、装潢、设施、服务等方面与之配套,建立并强化其独特的企业形象。

实 训 题

实训项目:你和你的合作伙伴决定在购物中心开设一家饭店。分析你所在城市的餐饮业现状。假设拥有开设任何一种类型饭店的足够资源,你们会决定开设什么样的饭店。

实训目的:通过本模块的技能训练,主要培养学生的市场细分能力、定位能力以及创新能力。

实训步骤:本实训可以通过以下步骤实现:①随机组成工作小组,分析本地区餐饮饭店现状;②小组决定开设饭店的类型,列出初步设想;③小组汇报,全班交流。

实训成果:本实训最终成果为:①小组饭店设计方案一份;②小组口头简介。

第6章 旅游产品策略

学习目标

知识目标:了解整体旅游产品概念;掌握旅游产品经济生命周期;熟悉旅游新产品开发过程与技巧;掌握旅游产品品牌策略。

能力目标:能在掌握旅游产品策略基本理论的基础上,根据旅游产品经济生命周期,运用适合的营销策略;能运用旅游产品组合策略对旅游企业产品及业务进行分析并提出建议;能制定适用的品牌策略。

素质目标:具有全面严谨的营销工作作风;具备灵活多变的营销工作思路;具有团结合作的营销工作精神。

【引例】

独特的"花园"饭店

美国得克萨斯州有一家著名的饭店,这家饭店的后花园里各种蔬菜、果树、花草间种,布置得很美观。花园的四角种了果树,园中有土豆、南瓜、菠菜、洋葱、韭菜,还有百里香、万寿菊等花和草药。

因为其独特的风格,各报纸杂志纷纷介绍推荐,很多顾客慕名而至。在这里,他们不仅可以吃到刚从花园里采摘来的新鲜蔬菜和水果,还可以到花园里去散步。饭店的管理者说:"这里大部分饭店都是在菜场买菜,顾客们吃南瓜却不知南瓜什么样,吃茄子却没看到新品种有多大。因此,到我们饭店来可是十分有趣、十分兴奋的体验。"

饭店的菜园不仅招徕了大批顾客,而且自产自销的方式为饭店节省了成本,饭店的利润也越来越可观。

资料来源:沈杨.2011.旅游市场营销与管理[M].北京:人民邮电出版社.

旅游产品策略是旅游市场营销策略的重要组成部分,其所要解决的问题是根据旅游者需求创造价值;同时,旅游产品策略还是其他营销策略的基础,只有在此基础上,科学的定价策略、渠道策略与促销策略才能得以实现。

6.1 旅游产品

人们通常理解的产品是指具有某种特定物质形态和用途的物品，是看得见、摸得着的东西，这是一种狭义的定义。从市场营销学的角度而言，广义的产品是指人们通过购买而获得的能够满足某种需求和欲望的物品的总和，它既包括具有物质形态的产品实体，又包括非物质形态的利益，这就是产品的整体概念。

6.1.1 整体旅游产品概念

作为产品的一种，旅游产品也符合整体产品概念，由核心产品、有形产品和附加产品三个层次构成。

1）核心产品

核心产品是指产品中能给消费者带来核心利益的部分。旅游者购买某项产品，其最终目的并不是得到该产品的本身，而是要通过产品得到某种核心利益。例如，游客购买酒店客房是为了休息；游客购买餐饮是为了填饱肚子。核心产品一般是看不到、摸不着的，人们通过消费可以获得一定的效用和利益。它是旅游产品概念中最重要的部分，是旅游产品之所以能够进行交换的基础。

不同的旅游企业提供不同的核心产品，根据大类划分核心产品基本上可归纳为吃、住、行、游、购、娱六大类，从各个角度满足旅游者的需要。另外，在考虑核心产品时，还应该根据产品提供的时间、地点、对象等条件进行不同的设计。例如，同样为满足住宿的需要，商务游客与野营游客的要求不同；同样是提供矿泉水，沙漠旅行的游客与普通游客的认知也不一样。

2）有形产品

无形的核心产品需要有形的支撑才能方便卖给消费者。旅游产品的第二个层次就是形式层，它是核心产品的外在表现，是产品呈现在消费者面前的形态，主要包括产品质量、款式、颜色、包装、品牌、特点、风格以及服务展示。在市场上，消费者更多的是通过有形产品对各种产品加以比较和认识，因此开发稳定可靠、风格独特、包装精良且具有一定知名度的旅游产品对游客具有一定的吸引力。在有形产品的设计方面，旅游营销人员可以考虑各类环境因素及地方特色，使开发的旅游产品新颖、有特色。

【同步案例6-1】

极具特色的安缦酒店

总部设在新加坡的安缦居酒店集团是全球奢华度假酒店集团的典范，旗下的酒店数量不多（目前约20余家），但都极具特色和品位，成为当下极具魅力的酒店。在中国，安缦居酒店集团在北京与杭州分别开设安缦颐和与安缦法云，受到社会上层人士和外国游客的追捧。

- 安缦颐和

安缦颐和地处颐和园东门，犹如一座世外桃源毗邻着这座北京标志性的皇家园林。

酒店由一系列院舍结集而成,其中有些是有逾百年历史的建筑。安缦颐和的客舍及套房汲取了传统中国建筑的美学特征和与颐和园一脉相承的庭院风格,为整座酒店带来经典高贵的气氛。安缦颐和的设计在充分考虑了现代人对舒适性的需求的同时,保留了庭院的传统布局、材质及布料。在四合院中漫步,游客抬头便能看见颐和园古迹。虽然酒店只设有8间普通客房及10间庭院客房,但每个房间的布置都极为考究。地面以中国宫廷传统的金砖铺设而成,经特别打磨后更加光泽典雅,而外露的木质天花板则保留了传统屋脊的横柱韵味。25间套房配备了仿明朝风格的家具,虽然古香满屋,但由于加入了现代设计元素,套房整体设计既仿古,又不失新亚洲风格的现代舒适感。

- 安缦法云

安缦法云共有44间客房,以"18世纪的中国村落"为设计主题,保持了杭州原始村落的木头及砖瓦结构,从外观上看没有其他同等级酒店的奢华与磅礴,连服务员的工作服都使用了与村落极为合拍的土黄色。酒店不设电子门禁系统,也没有门卡,取而代之的是挂有门牌号及钥匙的竹节钥匙圈,给人以在杭州亲戚家小坐片刻,喝茶聊天的错觉。客房里的家具都是木头的,与自然融为一体。游客可以在安缦法云修身静心,享受不被打扰的生活。

问题:为什么安缦酒店能受到高端消费者的欢迎?

分析提示:安缦酒店的成功很大部分在于它的独特。与其他的五星级或超五星级酒店相比,安缦的产业总显得与众不同,与地方特色融于一体。安缦颐和结合北京皇城的庄严,给人以皇家的享受与氛围;安缦法云则结合杭州的幽静,彻底放松游客的身心,使之重返古朴的年代。这些都是很多其他同等级酒店所不能实现的。

3)附加产品

附加产品是指消费者在购买产品时所得到的附加服务与利益,主要包括提供信贷、免费接送、质量保证、购物折扣、信息咨询等,体现了产品的效用和可靠程度。在旅游产品的设计中,虽然只注重核心与有形产品也能将产品卖出去,但是随着市场竞争的加剧,附加产品在整体产品概念中的地位不断提高。旅游企业可以利用附加利益与附加服务提高消费者的满意度,使其设计的产品更受欢迎。

6.1.2 旅游产品的特征

旅游产品与其他产品相比既有共性也有自己的特点,概括来讲,旅游产品的特征可以用无形性、综合性、同时性、替代性、实效性与租借性来描述。

1)无形性

旅游产品具有无形性并不意味着旅游产品就是完全无形的。很多旅游产品是具有现实的形态的,如酒店提供的客房、饭店提供的餐饮、旅游景点的景观等。但是,不可否认的是,旅游产品的主体有很大一部分是由多种服务表现出来的无形产品,如接待服务、导游服务、餐饮环境等,且这个无形的部分往往受到消费者的重视和关注。此外,虽然动机、形式、内容各有不同,但是旅游者都有一个共性,即寻求精神上的愉快感受。这也从另一个方面证明除了有形物质以外,消费者更希望通过旅游产品获得无形的感受和体验。正因为如此,旅游企业在设计旅游产品时更应该重视无形的部分,重视旅游从业人员的培训,丰富旅游产品的内涵,努力提高旅游产品的品质,使旅游者的感受得以强化。

2)综合性

旅游者的需求多种多样,为了能从物质与精神层面更好地满足旅游者,旅游产品在生产过程中应配备吃、住、行、游、购、娱的相关配套。旅游产品的生产经营直接涉及的有餐饮业、酒店业、交通业、商业、农副业、建筑业、制造业等,还间接涉及海关、邮电、公安、银行、保险、医疗等行业。其综合程度是其他产品所不能比拟的。旅游产品的综合性要求旅游企业搞好与相关部门和行业的协调,在科学组合产品上下工夫。此外,旅游产品的综合程度高也从侧面反映了它的脆弱,相关因素稍有变动就可能给旅游产品销售带来波动。因此,旅游企业也应该充分认识到这一特性,尽量减轻负面影响。

3)同时性

很多产品是先生产后消费的,但是旅游产品的生产和消费常常发生在同一时空背景下。旅游产品在生产的同时,消费也即刻启动;消费结束时,生产也不再继续。这一特性使旅游产品与一般消费品表现出巨大的差异。在旅游产品的生产过程中,由于旅游者参与旅游产品生产,旅游企业的管理人员需要有效地引导旅游者正确地扮演他们的角色,鼓励并支持他们参与其中,使生产和消费和谐进行。另外,因为旅游产品生产和消费的同时性,使得消费者一般在消费前很难对旅游产品的品质作出评价,这就意味着旅游沟通和促销在消费者进行旅游产品购买的过程中会起到较强的推动作用,适当地对消费者加以引导将有利于他们对旅游企业产品作出选择和购买。

【同步思考6-1】

现场烹饪的诱惑

随着餐饮的发展,厨师不再是以往的幕后职业,他们更多地走到了台前,通过现场美食制作展示提升餐饮的艺术性和趣味度,使人们既饱口福又饱眼福。世界各大星级酒店如索菲特、丽思卡尔顿等都有引入中式、西式或日式的现场烹饪表演。通过这一做法,一方面,使消费者对于所使用的食物和配料有了更深的了解;另一方面,他们对于餐饮的享受也更加综合。烹饪现场所散发的香味更是激发了食用的激情,促进了餐饮企业的营运。

分析说明:现场美食烹饪是旅游企业在利用旅游产品生产与消费同时性方面的成功例子。将菜肴的后台制作过程放到前台,在单纯的餐饮食用的同时,丰富了视觉、味觉、嗅觉等感受,使之更为综合,促进了消费者的购买和享受。

4)替代性

旅游产品不是人们生活的必需品,它主要用来满足消费者的精神需求。但是,精神需求除了可以由旅游满足以外,还可以通过其他途径满足,如看电影、健身锻炼、教育学习等。如果旅游产品的吸引力不够强大,那么消费者很有可能转而购买其他的产品来替代。旅游产品的替代性还表现在旅游产品之间存在相互替代的可能。例如,环境优美、食物精良的新饭店替代死板经营的老饭店;设备齐全、服务温馨的新酒店替代渐渐衰败的老酒店;快速便捷、价格适宜的新交通工具替代相对缓慢且不方便的旧交通工具等。此外旅游产品的替代性还呈现季节性,初冬时节,我国相对温暖的南方旅游产品会在一定程度上替代北方旅游产品,成为消费者的主流选择目标。

5)实效性

一般的实物产品如果无人购买可以暂时储存起来,但是旅游产品却不一样,它具有很强的时效性,只有当消费者前来购买并现场消费,旅游产品才能实现其价值。不管是酒店的客房、飞机的座位还是旅游景点,今天是今天的价值,明天是明天的价值,不会因为今天无人购买,明天价值就会翻倍。正因为如此,旅游企业需要关注旅游产品的该项特性,在淡季时努力争取客源,尽量减少旅游产品价值的损失。

【知识链接6-1】

酒店如何提高客房入住率

作为旅游产品的一种,酒店客房也具有很强的实效性。为了能更好地实现酒店客房的价值,营销人员需要运用多样的手段进行销售,使其淡季不淡,旺季更旺。以下是酒店营销人员为提高客房入住率而使用的方法:

- 采取超额预订制;
- 采取奖励积分及会员制;
- 采用适当的价格优惠政策;
- 运用在线预订、手机预订、电话预订及其他高科技预订手段;
- 举办酒店节事活动,吸引顾客;
- 进行独特的酒店设计和客房设计以突显特色;
- 与知名且信誉优良的网站合作,进行客房的联网销售;
- 适时进行市场营销活动,建设良好的客户关系和公共关系。

6)租借性

大部分的旅游产品生产受到自然条件的限制,在地域上表现出极强的垄断性。旅游产品的这种地域性决定了在旅游产品的生产过程中,不可能将旅游热点地区的产品迁移到其他地区进行人工调配。与一般的产品消费不同,旅游产品本身并不发生运动,发生运动的往往是旅游者。另外,在交易过程中,大部分旅游产品的所有权并不发生转移。旅游产品的出售实质上不是一般意义上的买卖,而是租借。例如,旅游者购买了一张飞机票,他只是得到了从出发点到目的地的对飞机一个座位的使用权而已。

6.2 旅游产品组合

旅游产品可以单买消费,不过很多时候,消费者往往倾向于包价购买并消费,因此,旅游企业需要科学地组合产品,使之让消费者满意。

6.2.1 旅游产品组合的概念

旅游产品组合是由旅游经营者生产的、提供给旅游者的全部产品线的组合方式，是指旅游经营者根据经营目标、资源条件以及市场需求和竞争状况，对旅游产品线的广度、深度和关联度进行组合的过程。为了更好地理解旅游产品组合概念，营销者首先需要了解何谓旅游产品线以及旅游产品线的广度、深度和关联度。

- 旅游产品线：旅游产品线是指在产品功能、性质及价格等方面有一定的相似性，能满足同一类旅游需求的一系列旅游产品。例如，无论是豪华型还是经济型，无论是单间还是双间的休闲住宿产品，都属于同一条旅游产品线。
- 旅游产品线的广度：同一家旅游企业所经营的旅游产品线的数量称为旅游产品线的广度。
- 旅游产品线的深度：同一条旅游产品线所包含的产品种类的多少称为旅游产品线的深度。
- 旅游产品线的关联度：各旅游产品线在生产条件、销售渠道等方面可能存在某种关系，旅游产品线之间相互关联的程度称为旅游产品线的关联度。

6.2.2 旅游产品组合的技巧

为了能安排出消费者青睐的旅游产品组合，旅游营销人员需要掌握一定的技巧。通常，旅游者都比较重视出游时间的合理性、空间安排的科学性、适应需求的针对性、交通工具的舒适便捷性以及部分旅游产品的参与性。

1）出游时间的合理性

旅游产品组合中出游时间的合理性很重要。一方面，旅游营销者要充分利用有限的出游时间，为消费者提供丰富的旅游产品；另一方面，旅游营销者还要注意旅游品质的营造。切实可行、有张有弛、衔接流畅的旅游时间安排是消费者欢迎和期待的，充斥着误机误车、大量等待或行程匆忙的旅游产品往往让旅游者十分反感。

2）空间安排的科学性

空间安排方面，旅游营销者在进行产品组合时要注意空间安排的科学性，不疲于奔命，不走不必要的回头路，给人以条理明晰、有序渐近的感觉。在景点的选择方面，要突出特色，切忌类似和重复的出现。

3）适应需求的针对性

不同的旅游消费者由于其社会、文化、职业、风俗等方面的差异，他们对旅游产品的需求存在着或多或少的差异。营销人员在进行产品组合的过程中，应该充分考虑到该点，给消费者提供符合他们需求且对他们充满诱惑力的产品。例如，英美游客比较向往中国的历史文化，参观四合院、游长城等能引起他们的兴趣。

4）交通工具的舒适便捷性

在经费许可的条件下选择安全、快捷、舒适的交通工具是旅游产品组合所不可缺少的。交通工具可以根据路程的长短和条件作多样化的处理。例如，飞机、火车、大巴、轮船交替,使游客有不同的体验。另外,旅游营销人员在做产品组合时,可以考虑运用当地一些有特色的特殊交通工具,如沙漠地区的骆驼、草原地区的马匹、山区的索道、雪地的雪橇等,增加行程的吸引力。

5)部分旅游产品的参与性

随着旅游业的发展,单纯走走看看的观光旅游已渐渐不能满足消费者的需求。旅游者在消费旅游展品的过程中,不仅要求有丰富的游览环节,还要求有若干体验性的项目,使其可以更深入地了解旅游目的地的人文风俗。因此,旅游产品组合可以就部分产品推出互动活动,使之更受欢迎。

【同步思考6-2】

旅行社云南六日游行程安排

第一天	上海—昆明	中午飞机	自由活动	住昆明
第二天	昆明—大理	旅游车,火车	石林,七彩云南	住火车
第三天	大理	旅游车	三塔公园,蝴蝶泉,洱海游船,品三道茶,看歌舞	住大理
第四天	大理—丽江	旅游车	古城,自由活动	住丽江
第五天	丽江—大理—昆明	旅游车,火车	玉龙雪山,小索道,白水河	住火车
第六天	昆明—上海	下午飞机	鲜花市场	

以上是某旅行社安排的云南六日游行程,请结合旅游产品组合技巧加以点评。

分析说明:该旅游产品组合存在着一定的问题。首先,该行程在空间的安排上有不必要的回头路;其次,旅游产品在住宿安排方面五天中有两天住火车,不能给游客带来良好的睡眠;再次,旅游活动项目编排不科学,吸引力欠缺且充实性不够。

6.3 旅游产品经济生命周期及其营销策略

旅游产品与其他的动植物类似也会经历生长衰亡的过程。了解这一生命周期有助于旅游营销者制定合适的各阶段策略,使产品更好地满足市场要求。

6.3.1 旅游产品经济生命周期的概念

市场上的所有产品都不可能长盛不衰,从开发伊始,终有一天会退出市场的舞台,旅游产品也不例外。旅游产品经济生命周期也称寿命周期,是指旅游产品从投放旅游市场到退出旅游市场的全过程。一个完整的产品经济生命周期包括四个阶段,即投入期、成长期、成熟期和衰退期。每个旅游产品因为其品种和性状等因素的不同,经济生命周期的走向各有不同。不过,大多数旅游产品通常都符合典型的旅游产品经济生命周期曲线图(如图6-1所示)。

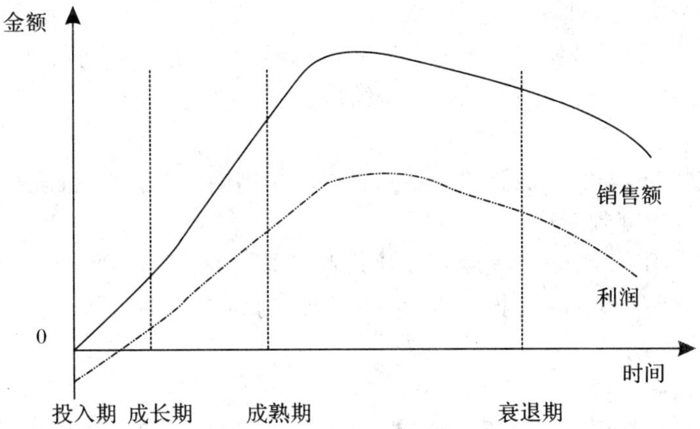

图6－1 典型的旅游产品经济生命周期曲线图

在旅游市场营销的实际中，在遵循类似典型的旅游产品经济生命周期走向之外，有些产品一进入市场就夭折了（如图6－2a所示）；有些产品进入市场后成长缓慢（如图6－2b所示）；有些产品在进入衰退期后采取了得当的措施又转而进入生命的第二春（如图6－2c所示）；还有些产品快速成长且急剧衰退（如图6－2d所示）。旅游产品经济生命周期的非典型形式是多种多样的。

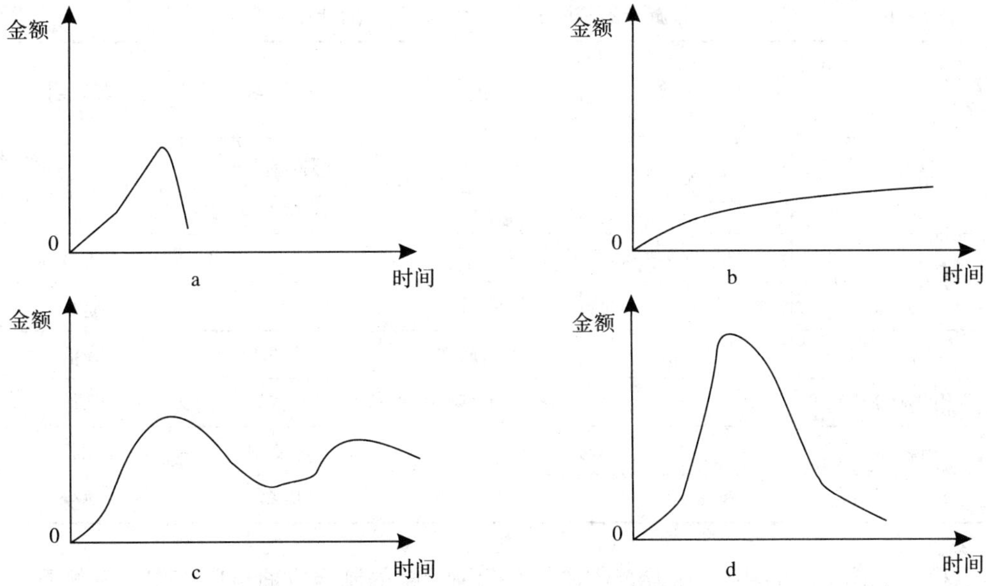

图6－2 非典型的旅游产品经济生命周期曲线图

6.3.2 旅游产品经济生命周期各个阶段的判断

旅游产品经济生命周期的判断没有统一的标准，也没有定量的模型。但是营销人员可以通过分析产品的特点定性地加以判断。以下是营销人员可以参考的四种常用方法：

• 经验判断法

经验丰富的营销人员凭借个人的市场知识和经验,依据产品进入市场后销售额的变化来判断产品处于经济生命周期的哪一个阶段。

• 类比判断法

根据之前进入市场的类似旅游产品的经济生命周期,作出类比推理和判断。

• 社会普及程度判断法

根据一定范围内社会普及程度判断该产品在该地区市场上所处的经济生命周期阶段。通常普及率小于5%的为投入期;5%~50%的为成长期;50%~90%的为成熟期;90%以上的为衰退期。

• 销售增长率比值法

借助一些经济指标进行分析,以横坐标为时间,ΔT表示时间的改变量;以纵坐标为销量,ΔQ表示销量的改变量。当$\Delta T/\Delta Q$的比值介于0与1%之间时产品处于投入期,大于10%时处于成长期,在1%至10%之间时处于成熟期,小于0时处于衰退期。

6.3.3 旅游产品经济生命周期各个阶段的特点和营销策略

处于经济生命周期不同阶段的旅游产品会呈现出与之对应的不同特点。通常,这些特点可以通过销售额、利润、成本、价格、市场认知度、顾客类型、竞争者数量等来体现(如表6-1所示)。

表6-1 旅游产品不同经济生命周期阶段的特点

阶段 特点	投入期	成长期	成熟期	衰退期
销售额	低	迅速增长	缓慢增长/ 平稳回落	快速下降
利润	低或亏损	迅速增长	较高	低或亏损
成本	高	降低	低	提高
价格	高/低	适当调整	降低	降低
市场认知度	低	较高	高	降低
顾客类型	先锋型	大众型	普及型	怀旧型
竞争者数量	很少	增多	最多	减少

根据上述不同的特点,旅游企业在各类营销策略的制定方面也应该作出有侧重的调整,使之符合旅游产品在该阶段的发展。

1)投入期相应营销策略

投入期是旅游产品刚刚投放市场的初始阶段,存在着较大的市场风险。只有顺利地通过该阶段,产品才不至于过早夭折,后续的发展和盈利才能实现。针对该阶段的特点,旅游企业在制定营销策略时最主要是突出"快",具体体现在:

- 快速进行产品定型、产品完善和稳定，提高管理水平和服务质量，建立健全各项制度；
- 快速利用各个渠道打通销路，选择合适、得力的中间商，制定有吸引力的中间商政策，获得中间商的支持；
- 进行积极的产品造势和推广，加大促销力度，施以有效的刺激手段，使消费者熟悉、信赖进而购买旅游产品，抢先占领市场，尽快收回资金和取得效益。

在定价方面，旅游企业通常要综合考虑产品促销投入和产品销量等因素，作出策略选择。通常在旅游产品投入期的定价策略有以下四种：

(1)快速取脂策略。该策略即走高价高促销路线，以较高的价格配合大规模的促销进入市场，一方面可以提高产品的市场形象，另一方面有助于及时收回投资或赚取较高的利润。这种策略适合产品知名度不高，潜在消费者对价格不敏感且消费水平较高，旅游产品本身有趣、有特色、有优势的情况。

(2)缓慢取脂策略。该策略即走高价低促销路线，以较高的价格进入市场，但不做大量的促销宣传，在获取更多利润的同时降低新产品的销售费用。这种策略适合产品已有一定的知名度且市场规模有限，旅游产品质量好且具有一定的垄断性，潜在竞争对手较少的情况。

(3)快速渗透策略。该策略即走低价高促销路线，以较低的价格加上较大的促销力度将产品快速推向市场，力求在最短的时间内提高产品的市场占有率。采取该策略的市场条件通常是市场规模大，消费者对价格敏感，竞争威胁较大，旅游企业可以通过销售量的上升降低单位产品的成本。

(4)缓慢渗透策略。该策略即走低价低促销路线，以低价和少量促销支出推出新产品，在扩大销售的同时减少营销支出，增加利润。采取这种营销策略一般要求市场规模大，产品具有一定知名度且需求弹性大，消费者对价格敏感，有一定的潜在竞争者但威胁不大。

2)成长期相应营销策略

旅游产品投放市场经过一段时间后，进入第二个阶段，即成长期。在这一时期，旅游人数高速增加，竞争者逐渐增多。旅游营销要求在维持销售增长的同时进一步占领市场，抵御竞争。旅游企业针对该阶段的特点，在制定营销策略时最主要是突出“好”，具体体现在：

- 进一步提高旅游产品质量及服务质量，改善功能，增强企业接待能力，增加旅游产品可选范围，提供更多的旅游服务项目，形成自己的特色及与竞争产品的差异。
- 适当调整价格，若前期价格较高，随着成长期销售量上升、成本下降，可以适当降低价格，吸引消费者并抵御竞争；若前期价格较低，可以适当提高价格，以提升产品形象。
- 完善分销渠道，扩大市场区域范围和分销网点，加强销售渠道管理，做好渠道成员间的协调，采取多种销售方式并增加新的销售渠道。
- 改变广告宣传重点，宣传促销应由介绍旅游产品转为树立产品形象，宣传产品特色，提高产品知名度，增加消费者对旅游企业和产品的信任感和偏爱度。

【同步案例 6-2】

A 酒店的诚意与态度

A 酒店是一家建立不久的五星级酒店。在客房销售良好的情况下,为了进一步拉拢消费者,进而达到快速成长、抵御竞争的目的,酒店在成长期拿出自己的诚意并表明态度,将原本的普通香皂换成酒店特供的品牌蜂蜜皂;将赠送入住客人的"欢迎巧克力"由一块增加为两块;增加客房摆放的鲜花;完善沐浴产品的提供,增加润肤乳等产品。虽然成本增加了一点,但客人满意度大为上升,回头客数量增加,市场地位进一步巩固。

问题:为什么 A 酒店能持续受到消费者的欢迎?

分析提示:A 酒店在成长期很好地贯穿了"好"的营销策略。在原来的基础上,提高旅游产品的质量和品质,完善服务与功能,使之受到消费者的持续欢迎和好评,巩固了自己的市场地位。

3)成熟期相应营销策略

在成熟期,旅游产品基本定型,市场销售也基本稳定,市场竞争最为激烈。该时期是旅游企业获利的黄金期,若尽量延长其长度,可为企业带来可观的收益。针对成熟期的特点,企业的营销策略可以围绕"改"来展开,以确保已有的市场占有率并巩固有利的竞争地位。

- 在创品牌保名牌的基础上,努力改革旅游产品和服务,在吃、住、行、游、购、娱等方面全面满足消费者需要的同时,注重员工培训和服务素质的提高,积极开发旅游产品的新功能,以便进行产品再推出,使原本成熟的产品更添新意,增加消费者的购买兴趣;
- 刺激老顾客,提高购买频率,通过改进广告内容,举行节庆活动等方法,进一步挖掘市场潜力,增加销售量;
- 重新定位产品,在深度与广度上开发、改革市场,开辟新的细分市场,寻求新买主;
- 进行营销组合改革对原有的组合因素进行调整,进一步开发渠道,扩大旅游产品销路,调整中间商政策,适当调整产品价格;
- 适当改进广告宣传,适当修改广告内容,突出特色与吸引力。

4)衰退期相应营销策略

旅游产品在经历成熟期后就进入衰退期。由于消费者兴趣的转移,导致产品的销售量下降,经营成本上升。在该阶段,旅游企业的营销策略重点是收缩市场面,围绕"撤"做文章。企业可以采用立即放弃策略,对没前途、无法挽救、给企业带来亏损的旅游产品作出果断结束的处理;企业可以采取逐步放弃策略,在选择放弃的同时,及时推出新产品进入新一轮循环;企业可以采取集中市场策略,收缩战线以减少促销和渠道费用,把主要资源用于尚有利可图的市场;另外,也会有少数企业选择持续营销策略,坚守阵地,等竞争者纷纷退出,市场上仍有"怀旧型"旅游者存在,可持续一段时间后再退出或等待新的复苏。

6.4 旅游新产品策略

旅游产品的经济生命周期理论告诉我们任何旅游产品都有被市场淘汰的一天。面对不断变化的消费者喜好、技术进步和竞争状况,旅游企业应善于开发和管理新产品。

6.4.1 旅游新产品的概念

旅游新产品是指与现有产品相比较，在原理、构成、方法、手段等方面有显著改进和提高，并在一定市场范围内首次投放和使用，能给消费者带来某种新满足和新利益的产品。旅游新产品有着较为广泛的含义，即可能是与众不同的全新产品，也可能是局部改进与创新的产品。根据其新颖程度，旅游新产品通常可以分为四类：

1）全新旅游产品

全新旅游产品即采用新原理、新设计、新方法生产的市场上前所未有的旅游产品。比较而言，全新的旅游线路的设计并不是太难，一些新的服务项目的创意也容易做到，但实物形态的全新旅游产品设计往往有一定难度。

2）换代新产品

换代新产品是指在原有产品的基础上，采用或部分采用新技术、新设计、新原理或新方法等，创造出的新产品。例如，将小旅社换代为星级宾馆；将原本的大众旅游线路升级为更多活动和内容的高端产品等。

3）改进新产品

改进新产品是指对原有产品的局部加以改进而不进行重大改革所设计的旅游产品，如在旅游线路中增添若干个新景点。

4）仿制新产品

仿制新产品是指旅游企业仿制市场上已有的新产品，有时在仿制过程中可能有局部的改进或创新，但基本原理或结构是一样的。在此过程中，企业需要避免侵权问题，过度模仿也会使自己丧失风格。

6.4.2 旅游新产品的开发理念

在旅游新产品的开发过程中要有正确的理念作指导，通常旅游产品资源导向型与旅游产品市场导向型是较为常见的两种理念。前者以旅游资源考察与评价作为产品开发的第一项准备工作，先是考察本地有什么资源，继而对资源进行评价，再分析市场的需要，然后对资源进行功能开发。资源导向型较为重视自身资源，产品最后依托的对象往往会是本地价值最大且公认的资源。后者则以市场调查和分析作为产品开发的第一依据，重视竞争因素调查和分析，最后建立起差异化的产品竞争优势，产品依托的对象有可能不是本地价值最大的资源。两种开发理念相比较，后者更符合时代的旅游产品开发要求，能在一定程度上避免资源的近距离重复建设，有利于我国旅游产品的升级换代，实现多元化、深度的发展，并充分发挥资源的空间互补效应，规避竞争因素，形成旅游资源的大整合。采用市场导向型的开发理念，旅游营销者更为关注目标市场与定位。由于旅游产品是针对目标市场设计的，产品定位与目标市场沟通往往比资源导向型的产品更为有效，传播更有针对性。

【知识链接 6－2】

蒙顶山旅游产品开发

蒙顶山旅游区坐落在四川省雅安市名山县境内，海拔 1 456 米，紧傍成雅高速公路和 318 国道。东与成都毗邻，距成都市区 110 公里，西接雅安，距雅安市区 5 公里，距名山县城仅1公里,是四川省首批省级风景名胜区。

蒙顶山因“雨雾蒙沫”而得名,这里常年雨量达2 000毫米以上,故称“西蜀漏天”。因山高雨多而形成云多、雾多的景象。春夏秋季,从山巅俯瞰,云雾飘浮于山岭沟壑之间,小山浮露,恰似仙山琼阁。冬季从山下仰观,冰丝雪挂,山冈云绕,亦真亦幻。这里夏无酷暑,冬无严寒,常年雨水充沛,四季云雾缭绕,温差适度,气候宜人,是万物生长、人类生存的风水宝地。

综合而言,蒙顶山的主要旅游资源可以概括为四大块,即山水风光、宗教文化、茶文化与红色革命资源。在开发过程中,虽然蒙顶山的宗教文化资源非常丰富,但是营销人员考虑到四川境内的其他竞争对手(峨眉山与青城山)的实力与知名度,最后并未将其作为最主要的对象加以塑造,而转向茶文化。蒙顶山景区是世界茶文明的发祥地之一,是茶马古道的起点。且就市场而言,四川人喜欢喝茶品茶的生活。以茶文化为中心,附带开发山水风光、宗教文化与革命资源,使蒙顶山景区有了较好的发展。

6.4.3 旅游新产品的开发程序

旅游新产品的开发有着较高的失败率,其原因之一就是不合理的开发过程。为了能真正设计出质量好、品质与价值兼备的旅游产品,营销者可以循序渐进地遵循以下8道开发程序,即形成创意、筛选构思、形成概念并测试、拟订营销计划、业务分析、产品开发、市场试销、正式上市(如图6-3所示)。

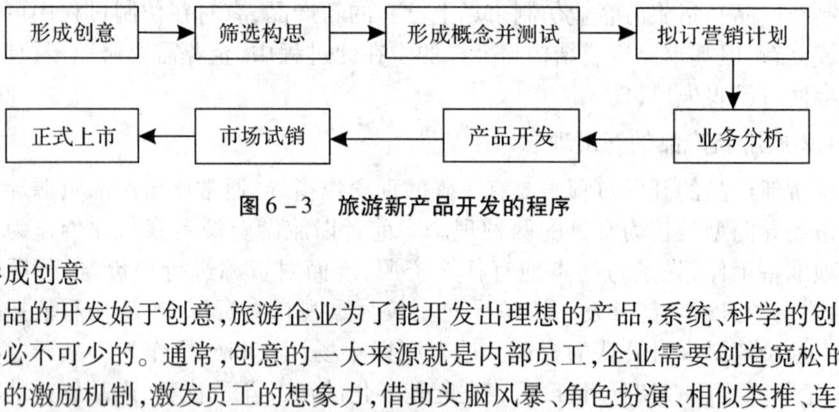

图6-3 旅游新产品开发的程序

1)形成创意

新产品的开发始于创意,旅游企业为了能开发出理想的产品,系统、科学的创意激发与收集是必不可少的。通常,创意的一大来源就是内部员工,企业需要创造宽松的环境,构建必要的激励机制,激发员工的想象力,借助头脑风暴、角色扮演、相似类推、连接联想等多种方法,倡导员工提出创意,并使之与产品开发相结合。此外,旅游消费者、同行竞争者、旅游中间商、市场调研公司、会展活动、行业杂志等也是创意的来源。

2)筛选构思

在大量创意的基础上,企业开发新产品的第二步就是创意筛选,去粗取精,将有价值、可行性强且与企业发展目标相符合的优秀创意挑拣出来。在此过程中,筛选人员的素质很重要,旅游企业可以采用多层结合的方式,将高层领导、员工代表和行业专家组合起来,进行科学有效的筛选,减少工作失误。

3)形成概念并测试

新产品开发不能仅限于构思状态,需要升华成现实产品。形成概念并测试是新产品开发的关键环节之一。不同的创意会形成不同的新产品概念,相同的创意也可能形成不同的新产品概念。

旅游新产品概念测试是对若干目标顾客群组进行的,通常采用文字、图像、模型、多媒体等形式,将旅游新产品的特点、功能和结构等尽可能完整、系统地展示给被测试的目标客户。通过概念测试,旅游企业可以吸收目标顾客对新产品功能、质量、结构、品牌、价格等方面的意见,进一步完善新产品概念,使推出的产品更符合旅游消费者的需要。

4)拟订营销计划

为提高旅游新产品的市场成功率,旅游企业在形成新产品概念并测试后,就要制订相应的营销计划。该时期的营销计划是初步的,比较粗线条,随着新产品开发进程的加深还将继续完善。旅游新产品的初步营销计划包括目标市场及其规模与潜力、市场定位、产品价格、利润目标、分销渠道、促销策略等。

5)业务分析

业务分析是指考察新产品的预计销售额、成本和利润,以便查明它们是否满足企业的目标。企业可以分析市场上类似产品的销售情况,以此推导企业所推出新产品的预计销售额,也可以通过消费者调查来进行。在销售额预测的基础上,企业可进而就成本和利润作出预测,以考察新产品的盈利能力。

6)产品开发

在业务分析之后,企业可进入新产品的开发阶段,将概念产品发展成为实体产品,使之具有商业价值。由于旅游产品具有很强的无形性,服务产品占有很大比例,所以产品开发更多地需要考虑服务技能所能达到的水平及旅游者兴趣变化的趋势。企业在这一阶段可以小范围地展开试用,选取较有代表性的顾客,如行业专家、目标消费者、同行及相关企业代表等,进行试用,他们的意见和想法对新产品的开发有很大帮助。

7)市场试销

完成产品开发,企业还不宜大量生产,可先将旅游新产品及配套营销方案拿到真实的市场环境中去检验。通过试销,企业可以进一步了解消费者对产品的偏好及对质量、价格、销售渠道和促销等多方面的意见,及时发现缺陷。如若该旅游产品成本较低且企业对其很有把握,则可跃过试销环节,直接投放市场,抢占先机。

8)正式上市

经试销成功的新产品可以正式上市,成为处于投入期的产品,进入商业化过程。新产品参考投入期的特点,往往会发生一定程度的亏损,这是正常现象。营销人员此时的任务就是将亏损控制在一定范围内,并尽快转亏为盈。

【职业道德与企业伦理6-1】

旅游开发与环境保护

企业或政府对自然环境进行旅游产品开发时要以不破坏自然资源和生态平衡为基础。这样既可以提高资源的利用价值,又可以推动相关产业的发展,形成良性循环。目前自然资源和生态系统破坏的主要问题为大气污染、水体污染、资源退化、物种威胁等。企业和政府在开发过程中需要科学合理规划,加强管理和法制,提高管理人员素质和水平,引进先进技术和设备。

问题:为什么旅游产品开发需要注意环境保护?

分析提示:旅游企业开发产品注重环境保护不仅可以提高资源价值,还可以积累资金,用于环保工作,促进利润的增加,推动相关配套产品的发展,因此企业和政府需要重视环境保护。

6.5 旅游产品品牌及其策略

品牌是产品很重要的一个组成部分,也是旅游企业珍贵的无形资产。在竞争激烈的市场环境中,重视品牌知名度、美誉度,塑造品牌形象,经营品牌价值是每家旅游企业的重任。

6.5.1 旅游产品品牌与商标的概念

旅游企业与其他企业一样,也实行旅游产品品牌化策略。所谓品牌,就是一种名称、术语、标记、符号,或是一种设计,或是它们的组合应用,其目的是借以辨认某个或某群销售者的产品和服务,并使之同竞争对手的产品或服务区分开来。通常,品牌由三部分组成,分别为品牌名称、品牌标志和商标。

- 品牌名称指品牌中可以用语言表达的部分,如迪士尼乐园、索菲特酒店等。
- 品牌标志指品牌中可以识别但不能用语言表达的部分,一般用特定的符号、图案或色彩表示。
- 商标则是经注册的品牌或品牌的一部分。商标是受到法律保护的,企业对其具有专用权。

6.5.2 旅游产品品牌的作用

旅游产品品牌主要起到识别作用,具体包括如下内容:

1)表明属性与品质

品牌可表明旅游产品的内在属性,比如某四川餐厅、某商务宾馆等,前者代表该餐厅提供以四川菜为主的餐饮服务,后者表示该场所可以为消费者尤其是商务客人提供住宿服务。此外,品牌也可以传递一定的品质,如万豪酒店及度假村、地中海俱乐部等都是全球享有较高声誉的品牌。消费者可以通过品牌了解该产品品质。

2)表明利益和价值

旅游产品品牌象征着带给消费者的利益和价值。如同样是餐饮,快餐、自助餐与高星级酒店餐厅用餐代表的利益和价值各有不同。此外,品牌本身也是企业的无形资产,一个成熟且具有相当知名度的品牌通常都价格不菲,有些甚至价值连城。

3)表明文化与个性

旅游产品品牌名称及品牌标志可以通过听觉、视觉等多个方面传递其内在文化与个性,如字体形式、图案标志的灵动活泼、庄严典雅或简洁大方都传递着不同的产品信息。

4)维护拥有者的利益

品牌注册成为商标后即受到法律的保护,具有排他性,未经拥有者授权,别人是不能使用的,有利于保护品牌形象和拥有者的权益。

6.5.3 旅游产品品牌策略

品牌策略是企业产品管理的一个主要方面。旅游企业常用的品牌策略有品牌延伸策略、多品牌策略和改变品牌策略。

1)品牌延伸策略

品牌延伸策略是指企业利用其成功品牌的名声来推出改良产品和新产品。在旅游行业中,这样的例子有很多,比如欧洲的郁金香酒店集团将旗下品牌延伸成为郁金香、金郁金香及皇家郁金香。采用品牌延伸策略的好处就是改良产品和新产品的推出有一定的品牌基础,市场认知度比较高,可以节省促销、沟通费用,也可以节省品牌设计和推广的费用。但是,该策略也会有一定的风险,所谓"一荣俱荣,一损俱损",如若产品中的其中一项出了问题,那么因为品牌延伸的关系,消费者往往会对其他产品也持怀疑态度,进而减少购买,使整条品牌线的产品受到影响,品牌辛苦经营的知名度和美誉度都会受损。通常,只有在品牌知名度较高,声誉已稳固建立的基础上,改良产品和新产品才会使用品牌延伸进行提携。同时,品牌延伸的各产品之间就质量、形象、档次等方面还应该有较强的一致性,须避免参差不齐的现象。

2)多品牌策略

多品牌策略是指企业同时经营两种或两种以上相互竞争的品牌,如温德姆国际旗下的酒店品牌分别有温德姆、速8、戴斯、华美达、豪生、骑士、温格特等。多品牌策略与品牌延伸策略正好相反,其最大的好处就是根据不同的旅游产品特点和目标市场设计不同的品牌,带给旅游者不同的利益,在提高市场吸引力、有助于多元竞争的同时,很好地避免了"一损俱损"的风险,即便是公司其中的一个产品出现问题,消费者也不会做过多的联想。但是,多品牌策略在沟通、促销以及品牌推广的费用方面没有优势,品牌增多,花费也就随之上升,同类产品的竞争和挤兑也会更加激烈。通常,采用该策略的旅游企业需要有较强的经济实力,能承受较高的宣传、促销费用;企业产品和服务类型较多,规模档次丰富且目标市场各不相同。

【同步案例6-3】

法国雅高集团的酒店品牌

总部设于巴黎的法国雅高国际酒店集团(简称雅高集团)是欧洲酒店业的领导者和全球最大的酒店管理集团之一,也是全球最大的企业服务集团之一。经过四十多年的不懈努力,现已在全球约90个国家和地区建立了4 000多间酒店,经营品牌包括索菲特(Sofitel)、铂尔曼(Pullman)、美憬阁(MGallery)、美爵(Grand Mercure)、诺富特(Novotel)、美居(Mercure)、套房酒店(Suitehotel)、阿达吉(Adagio)、全季(All Seasons)、宜必思(Ibis)、第6汽车旅馆(Motel 6)、第6公寓(Studio 6)、伊塔普(Etap Hotel)和一级方程式酒店(Hotel F1)等,从经济型到豪华型,涵盖了全系列不同档次的服务,满足不同需求层次顾客的需要。

问题:雅高集团为什么可以采用多品牌策略?

分析提示:雅高集团经济实力雄厚,规模庞大,可以在配套条件上支持多品牌策略。另外,公司旗下的品牌档次、类型较为多样化。例如,索菲特定位为具有世界水准的豪华五星级酒店;铂尔曼是高级商务酒店;美憬阁是高级休闲特色酒店;阿达吉是公寓式酒店;全季为个性化经济型酒店;宜必思为统一标准的经济型酒店;第6公寓是简易型旅店等。

3)改变品牌策略

改变品牌策略一般并不多用,因为品牌从开发到稳固建立需要花费大量的投入,在可以挽回的情况下企业会尽量加以施救。不过,有时原先的旅游产品品牌出现了严重的问题,得不到消费者的认同,在目标市场上也失去了欢迎度,甚至品牌认知已受到了扭曲,此时,旅游企业可以考虑适应新的市场形势,改变原有品牌。

【情境模拟6-1】

场景:随着生活条件的改善,小学生出游日渐增多,假期小学生或参加集体组织的团体旅游或进行家庭出游。请结合本地区小学生旅游市场进行调研,并在此基础上,运用旅游产品组合、开发等知识,设计符合小学生假期出游需求的旅游产品。

操作:学生随机组合成为产品设计营销团队,开展市场营销,深入了解本地区的小学生旅游市场需求,分析现有的旅游产品优劣,结合旅游产品开发、组合技巧,设计适合小学生假期出游的旅游产品,并说明设计理由,在班级中进行产品交流。

知识题

6.1 旅游产品整体概念包含哪三层含义?请举例说明。

6.2 旅游产品经济生命周期各阶段的特征各是什么?应分别采取怎样的营销策略?

6.3 旅游新产品有哪几种?其开发程序如何?

实务题

在情境模拟6-1的小组成果基础上,请为所设计的小学生假期旅游产品设计投入期市场营销策略。

案例题

2001年,北京海洋馆导入酒店经营理念,摒弃了“养鱼卖票”的经营模式,开始承接公司会议,举办节事活动,使自己声名远播。

2001年年底,该馆策划了“超乎想象的圣诞夜”活动,有3 000多名中外游客在瑰丽奇特的皑皑人造雪景和海洋鱼类的欢腾中度过了难忘的一夜。这一大型活动的成功举办使北京海洋馆从此声名鹊起,进而吸引了大量公司来此举办会议和活动。

因为海洋馆拥有星级酒店或大型会议中心所不具备的特色,北京的会议公司及公关公司对它十分关注,虽然场地价格与五星级酒店无异,但仍有不少回头客光顾,年末旺季甚至可以用“待价而沽”来形容。

在海洋生物的陪伴下，人们之间的距离可以瞬时拉近。许多公司的年会选择在这里举办，老总们脱去了西装革履，与普通员工们一起以休闲的心态共同体会海洋之美，创造出轻松融洽的气氛。

问题：北京海洋馆在产品设计方面有何可取之处？

分析提示：在千篇一律的"养鱼卖票"的主流经营中，北京海洋馆尝试了不同的旅游产品和服务，将会务与大型活动承办引入自己的业务，通过突显产品的特色，使之与众不同，从而得到消费者的青睐。

资料来源：张云中. 2004 - 07 - 04. 北京海洋馆：魅力商务空间[N]. 国际商报.

实 训 题

实训项目：目前，新马泰一线的旅游产品已经相当成熟，为了使之能长久停留在成熟期，请给出旅游企业相应的旅游产品营销策略。

实训目的：通过实训，使学生能综合掌握旅游产品经济生命周期理论，并能将其与实际的工作结合起来，活学活用。

实训步骤：本实训可以通过以下步骤实现：①随机组成工作小组，了解新马泰一线旅游产品的现状；②根据旅游产品经济生命周期理论及相对应的营销策略，灵活地给出科学的策略；③小组制作 PPT，将成果在课堂上进行汇报。

实训成果：本实训最终成果为：小组 PPT 展示。

第7章 旅游产品的定价策略

学习目标

知识目标：了解影响价格的因素；掌握旅游企业定价方法；熟悉定价策略的使用条件和特点。

能力目标：能够运用成本、心理、市场需求、竞争者导向定价策略为旅游产品制定合适的价格。

素质目标：具备运用旅游企业价格策略的相关理论进行营销决策的职业素质。

【引例】

厦门一元特价菜无人喝彩

2004年6月，厦门市一些餐饮企业推出了“一元虾”、“一元鱼”的餐饮“特价风暴”。为了解餐饮特价策略的市场反应，厦门日报某记者对此进行了实地探访。某日下午6时10分，记者来到火车站附近一家临街的餐饮酒楼，酒楼门前挂着“餐饮特价风暴：虾1元/每斤、鲈鱼1元/条、扇贝1元/只，在大厅就餐啤酒买一送一”的大红条幅。记者乘电梯上到二楼餐厅，发现自己竟然是餐厅的第一位顾客。该酒楼就餐环境不错，服务热情周到，但实惠的价格和热情的服务却没有引来如潮的顾客。从6时15分记者进入餐厅至7时20分离开，连记者在内，20多张桌子只坐了3桌共6位客人。

500克活虾1元钱，可以说是该市餐饮界的超低价，但特价风暴为什么没有给酒楼带来众多的顾客呢？据分析有以下原因：第一，该酒楼刚开业不久，投放的广告不多，知名度不高。第二，该酒楼提供的菜肴虽有闽菜、川菜、湘菜等菜系，但特色菜肴不多。第三，该酒楼门前正在修路，顾客进出不太方便，这对生意有一定的影响。第四，大部分市民对部分产品优惠方式一直半信半疑。他们认为羊毛出在羊身上，商家会直接把特价菜的成本加到其他菜肴或者服务项目上。

在餐饮界，低廉的价格虽然是吸引消费者的关键因素，但却不是唯一因素。一个旅游企业价格的制定需要考虑各个方面的要素，比如成本水平，企业的信誉、知名度，产品功能特色等。此外，宣传也要做到位，促销内容要让消费者明了，不然，就会像这家酒楼一样，顾客疑虑重重，导致利润下降。

资料来源：魏敏. 2005. 旅游市场营销[M]. 长沙：中南大学出版社.

旅游价格策略是旅游市场营销策略的重要内容。任何产品在投放市场之前都要确定一个价格,旅游产品也不例外。但由于旅游产品有自身的个性,旅游价格策略也要与之相符。

7.1　旅游产品定价概述

7.1.1 旅游产品价格的概念

旅游产品价格是指旅游者为满足自身旅游活动的需要而购买旅游产品所需支付的货币量。旅游产品通常是一种综合性的消费组合,游客可以根据自己的需要,购买整体旅游产品或单个旅游产品。与之相对应,产品价格形式可以分为旅游包价和旅游单价两种。所谓旅游包价是指在旅游过程中,旅游者通过旅游产品零售商购买的满足其全部旅游活动所需的旅游产品的价格。这个价格包括了所有单项旅游产品的总成本以及旅游零售商、批发商的经营成本和利润。但有的旅游者喜欢购买旅游活动中某项单独的产品,这种产品的价格就称为单价,如旅游交通的费用、餐饮产品的价格、酒店住宿的价格等。

7.1.2 影响旅游产品定价的因素

旅游产品的价格一方面直接影响到旅游者的需求以及购买行为,另一方面对旅游产品的销售和利润也产生直接影响,所以旅游企业在考虑定价问题时要慎之又慎。为制定适当的旅游产品价格,营销者首先应对影响价格的因素进行分析,实质上就是对影响旅游市场供求关系的诸多因素进行调查研究。(如图7－1所示)

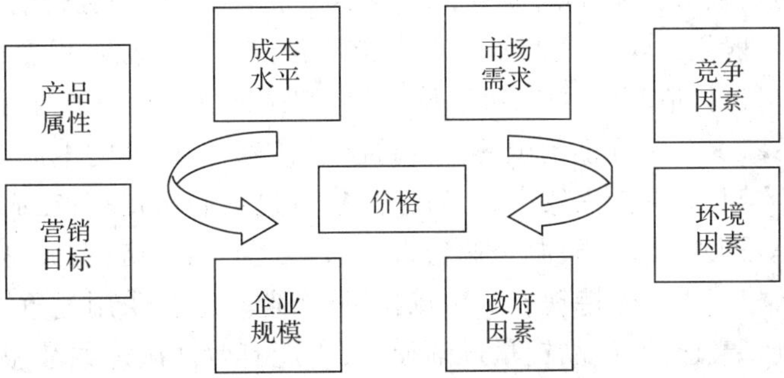

图7－1　影响旅游产品定价的因素

1)内部因素

旅游企业内部影响产品定价的因素主要包括成本水平、营销目标、产品属性、企业的规模实力等。

(1)成本水平。旅游产品的成本水平直接影响到其市场价格。成本决定了旅游产品价格的最低限度。旅游产品的价格必须能够补偿旅游产品生产、分销、促销的全部支出,并且还能补偿旅游企业为旅游产品承担风险所付出的代价。由于旅游市场的季节性十分明显,导致价格成本波动也会很大,因此有成本优势的旅游企业往往可以制定出更具吸引力的价格。通常,旅游产品的成本可分为四大类,即固定成本、变动成本、总成本和平均成本。固定成本是不随产品产量和销量的变动而变化的费用支出,如房租、折旧费用、员工的基本工资等;变动成本刚好与固定成本相反,它会随着产量的变动而变化,如酒店的一次性低值易耗品、食品的原材料、水电的消耗等;旅游企业的总成本等于总变动成本与总固定成本之和;平均成本是单位产品所分摊到的总成本。

【同步思考 7-1】

航班售价的设定

某航班马上就要启程了,飞机上还有若干空座尚未售出。为了能尽可能多地搭载乘客,收回成本,航空公司推出了 25 元的票价。作为营销人员,请考虑此举是否适当。

分析说明:不太适当。定价需要考虑该趟航班中每个座位的变动成本水平,也就是每增加一位客人航空公司所需耗费的运营费用支出,其中包括飞行中提供食品的成本、油耗费用等。如果每个机位所收取的价格费用超过了平均变动成本的话,余下的收益则可以摊销总的固定成本费用,从而达到收回总成本的目的。否则,出售越多会使企业亏损越大。

(2)营销目标。旅游企业的营销目标决定了产品的价格水平。旅游企业的营销策略大体上确定了旅游企业的定位和目标市场类型,从而从根本上决定着企业的定价目标。如有些旅游企业为了扩大市场占有率,在定价时会尽可能地压低市场价格;有些旅游企业强调产品质量,定位高端市场,产品定价就会比较高。

(3)产品属性。旅游产品本身的属性直接影响到定价策略的选择。首先,旅游产品具有易逝性的特点,大多是无形的服务,不能保存而且季节性很强,因此该类产品损耗大、风险大,定价一般会比较高。其次,定价与旅游产品本身的独特程度有关。特色鲜明的旅游产品往往可以打造品牌效应,吸引旅游消费者的注意,有利于与竞争对手相区别,满足消费者需求,减少其对价格的敏感性。再次,旅游产品所处的生命周期阶段也会影响价格。如在投入期,成本投入较高,旅游产品售价也会有所提高;在成长期,成本费用大幅下降,市场销量大幅上升,旅游企业通常会适当地下调价格;在成熟期,市场竞争加剧,维持原有的价格就很难保持现有的市场份额,企业一般会采用竞争性的低价策略巩固市场占有率;到了衰退期,产品销量逐渐疲软,不能有效地满足顾客需求,公司可能采取大幅降价策略,以尽快回收积压的资金和成本。

(4)企业的规模实力。在制定价格时,营销人员还需考虑企业的规模和实力,如雄厚的资金实力、显著的规模优势、良好的企业声誉,能为旅游企业在定价方面创造更为广阔的空间。

2)外部因素

影响旅游企业产品定价的外部因素主要包括市场需求状况、竞争因素、环境因素以及政府及法律因素等。

(1)市场需求状况。市场需求状况是指市场的供求关系情况。如当旅游行业正处在销售旺季,也就是卖方力量占主导地位时,产品市场价格会呈现上涨的趋势;反之,旅游产品供过于求，价格会出现回落。针对旅游市场供求关系变化的周期，很多景点景区、旅游服务接待企业纷纷出台了淡旺季浮动价格，以平衡旅游市场的供求差异。另外，市场需求状况还包括需求群体对旅游产品价格的敏感程度。不同的需求群体对产品的价格敏感度是不同的，针对那些需求价格弹性很大的消费者，旅游企业最好奉行"薄利多销"的原则，用低价来刺激需求取得较好的整体回报。

(2)竞争因素。旅游产品的定价高低还要取决于市场竞争的程度。市场竞争越激烈，对产品价格的影响也就越大。通常，旅游企业在定价时，成本因素决定了产品售价的底线，旅游者的消费能力决定了产品利润的最高限度。但是产品价格在其中究竟会如何波动，很大程度上取决于市场竞争的程度。

(3)环境因素。旅游企业在制定价格的过程中还需要考虑各种宏观环境因素的影响。具体来说，旅游企业对于目标市场所在地区出现的通货膨胀、经济危机、汇率变动、自然灾害以及政治事件等因素的变化都要予以重视。如 2004 年 12 月 26 日的东南亚海啸，使得泰国、印尼等一些东南亚国家的旅游业纷纷萎缩，价格大降；"9.11 恐怖袭击事件"、"非典"、"禽流感"等对旅游业也是致命的打击，导致旅游市场一度低迷，旅游产品的价格也持续低落。

(4)政府及法律因素。任何一个国家都有自己的经济法律政策来制约旅游产品价格。因此，旅游企业在日常经营和定价的过程中需要密切关注相关的法律政策，如货币政策、财政政策、贸易政策、税收政策等。通常在市场机制比较成熟的发达国家，最高限价和最低限价都是由行业协会制定的。随着我国行政管理体制改革的日益深化以及行政管理制度的逐步完善，限价标准将逐步由行业协会制定。

【知识链接 7-1】

2007 年春秋广交会酒店房价实行政府指导价

2007 年 3 月 29 日，广州市政府宣布广交会酒店房价实行政府认可的行业指导价。行业指导价由发布日起执行。根据指导价标准，已评定星级的酒店在交易会期间门市标价为：五星级标准房人民币 1 990 元/晚、豪华房 2 200 元/晚、商务房 3 300 元/晚；四星级对应房价分别为 1 530 元/晚、1 683 元/晚、2 200 元/晚；三星级对应房价分别为 908 元/晚、1 000 元/晚、1 460 元/晚，二星级对应房价分别为 505 元/晚、555 元/晚、830 元/晚。其他房型价格可依据以上三大房型指导价由企业自定，原则上不得超越上述指导价。未评定星级的酒店原则上不得超过二星级酒店同类房型的行业指导价。广州市物价局有关负责人称，此价格为 2007 年春秋两届广交会期间的最高限价。广州地区的酒店可根据市场状况，在不超过指导价的前提下自主制定本酒店房价及相关优惠办法。

7.1.3 旅游产品定价步骤

要制定合理的产品价格，旅游企业需要结合自身特点，根据市场情况进行综合分析来确定价格。适合的价格可以让目标顾客接受，同时又有助于实现旅游企业的定价目标。虽然旅游产品定价没有一个统一的模式，但是通常可以参照以下六个步骤。（如图 7-2 所示）

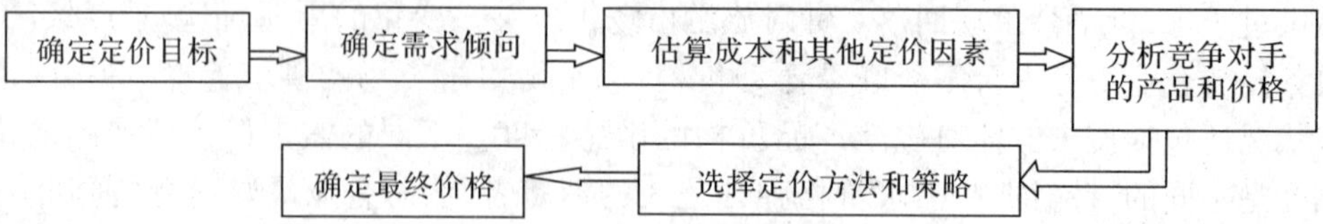

图7－2　旅游产品定价步骤

1)确定定价目标

在定价时,旅游企业要首先明确定价目标。所谓定价目标是企业经营目标和营销目标的具体体现。通常,定价目标主要有最大当期利润、最大市场份额、最高销售增长、产品质量领先、企业生存等。目标不同,旅游产品定价的大方向也会不同。旅游企业进行价格决策时切忌目标不明,影响全局。定价目标越明确,价格策略目的性也就越清晰。

2)确定需求倾向

在确定定价目标之后,制定旅游产品价格还需要考虑很多因素。市场需求量决定产品销售量,不同价格水平通常会有不同的需求。一般情况下,价格上升则需求下降,价格下降则需求上升。因此,定价时营销人员要对旅游产品进行需求倾向的评估。需求弹性大的产品,价格稍有变动,需求波动就很明显(如图7－3所示);而需求弹性小的产品,价格变动较大时,需求波动却较小(如图7－4所示)。

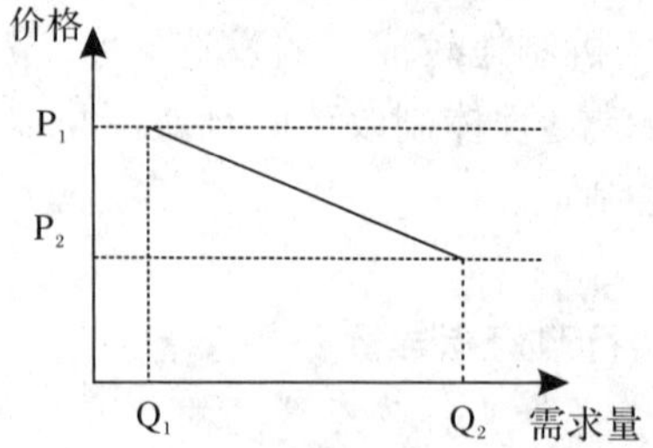

图7－3　需求弹性大的产品价格与需求量的关系

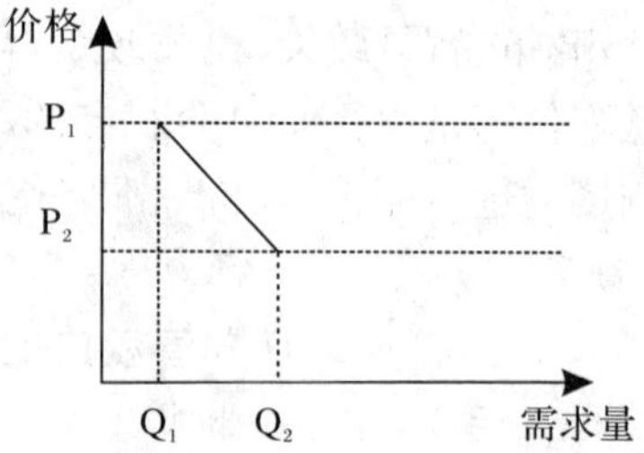

图7－4　需求弹性小的产品价格与需求量的关系

在旅游企业实践中,如果产品需求弹性大,在定价时通常倾向于将价格稍稍调低一些,从而推动需求和销售收入的快速增长,即采用薄利多销的方式。如果产品需求量小,说明即使价格下降,需求量虽会有所增加,但幅度不大,总收入不一定会增加。此时消费者对价格不敏感,营销人员通常可以考虑把价格定得高一点。

3)估算成本和其他定价因素

成本是旅游企业定价的基础,也是确定旅游产品营销价格的最低界限。任何旅游产品的销售价格都必须高于成本。一般而言,企业成本由固定成本和变动成本组成。固定成本指不随着生产和销售收入变化而改变的成本,主要是旅游企业每月必须支付的账单,包括房租、利息、管理及服务人员的薪酬、水电费等。在一定的经营规模内,单位旅游产品的固定成本随产量的增加而降低。变动成本则是与生产水平直接关联的,包括每次旅游产品的交通、住宿、餐饮等诸多费用。单位旅游产品的变动成本开始随产量的增加而减少,达到一定程度后又随产量的增加呈增加趋势。因此在估算成本时,营销人员不仅要全面考虑固定成本和变动成本的总和,还要对单位旅游产品进行成本分析,找出最佳规模时的最低成本,从而为确定产品最佳价格提供可靠的依据。此外,营销人员还需考虑其他的定价制约因素,如政府相关部门的限价措施等。

4)分析竞争对手的产品和价格

竞争对手的产品和价格以及竞争对手对本企业价格变动所作出的反应是定价时应该考虑的重要因素之一。旅游市场需求决定旅游产品的价格上限,成本是价格规定的下限,竞争者的价格则是旅游企业制定价格的参考。旅游者对性价比十分关注,所以价格一定要与产品结合考量,只有性价比强于同类产品才更有市场竞争力。如果旅游企业的产品与主要竞争对手的产品相似,那么制定的价格一般与竞争对手差不多;如果产品次于竞争对手的产品,价格应稍低一些;如果产品优于竞争对手的产品,价格则不妨高于竞争对手。

5)选择定价方法和策略

旅游企业经营者应选定最有利于实现企业定价目标的定价方法,具体有三种,即成本导向定价法、需求导向定价法和竞争导向定价法。无论选择何种定价方法,一般来讲,旅游产品成本是价格下限,旅游产品特色与品牌形象所引起的市场需求决定了价格的上限。在价格上下限之间,参照竞争对手的产品和价格,营销管理人员可初步确定本企业产品的价格区间。

6)确定最终价格

经营者在综合考虑旅游产品市场竞争力,旅游者的心理感受,供应商、分销商、推销员的态度,竞争对手可能作出的反应,政府有关价格的法律限制以及行业自律组织的约束后,就可以运用适当的定价策略确定旅游产品的最终价格。

7.2　旅游产品定价方法

在实际工作中,旅游企业的定价方法多种多样,需要结合定价目标,挑选适合的方式,制定旅游产品的价格。

7.2.1 成本导向定价法

这种定价法是指以旅游产品的成本为主要依据,综合考虑其他因素来制定旅游产品价格的方法。由于旅游产品的成本形态不同、成本核算方法不同,成本导向定价法又可分为几种具体形式:

1)成本加成定价法

成本加成定价法是指在单位产品成本的基础上,加上预期的利润额作为产品的销售价格的方法,售价与成本之间的差额即为利润。用公式表示为:

单位产品价格=(总成本+预期总利润)/预期产品产量

=单位产品成本+单位产品预期利润

此种方法简便易行,在旅游企业市场营销中,经常被用于制定旅行社产品、饭店食品和饮料的价格。需要注意的是,在采用这种定价方法时,必须事前准确核算产品或劳务的平均成本,根据产品的市场需求弹性等因素确定恰当的利润百分比。

2)投资回收定价法

这种方法是指旅游企业为了确保投资按期收回,并获得预期利润,根据投资生产的产品成本费用及预期生产的产品数量,确定能实现营销目标的价格的定价方法。

【同步案例7-1】

某酒店的定价标准

某城市新建一所四星级酒店,投资1亿元,拥有标准客房400间,预计投资回收期为6年。预计在6年中,年平均客房出租率最好可至70%,最差也可达60%,每一间客房分担的服务管理费用为9 000元/年,同类饭店标准间的日销价格为250元。

要求:试计算能保证投资按期回收的单位客房日收费标准。

分析提示:根据上述资料,有关指标分别为:

单位客房每年经营费用(成本)=投资总费用/(客房数×回收期)+单位客房年追加服务管理费

=100 000 000/(400×6)+9 000

=50 667(元)

单位客房日收费标准=单位客房每年经营费用/(年日历数×客房平均利用率)

=50 667/(365×60%)

=231.36(元)

计算所得的日收费标准低于同类酒店水平,且客房出租率以最差状况保守计算,故该酒店单位客房日收费平均标准为232元可保证如期收回投资。

从本例可以看出,利用投资回收定价法必须注意产品销量和设施利用率的保证,否则就不能确保每年的投资回收率都能达标,也就不能实现旅游企业既定的营销目标。从本例还可以看出,投资回收定价法一般为静态计算法,没有考虑资金投入使用的时间价值等动态因素,因而所计算的结果只能供旅游企业确定产品价格时参考,并不是唯一的依据。

3)目标效益定价法

这种方法是根据旅游企业的总成本和估计的总销售量,确定一个目标收益率作为定价的标准,此定价方法可用公式表示为:

单位产品价格=(固定成本总额+变动成本总额+目标利润)/预计产品销售量

目标效益定价法在旅游企业中,尤其是在酒店业中应用比较广泛。

7.2.2 需求导向定价法

这种定价法是指以旅游产品的市场需求状态为主要依据,综合考虑旅游企业的营销成本和市场竞争状态而制定或调整产品、服务的营销价格的一种方法。该定价法具体可表现为以下几种形式:

1)价格需求弹性定价法

通常,改变旅游产品价格,其市场需求量就会随之改变。价格需求弹性定价法就是利用价格弹性系数值的大小来判断产品定价的合理性,以便为企业调整产品价格提供依据。若Q为需求量，P为价格，其中Q_1、Q_2分别为价格变动前后的需求量；P_1、P_2分别为变化前后的价格，价格需求弹性系数E可用以下公式表示：

$$E=\frac{(Q_2-Q_1)/(Q_1+Q_2)}{(P_2-P_1)/(P_1+P_2)}$$

若$E>1$，说明这种产品富有弹性，降价可以大幅增加销售量和销售额；若$E<1$，说明这种产品缺乏弹性，如果产品价格提高，产品销售量会有所下降，但下降幅度较小，销售收入却会增加；若E等于或接近1，降价或提价对销售额影响不大。

【同步案例7-2】

某景点的定价

某景点门票价格为50元，日容纳游客量为60 000人，但实际上每天接待40 000人。根据资料，该门票的弹性系数为1.2，为促使游客数量上升，拟通过调整门票价格刺激游客前来游览。

要求：请根据情况调整门票价格。

分析提示：根据上述资料，套用公式可得：

$$1.2=\frac{(40\,000-60\,000)/(40\,000+60\,000)}{(P_2-50)/(50+P_2)}$$

$P_2=35.7$（元）

由此可知，门票价格定为36元可以使景点游客量达到饱和状态。

2）习惯定价法

这是旅游企业依照长期被消费者接受和承认的已成习惯的价格来定价的方法。一些旅游产品的属性和价格在一定水平上维持了较长时间，消费者认为是合理的，已接受并形成习惯，这就是习惯价格。企业在开发新产品时，只要产品的基本功能和用途没有改变，消费者往往只愿意按以往的价格购买旅游产品，正因为旅游消费者具有这种购买心理，所以经营此类旅游产品的企业就不能轻易改变价格，如一些地方土特产、名小吃以及旅游小工艺品等。

3）理解价值定价法

理解价值定价法是指企业以消费者对商品价值的理解度为定价依据，运用各种营销策略和手段，影响消费者对商品价值的认知，形成对企业有利的价值观念，再根据商品在消费者心目中的价值来制定价格。理解价值定价法的关键和难点是获得消费者对旅游商品价值理解的准确资料，并认真核算所定价格能够给企业带来的收益，若这种价格既能适应市场的需要，又能为企业带来预期的利润，则所定价格就是合理的，反之，则需重新检验和评估。

4）逆向定价法

这种定价法重点考虑的不是产品成本，而是需求状况。依据消费者能够接受的最终销售价格，逆向推算出中间商的批发价格和旅游企业的出售价格。逆向定价法的特点是：价格能反映市场需求情况，有利于加强与中间商的良好关系，保证中间商的正常利润，使产品迅速向市场渗透，并根据市场供求情况及时调整，定价比较灵活。

7.2.3 竞争导向定价法

在竞争十分激烈的市场上，旅游企业通过研究竞争对手的生产状况、服务状况、价格水平等因素，根据自身的竞争实力，参考成本和供求情况来确定价格。这种方式就是通常所说的竞争导向定价法，具体可表现为以下几种形式：

1）率先定价法

这种方法是指在制定价格时，旅游企业首先将市场上竞争产品的价格与本企业估算的价格进行比较，分为高于、低于、基本一致三个层次；其次将企业产品的性能、质量、成本、产量等与竞争企业进行比较，分析造成价格差异的原因；然后再根据以上综合指标确定本企业产品的特色、优势及市场定位，在此基础上按定价所需达到的目标确定产品价格；最后还要跟踪竞争产品的价格变化，并及时分析原因，根据消费者的反应来调整本企业产品的价格。这是一种主动竞争的定价方法，一般为实力雄厚或产品具有特色的旅游企业所采用。采用这种方法所确定的旅游产品价格如若与市场实际需要相符，旅游企业会在竞争激烈的市场环境中获得较大的收益，处于主动地位。

2）随行就市定价法

在竞争的市场环境下，旅游企业通常很难凭借自己的实力取得绝对优势。为了避免竞争特别是价格竞争带来的损失，大多数企业都采取随行就市定价法，即将本企业某旅游产品的价格保持在市场平均价格水平上，利用这样的价格来获得平均报酬。

随行就市定价法最重要的就是确定目前的行市。在实践中，行市的形成有两种途径：第一种是在完全竞争的环境里，各个企业都无权决定价格，通过对市场的无数次试探，相互之间取得一种默契而将价格保持在一定的水平上；第二种是在垄断竞争的市场条件下，行业的少数几个大企业首先定价，其他企业参考定价或追随定价。

3）变动成本加成定价法

此方法也叫边际贡献定价法，是指在定价时只计算变动成本，而不计算固定成本，在变动成本的基础上加上预期的边际贡献。所谓边际贡献，就是销售收入减去补偿固定成本后的收益，预期的边际贡献也就是补偿固定成本费用后企业的盈利。一般在旅游企业之间相互竞争十分激烈时采用这种定价方法较为合适，尤其在产品必须降价出售时对企业的定价有着重要的指导意义。也就是说，只要产品的售价不低于变动成本，生产就可以维持，如果产品售价低于变动成本，那么生产得越多企业亏损就越大。变动成本加成定价法用公式表示为：

$$\text{单位产品价格}=\frac{\text{变动总成本}+\text{预期边际贡献}}{\text{预期产品产量}}$$

$$=\text{单位产品变动成本}+\text{单位产品边际贡献}$$

7.3 旅游产品定价策略

为旅游产品定价是一个极其复杂的过程。采用不同的定价方法只是确定产品的基本价格，旅游企业还需要根据具体的市场环境、产品条件、市场供求状况以及企业目标等因素，结合旅游产品定价策略制定最终的销售价格。

7.3.1 新产品定价策略

旅游企业把研制成功的旅游产品投放市场，要考虑给新产品制定一个初始价格。通常，最常用的旅游新产品定价策略有三种，分别为取脂定价策略、渗透定价策略和满意定价策略。

1）取脂定价策略

取脂定价策略就是在旅游新产品上市之初，瞄准市场上具有较高支付能力的消费层，采取高价格打入市场的一种定价策略。这种策略就是利用旅游消费者求新、求奇、求异的心理，在同类产品大批上市之前，尽可能快地回收成本和获得利润，力求短期利益最大化。

采用取脂定价策略最大的优点在于：有利于旅游企业投资成本的迅速回收和利润的迅速实现，有利于塑造新产品独特高质的市场形象，并为今后产品成熟期的降价留出充足的余地。但是，高价格产品的市场需求往往有限，过高的价格不利于新市场的开拓以及市场占有率的提升，同时也不利于占领和稳定市场，稍有不慎，很有可能会导致新产品投入市场的失败。另外，高价格还会引起竞争对手的大量涌入，并在一定程度上损害顾客的利益，容易导致顾客忠诚度降低，引发顾客的不满。

在旅游产品日益成熟，市场竞争尤为激烈的今天，采用取脂定价策略需满足以下条件：

- 在旅游新产品最初投放市场，替代品尚未出现时才能使用，保证产品的独特性；
- 市场需要具备一定规模的消费群体，他们对此旅游产品的需求欲望和支付能力都很强；
- 旅游产品新颖独特或具有一定的垄断性；
- 旅游质量必须品质过关，形象高端。

2）渗透定价策略

渗透定价策略是将新产品以尽可能低的价格进入市场，吸引大量的购买者，扩大市场占有率的定价策略。其优势在于有利于迅速打开产品的销路，获得长期而稳定的市场地位；给消费者很实在的感觉，有助于排斥竞争对手，提高旅游企业的市场竞争力。该策略的主要缺点是风险较大，延长了旅游企业回收投资成本的时间，容易给顾客造成产品档次很低的印象，特别是在市场中遇到强有力的竞争对手时，容易给自己带来巨大的损失。

采用渗透定价策略需要具备的前提条件包括：

- 新产品潜在市场规模较大；
- 旅游产品需求弹性较大，消费者对价格敏感；
- 市场潜在竞争者众多；
- 旅游企业自身供给能力较强。

3）满意定价策略

满意定价策略是介于取脂定价和渗透定价之间的定价策略。既不以高价吓走游客，也不以低价排斥同行，而采用适中的、令各方都满意的定价策略。采用满意定价策略需符合的条件如下：

- 旅游产品需求弹性适中；
- 旅游企业不愿引发价格战；
- 旅游市场产销较为稳定。

7.3.2 心理定价策略

心理定价策略就是站在旅游者消费心理的角度，依据顾客购买产品时的心理规律和倾向来制定合理价格的策略。旅游企业需要了解顾客的心理特点，迎合消费者的心理需求，采用灵活的定价策略，制定令顾客满意的价格。心理定价策略主要包括尾数定价策略、整数定价策略、习惯定价策略、声望定价策略、招徕定价策略以及产品线定价策略。

1）尾数定价策略

尾数定价策略是指旅游企业利用整数与尾数的位数差异或尾数的心理象征意义制定旅游产品价格。研究表明，消费者习惯上或心理上总是乐于接受尾数为非整数的价格，比如中低档饭店菜肴的定价为18元很可能会比20元销售得更好，因为尾数定价有以下优点：

- 给人以便宜感。标价99元的商品和标价100元的商品，虽然相差了仅仅一元，但前者给人的感觉是不到100元，比较便宜，进而使消费者乐于接受。
- 给人以精确感。带有尾数定价的商品往往给消费者以价格精确、定价认真的感觉，连几角几分都算得很清楚，进而使消费者产生信赖。
- 给人以吉祥感。由于社会文化、风俗的影响，某些数字会在某些地区有特殊的含义，企业可以加以利用，使产品取得消费者的偏爱。

【知识链接7-2】

神奇的尾数效应

心理学家的研究表明，价格位数的微小差别能够明显影响消费者的购买行为。一般认为，5元以下的商品，末位数为9最受欢迎；5元以上100元以下的商品，末位数为95效果最佳；100元以上的商品，末位数为98、99最为畅销。尾数定价法会给消费者一种经过精确计算、是最低价格的心里感觉，有时也可以给消费者便宜的感觉。

资料来源：陈云川，张洪刚.2009.饭店市场营销[M].北京：机械工业出版社.

2）整数定价策略

整数定价策略与尾数定价策略相反，是指旅游企业有意识地为产品制定一个化零为整的价格。整数定价策略通常适用于一些高质量的品牌产品，尤其是高端旅游消费品，整数定价是一种威望定价，往往能给旅游者带来高档、昂贵、优质的心理感觉。所以在制定酒店豪华套房的价格时，为了满足特殊顾客群体心理尊重的需要，价格应该尽可能地凑足位数，比如4 600元的套房价格，不如定为5 000元，这样更有利于通过心理价格体现出客人的身份和地位。

3）习惯定价策略

市场上的很多旅游产品已经在消费者心目中形成了一个公认的价格。随意地调整产品价格是非常不明智的，应当顺应旅游者的消费习惯。因为高于这个价格，消费者会很难接受,相反如果低于这个价格,顾客则会怀疑产品的质量,如在旅游行业中,中间商的佣金、导游人员的服务费等都会有一个习惯性价格比例。一旦破坏了消费者长期形成的消费习惯,就会使之产生不满的情绪,导致其转向购买竞争对手的产品。

4)声望定价策略

声望定价策略是指针对消费者“价高质必优”的心理,对在消费者心目中有信誉的旅游产品制定较高的价格,以满足某些消费者追逐名牌商品的心理。一般来说,此种定价策略适用于经营时间长、在行业中处于领导地位且声誉极好的企业。值得注意的是,为了使声望价格得以维持,企业需要适当控制市场拥有量,且不宜频繁使用。

【同步思考 7 -2】

一抢而空的“巴厘克”

在印度尼西亚的旅游纪念品市场上,印度尼西亚妇女制作的“巴厘克”久负盛名。一位印度尼西亚商人就将其带到日本进行推销。日本贵妇对之大加赞赏,但却无人购买。后来一位日本销售专家为印度尼西亚商人揭开了谜底,原来是定价太低,上层人士认为购买有失身份。不久,印度尼西亚商人提价到原来的四倍,“巴厘克”被一抢而空。

分析说明:“巴厘克”的购买对象是有地位的日本贵妇。价格过于便宜不能与之身份相匹配。相反,提高价格符合了她们“价高质必优”的心理,促进了销售增长。

5)招徕定价策略

招徕定价策略是指旅游企业将某几种商品的价格定得非常高或非常低,在引起消费者的好奇心理和观望行为之后,带动其他商品的销售。通常在运用此种策略时,经营者倾向于将价格定得较低,吸引顾客在购买便宜货的同时,购买其他价格比较正常的商品。如某酒店餐厅每天推出一款特价菜,如特价基围虾 20 元/斤、河蟹 5 元/只等,借以吸引客人前来就餐。招徕定价策略的优点体现在:

- 以廉或贵进行招徕,带动整体旅游产品销售;
- 改变销售氛围,形成热卖场面;
- 先予后取,以失换得,提高整体利润。

值得注意的是,旅游企业用于招徕定价的产品应该与劣质商品区别开来。招徕定价的商品必须是质量优、品种新的适销产品,而不能是处理品。否则,不仅达不到招徕消费者的目的,反而使企业声誉受损。

6)产品线定价策略

产品线是指由功能相近但档次不同的产品所构成的系列组合,其定价策略就是根据产品线中的不同规格的产品,制定出几种与之相应的价格水平,使价格水平的差异符合目标市场人群的心理认知。由于产品线定价会很明确地显示产品的档次差别,所以制定价格时应当充分考虑几种价格水平之间的配合,以不同的价格水平反映旅游者需要的差异和产品的差异。

7.3.3 折扣策略

折扣策略是指旅游企业对基本价格作出一定的让步,直接或间接降低价格,以争取顾客,扩大销量。其中,较为常见的折扣策略有数量折扣、功能折扣、时间(季节)折扣、现金折扣和实物折扣等。

1)数量折扣

数量折扣是指旅游企业为了鼓励旅游中间商和消费者大量购买或多次购买本企业的旅游产品和服务,根据所购买的数量给予购买者一定的折扣。如有些旅行社推出20人以上集体报名参加旅行团价格优惠10%和酒店订宴席15桌以上免收1桌费用的活动。一般来讲,在一定时期内购买旅游产品数量越多或金额越高,给予的折扣率也就越高。数量折扣的促销作用十分明显,其优点体现在促进薄利多销,加快销售速度,增加旅游企业资金周转次数,提高旅游企业总盈利水平。它的主要形式有累计数量折扣和一次性数量折扣。

(1)累计数量折扣。累计数量折扣规定顾客在一定时间内,购买商品若达到一定数量或金额,则按其总量给予一定折扣。这种策略有利于加深旅游企业与购买者之间的业务关系,使其成为可信赖的长期顾客。在旅游企业中,常见的累计数量折扣有团体价、会议价和公司价等。

(2)一次性数量折扣。一次性数量折扣规定一次购买某种商品达到一定数量或购买多种商品达到一定金额,给予折扣优惠,其目的是鼓励顾客大批量购买,促进商品多销、快销。

2)功能折扣

中间商在产品分销过程中所处的环节不同,其所承担的功能、责任和风险也不同。功能折扣是指旅游产品的生产企业按各类经销商功能、地位、购买批量、服务水平、承担风险等的不同给予不同的价格折扣。通常旅游批发商的折扣比零售商的要大,如星级酒店标房价格为560元,对零售商6折出售,对批发商则5折出售,形成购销差价和批零差价。功能折扣的优点在于有利于拓宽销售渠道,鼓励中间商大量订货;争取顾客,并与企业建立长期、稳定的良好合作关系;调动批发商、零售商的积极性,让他们有一定的盈利空间;推动旅游产品销售网络的完善,解决销售渠道能力不足的问题。

3)时间(季节)折扣

这是指旅游企业为适应旅游产品季节性强、销售波动大的特点,而采取的在淡季时给予消费者的折扣优惠。由于在淡季时,旅游企业普遍出现客源不足、服务设施和生产设备闲置的状况,为了调动旅游者在淡季购买的积极性,增加消费,旅游企业往往制定低于旺季时的旅游产品或服务价格,以刺激消费欲望。时间(季节)折扣比例的确定应考虑成本、基价、资金利息等因素,其优点有:价格因时而异,刺激消费者淡季购买;有利于"熨平"供求曲线,促进供求关系平衡;提高设施设备利用率,增加销售量。

4)现金折扣

现金折扣是对在规定的时间内提前付款或用现金付款的旅游产品或服务购买者所给予的一种价格折扣。这种折扣形式一般要考虑三个要素,即折扣比例、给予折扣的时间限制和付清全部货款的期限,如在交易合同中的付款方式上经常有这类字样"3/20,净60天",这就表示付款期为60天,如果买方在20天内付款,给予3%的折扣。现金折扣的优点有:鼓励顾客尽早付款;改善卖方现金流量,加速资金周转;降低销售费用;减少财务风险。

5）实物折扣

实物折扣是指旅游企业对于购买者以实物的形式予以激励的一种折扣策略。这种折扣适用于关联性较强的旅游产品，如酒店对入住客人免费提供早餐；对就餐客人免费赠送果盘；豪华餐厅赠送精美景泰蓝筷子等纪念品等。其优点是折扣形式较为实惠，某些实物具有一定的纪念价值。

7.3.4 差别定价策略

这是一种以不同价格出售相同旅游产品或服务的策略，最常见的差别定价策略有以下三种形式：

1）时间差异定价策略

时间差异定价策略是指经营者对同样的旅游产品根据时间差异而实行差别定价。这种策略有利于鼓励中间商和消费者增加购买的频率和力度。在销售淡季时，该策略的作用更为明显，可以帮助旅游企业加速资金周转，巩固竞争地位。

2）游客差异定价策略

这种策略是指经营者针对游客的不同，把同样的产品或服务定位不同的价格，不同的游客支付不同的费用。这在旅游行业还是比较常见的，比如一些景点有老年人票价、学生票价等。

3）地点差异定价策略

虽然同一旅游产品在不同地点的成本相同或相近，但经营者利用消费者对某些地点的偏爱而给产品制定不同的价格。较为常见的是酒店客房，朝南间通常比朝北间贵，海景房与市景房的价格也不一样。另外，看演出或比赛时，正前方的位子比其他地方的位子价格要高出很多。

7.4 旅游产品价格调整

旅游产品的价格制定出来之后不是一成不变的。由于市场环境在不断变化，为了顺应时代的发展，有时需要主动降价或提价，以实现旅游企业的营销目标，应对竞争对手的变价策略。旅游企业对价格的变更通常包括主动变更和针对竞争者价格变更两种情况。

7.4.1 主动调整旅游产品价格

主动调整旅游产品价格分为主动降价和主动升价两种情况。

1）主动降价

市场环境的变化常常迫使旅游企业采取降价决策，降价的原因有很多，同时还会引发相应的负面问题，因此旅游企业在决策之前，需要周密分析，审时度势。降价的具体原因主要体现在以下几个方面：

- 开拓新市场的需要，通过降价进行市场渗透，有利于市场占有率的提升；
- 市场供过于求，但是旅游企业又无法通过产品改进和加强促销等工作扩大销售；
- 由于成本降低，费用减少，使旅游产品降价成为可能；

- 外币贬值,通货紧缩。

【职业道德与企业伦理 7-1】

价格战逼出"零负团费"

港澳游多年来压价过猛,香港地接出钱买人头的模式很难根除,"零负团费"这条路越走越窄,逐步向自由行和纯玩团过渡。香港东方天地游旅行社总经理胡度表示,他在香港从事旅游业已余10年,一开始,内地市场因香港游竞争激烈,展开了价格战。据他介绍,目前香港旅游市场90%以上还是"零负团费"。国内旅行社带过去一个人,香港地接社就会掏七八百元买下。"既然买下你,不赚回来怎么甘心呢?"胡度表示,强迫或变相强迫购物就成为唯一手段。因香港属市场经济,政府不可能禁止"零负团费",只能从其他方面调整,如实行"一团一导游"新规便于监管,对强迫购物加大监管力度,同时对购物点进行约束。

问题:什么是"零负团费"?"零负团费"会产生什么影响?

分析提示:所谓"零负团费"就是旅行社在接外地组团社的游客团队时,分文不赚只收成本价,甚至低于成本价收客。在"零负团费"模式下,客源地组团社不付给目的地地接社任何资金,只输送客源。游客的基本旅游消费以及地接社的折旧费、利润、税金、导游服务费等都来自于导游所交的"高人头费"和旅游服务供应商的"签单"。地接社的运营费用以购物和自费活动佣金为主,导游人头费为辅;地接社和导游的回扣项目多。在此模式下,游客必须消费一定数额的指定消费项目才能保证旅行社的成本和利润。风味餐馆、偏僻宾馆、观光缆车、上岛游船、低劣景点、购物商店、特种演艺厅等自费场所的旅游服务供应商为了保证客源,只得将大部分营业收入都"返还"给地接社和导游,陷入低价经营循环中,而游客则陷入高价陷阱。

2)主动升价

通常,提高价格确实可以提高利润率,但是却削弱了旅游企业的竞争实力,还会引起中间商和顾客的不满情绪,甚至会引起政府的干预或同行的指责。主动升价的主要原因有:

- 成本提高,旅游企业为减轻财务压力进行提价;
- 旅游产品供不应求,企业通过提价来抑制需求,在缓解市场压力的同时,扩大利润;
- 外币升值,通货膨胀;
- 旅游企业提升自身及产品形象。

一般来说,提价是有风险的。如果提价导致很多目标顾客抗拒购买产品,则旅游企业的营销目标将很难实现,因此应通过各种传播媒介及时与市场进行信息沟通,向顾客和中间商说明提价的原因。提价之后要经常观察顾客的反应,并且积极帮助他们解决各种因提价而带来的问题。

7.4.2 应对竞争对手的价格调整

如果竞争对手将其产品价格进行调整,那么旅游企业也需随之采用相应的方式加以应对。

在同质产品市场上，竞争者降低了产品的价格，旅游企业也应当随之降价，否则就会导致顾客流失；相反，当某个竞争企业提价时，本企业既可以跟进，也可以暂时观望。如果在市场中，大多数的旅游企业都维持原价，最终会迫使发动提价的企业不得不取消提价的决定。

在异质产品市场中，由于每家企业的产品在质量、风格、品牌、服务等方面都各有不同，所以面对竞争者的价格调整策略，本旅游企业往往有较大的选择余地：

- 旅游企业可以选择价格不变，加强非价格竞争。通过提高产品质量、强化服务、加大促销攻势等非价格的手段进行反攻。
- 旅游企业可以维持原价格，顺其自然，通过原有顾客对产品的偏好和忠诚度来抵御竞争者的降价进攻。
- 旅游企业可以跟随竞争者的价格变化而变化，在价格上与竞争对手保持一致，稳定并巩固本旅游企业的市场定位。
- 旅游企业可以以优越于竞争企业的价格跟进，并结合非价格竞争的手段进行反击，利用产品的差异化优势以及优越的价格优势击败竞争企业。
- 旅游企业还可以逆向调整价格，如当遇到竞争对手降价时，某些旅游企业会以高价推出新的产品，不至于损毁旅游企业的市场形象和市场定位。

【情境模拟7－1】

场景：你的所在地新开了一家海洋公园。作为该公园的经营者，请协同你的公司团队，给出合理的入场券价格，并说明在制定价格时所考虑的因素。

操作：学生随机组合成为营销团队，深入了解当地类似旅游景点的价格定位和其他综合内容，分析自身情况，并结合旅游产品定价方式、策略、步骤等知识，给出合理的报价，并说明理由。

知识题

7.1 影响旅游产品定价的因素有哪些？

7.2 关于旅游产品的定价步骤是怎样的？

7.3 分别有哪些定价策略和定价方法？

7.4 如何应对竞争对手的价格调整？

实务题

运用旅游产品定价方法和策略，试调查当地的一家旅行社的产品价格，指出其定价所运用的方法及策略，分析这一价格的优劣，并结合本章所学的知识，为这家旅行社制定你认为合理的产品价格。

案例题

一天,北京凯宾斯基酒店销售部谈好的一笔每间房120美元的商务团生意,让附近一家五星级饭店以110美元的报价抢走了。总经理指示,为保住这个团可以降10美元,报110美元把它拿回来,结果对方又向客户报出了100美元的价格。当凯宾斯基酒店也同意100美元时,对方又降到了90美元。这时凯宾斯基酒店不能再往下降价了,因为这已经触到凯宾斯基酒店的价格底线。后来,类似情况又出现了多次。

在这种情况下,若凯宾斯基酒店也像附近那家酒店那样进行无底线的价格竞争的话,酒店价格形势就会迅速恶化。经过几天讨论,凯宾斯基酒店决定提出"拼价格(Match the Rate)"的战略,对这一口号的中文表达则是"我们接受北京所有五星级饭店的价格"。其目的在于一方面维护凯宾斯基酒店本身的生意,增加客源,提高收入;另一方面借此行动减缓和降低五星级酒店市场价格竞争的恶化速度和程度。经过详细策划,凯宾斯基酒店在《中国日报(英文版)》上登出了"Match the Rate"系列广告,并在当地中文报纸上刊登了少量广告,宣布"我们接受北京所有五星级饭店的价格"。

凯宾斯基酒店当年之所以敢于拼房价基于以下原因:

- 经过市场战略调整,自己的市场地位和生意得到了根本性的良性转变。几次国宾团的成功接待,更使酒店市场形象达到顶峰。
- 由于酒店市场名声的提高,其服务质量也被公认。各种设施设备处在比较新的状态。
- 从客人心理需求上讲,如果几家酒店价格同等,客人一般会选择服务好、名气大,相对来讲产品又比较新的酒店。
- 国际酒店集团管理的酒店在经营预算中都有自己的最低限价,一般不会越过价格底线销售客房。凯宾斯基酒店的主要竞争对象几乎又都是国际酒店集团管理的。

凯宾斯基酒店"拼价格"的结果:

- 凯宾斯基酒店的"拼价格"策略带来了可观的客房收益。由于拼房价,酒店客源显著增长,客房出租率上升,经济效益总体可观。
- 由于凯宾斯基酒店的"拼价格"是在与自己同等市场地位的五星级酒店市场细分内进行的,所以在这场"拼价格"战中的降价并没有影响到其本身客源结构的变化。结合当时市场消费能力,酒店价格的适时适当下降正好适应了原客源结构的需求,从而保住了原客源和回头客。
- 由于凯宾斯基酒店在酒店市场需求变化的第一时间进行了销售策略调整,符合市场变化趋势,基本保持了自己的房价水平,并相对扼制了恶性价格战的出现。

问题:凯宾斯基酒店的"拼价格"战给我们带来什么启示?

分析提示:价格竞争是最常用的竞争手段之一,但是,如果使用不当会使竞争双方两败俱伤,并可能同时将周边市场导入恶性竞争。当不择手段、不计成本、不分市场细分地进行价格战时，这一竞争肯定是恶性的。因此，当我们准备使用降价策略以提高经营效益时，应充分考虑以下因素：

(1)降价是否能带来客源的增加。如果降价不能带来明显的客源增加，最好不考虑降价。

(2)降价是否能带来收入或利润的增加。降价应该通过争取更多客源，以达到提高营业收入的目的，更重要的是增加利润。

(3)价格降幅过大会引发客源结构的变化。采取降价策略一定要设计价格底线。如果没有价格底线，盲目的降价竞争会影响酒店市场的重新定位。

(4)价格降幅越大越不易在第一时间恢复。降价幅度过大不仅容易出现市场定位改变，还会导致当市场恢复时不能在第一时间回到原价位上，由此错过商机。

实 训 题

实训项目：旅游线路价格设计。

实训目的：通过本模块的技能训练，了解旅游产品价格的组成，掌握旅游产品定价方法及旅游产品定价策略，结合实际进行旅游产品的线路定价。

实训步骤：本实训可以通过以下步骤实现：①随机组成工作小组，按技能训练目标的要求收集准备资料；②小组对本地区某一旅游线路进行定价；③小组给出思考和分析的思路。

实训成果：本实训最终成果为：小组旅游线路定价分析报告一份。

第8章 旅游营销渠道策略

学习目标

知识目标:了解旅游营销渠道的概念与功能;掌握旅游中间商的作用和主要类型;熟知旅游营销渠道策略。

能力目标:能够结合旅游营销渠道理论,科学地设计并管理营销渠道,使旅游产品有效销售。

素质目标:具备旅游产品渠道分销意识。

【引例】

喜达屋酒店与度假村国际集团的广泛营销渠道策略

喜达屋酒店与度假村国际集团是世界酒店与休闲业务中的领袖企业之一,在北美、亚太、欧洲、非洲、中东以及拉美地区的100个国家拥有约960家产业。作为世界知名酒店业主,喜达屋主要经营豪华及高端酒店,旗下拥有福朋喜来登、喜来登、圣瑞吉斯、豪华精选、威斯汀、W系列酒店、雅乐轩、元素以及艾美国际9个品牌,同时,喜达屋也拥有作为优质所有权度假村开发商与运营商的喜达屋度假住房所有权股份有限公司。

在运营中,喜达屋酒店与度假村国际集团致力于提供非凡的客户体验并获得巨大的投资回报,且不断迅速成长、强健发展、稳定前进。企业员工重视称之为"承诺"的企业价值观,具体展开包含:通过采取可建立持久联系及忠诚度的措施来获得更有力的发展;通过全球合作以及企业内部跨团队的合作来展现团队精神;通过正确的判断以及对社区、员工、企业主、合作伙伴和环境的重视做正确的事。

旅游产品从生产者传递给消费者必须经过一定的途径。在旅游业飞速发展的今天,企业往往需要一个巨大的营销链。旅游企业能否成功运营在一定程度上取决于该营销链是否顺畅、优秀。

8.1 旅游营销渠道的概念与功能

旅游产品的销售价值和使用价值并非只是将产品生产出来就可以实现,还需要消费者产生购买行为,使其产品的所有权发生转移。旅游营销渠道也称为旅游分销渠道,就是旅游产品从生产企业转移到旅游消费者手中所经过的整个流通环节。营销渠道的起点是制造商，终点是最终使用者，中间包括了各种批发商、代理商、零售商以及商业服务机构等环节。

旅游企业的营销目标是否能顺利实现，在很大程度上有赖于营销渠道的功能能否得到有效发挥。具体来说，旅游营销渠道的功能体现在以下几个方面：

1）市场调研功能

各种中介分销机构都是直接面对顾客的，在与顾客接触的过程中，中间商可以及时掌握有关需求市场的一手动态信息，从而为产品制造商收集、交换甚至传递某些信息。通过这些信息的反馈和交流，旅游企业能迅速改变自己的营销组合方案，提高竞争力。

2）促销和接洽功能

营销渠道的中间商承担着联系顾客、接待洽谈和促销的功能。中间商会为旅游生产企业物色潜在的买家，并且与其进行沟通，通过一系列的促销手段，尽可能地促成买卖双方达成共识，顺利进行交易。

3）分销功能

旅游营销渠道在整个产品流通过程中扮演着促进产品销售，加速资金周转、扩大产品分销范围的功能。通畅而高效的销售渠道是旅游企业进行再生产的前提条件，通过旅游营销渠道可以加速产品的分销，满足广大顾客的需要，实现旅游企业的营销战略目标。

4）分担风险功能

旅游营销渠道的各级成员都分担了产品在流通过程中可能会遇到的财务、运输、仓储以及销售等各种风险和损失。

5）调节反馈功能

旅游中间商可以按照顾客的个性要求，调整产品的类型和供应方式，从而满足顾客的需要。另外，他们还能帮旅游产品生产企业接受和协助处理顾客投诉和建议。

【知识链接8－1】

旅游企业计算机网络分销系统

旅游企业运营的计算机预订网络主要有两种，即中央预订系统（简称CRS）和全球分销系统（简称GDS）。中央预订系统通常是由大型集团性公司建立和拥有的，如假日酒店集团的Holidex、万豪集团的Marsa和喜达屋集团的Reservation。在组织上，这些系统由遍布客源地的预订中心办公室组成；在技术上，这些办公室通过免费电话以及网络与客户沟通，为顾客预订所有成员企业的产品和服务；在内部，通过计算机成员企业相互联网，实现客户、价格、产品等信息的共享。全球分销系统则是由航空公司订票系统发展而来的，进入20世纪80年代之后，不仅能够预订机票，而且能够预订酒店、景点和剧院门票及租车等。全球分销系统将各种旅游企业以及相关企业整合其中，其终端设在旅游代理商的营业场所。目前，它已经成为西方旅行社广泛使用的销售途径。由于网络技术的发展，中央预订系统和全球分销系统的运作模式也在不断发生变化。

资料来源：谷慧敏. 2007. 旅游市场营销[M]. 北京：旅游教育出版社.

8.2 旅游营销渠道的类型

按照不同标准,旅游产品的营销渠道可以分成很多种类。产品从生产者转移到消费者手中的过程中,任何一个对产品拥有所有权或负有销售责任的机构都称为渠道层次,那么根据销售渠道层次数量和结构的差异,具体可以分为以下几种旅游营销渠道类型。

8.2.1 直接营销渠道和间接营销渠道

按旅游产品在流通过程中是否有中间商参与交换活动来划分,可将旅游营销渠道分为直接营销渠道和间接营销渠道。生产者将产品直接销售给最终的旅游消费者和用户称为直接营销渠道,利用中间商销售则称为间接营销渠道。

1)直接营销渠道

直接营销渠道也称为零层次渠道,是指旅游产品的生产者或供给者直接向旅游者销售其产品,而不通过任何中间环节的销售途径(如图8－1所示)。

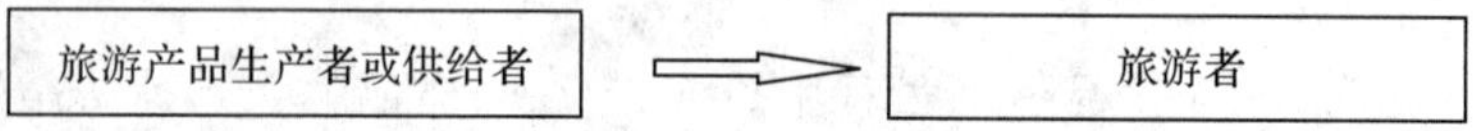

图8－1 直接营销渠道

在旅游行业中,旅游生产企业可以通过四种方式进行直接销售:一是在客源地通过预订的方式进行直接销售,如很多旅游酒店通过互联网络、计算机预订系统、电话、传真等多种手段办理酒店产品预订业务;二是在客户比较集中的地区设立自己的销售营业部,面向旅游大众出售自己的产品,如铁路和航空公司在很多的地方设有自己的售票处;三是旅游企业向登门来访的顾客直接出售其产品,如旅游酒店、景点景区以及娱乐场所大多是以这种方式经营的;四是旅游企业派自己的营销人员进行主动的人员推销,如旅行社业务员到公司或机构上门推销自己的旅游产品。

直接营销渠道的优点有:①有利于产品及时地投入市场,减少损耗等风险。②减少旅游产品在市场流通过程中的中转费用,有利于增强产品的价格优势。③有利于旅游企业与顾客双方进行信息沟通,随时听取消费者的意见和建议,按需定制产品,充分满足目标顾客的需要。④有助于旅游生产企业直接控制产品的市场价格。直接营销没有经过任何的中间环节,所以产品的市场价格完全由旅游生产企业制定。

直接营销渠道的缺点有:①分散了旅游企业的资源和精力,不利于集中力量搞好生产和改进产品;②分销范围有限,如果旅游企业仅靠自己的力量去设销售网点的话,往往会力不从心,很难迅速占领市场;③中间商在销售方面比旅游生产企业的经验丰富,而且中间商最了解顾客的需求特性和购买习惯,直接营销渠道缺少中间商的帮助。

2)间接营销渠道

间接营销渠道是指旅游产品生产者或供给者通过中间环节将其产品转移到旅游者手中的销售途径。在成熟的市场环境中,这种间接营销渠道是一种重要的分销形式(如

图 8－2 所示）。

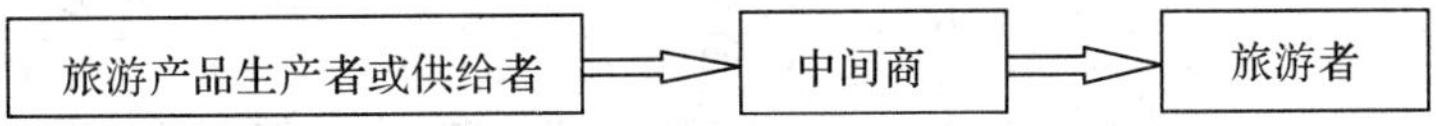

图 8－2　间接营销渠道

间接营销渠道的优势主要体现在：①有助于产品的广泛分销；②节约了用于流通领域的人力、物力和财力；③减少流通时间，加速资金周转，降低产品的销售费用和产品价格。

其弊端主要有：①可能会导致需求滞后，延缓新产品上市的时间；②可能会加重顾客的负担，因为中间环节增加会导致中转的成本费用提高；③不利于信息的直接沟通和交流。

8.2.2 长营销渠道和短营销渠道

根据产品从生产者到最终消费者之间流通环节的多少来划分，营销渠道可以分为长营销渠道和短营销渠道。

1）长营销渠道

长营销渠道是指旅游产品从生产者或供给者向旅游者转移过程中经过两个或两个以上的流通环节。长营销渠道一般存在以下几种形式。（如图 8－3 所示）

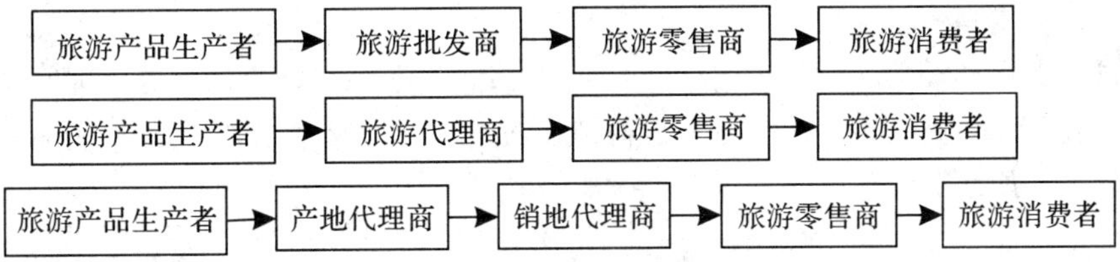

图 8－3　长营销渠道

长营销渠道的优点有：①长营销渠道是由旅游批发商、零售商或者代理商组成的，因此点多面广，能够有效地覆盖市场，有助于拓展产品的销路；②有利于分散旅游产品供给者或旅游生产企业的风险以及成本，旅游生产企业只需专注人力、物力和财力，搞好生产。

长营销渠道的缺点有：①渠道的环节过多不利于产品迅速占领市场，延缓旅游产品上市的时间，妨碍某些旅游产品的及时销售；②过多的营销渠道会使商品的零售价格提高，不利于旅游产品的市场渗透，降低产品的竞争优势；③信息反馈较慢，由于环节多，容易导致信息失真，不利于企业及时掌握市场环境的变化；④由于中转环节多，可能会导致某些有形旅游产品在运输途中出现损坏等问题，对产品质量造成影响；⑤渠道越长就意味着旅游生产企业对产品的控制越复杂。

2）短营销渠道

经过一个中间商或者不经过任何中间环节，把旅游产品销售给消费者的营销渠道称为短营销渠道。短营销渠道通常有以下形式。（如图 8－4 所示）

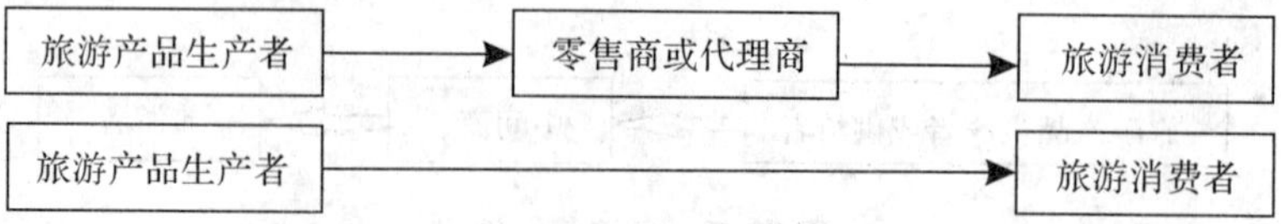

图 8－4　短营销渠道

短营销渠道的优点有:①旅游企业能够根据市场条件的变化迅速作出反应;②节省了流通费用,有利于降低产品的市场零售价格;③便于产品迅速地转移到消费者手中,实现旅游商品的价值;④与长营销渠道相比,短营销渠道缩短了中转流通的时间,减少了风险,保证了质量。

短营销渠道的缺点有:①旅游产品生产企业承担了过多的销售职能,不利于集中精力搞好产品设计开发和生产;②难以大范围延伸市场,市场的覆盖面小。

8.2.3 宽营销渠道和窄营销渠道

渠道的宽度一般是指每个销售环节层次上选用的同类型中间商数目的多少。一般性的大众旅游产品多会采用宽营销渠道进行销售,通过多家旅游批发商可以给更多的零售商进行分销,从而接触大量的旅游者,大批量地销售旅游产品。而专业性较强的旅游产品,如攀登高原雪山、穿越塔克拉玛干沙漠等,由于其销售面很窄,因此更适合窄渠道分销。

1)宽营销渠道

在同一销售环节层次上,运用两个或两个以上的同类型中间商来为生产者销售产品,称为宽营销渠道。此类型的渠道销售范围比较广泛,通常适用于大众旅游产品的销售(如图 8－5 所示)。

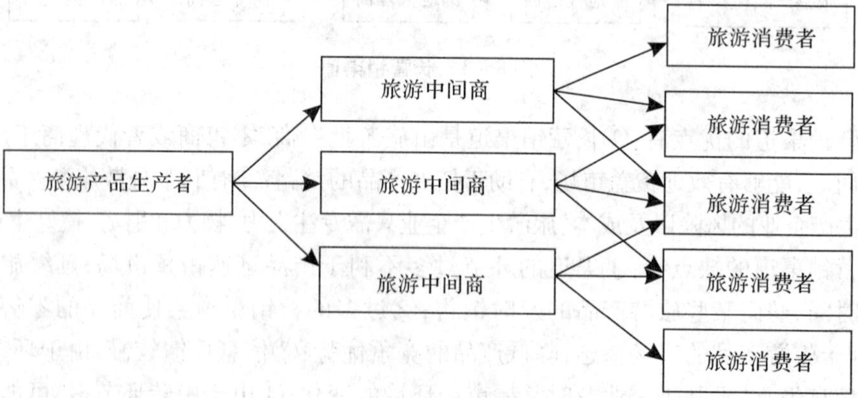

图 8－5　宽营销渠道

宽营销渠道的优点有:①分销范围广泛,可以使产品迅速进入流通领域,使再生产得以尽快实现;②渠道销售范围广,便于满足广大消费者的需要;③有助于中间商相互激励,不断提高产品销售效率,加快产品的迅速流通。

宽营销渠道的缺点有:①同一层次的中间渠道较多,旅游中间商往往不愿意花费较多成本推销某一产品;②宽营销渠道的旅游产品供给商与中间商的关系较为松散。

2)窄营销渠道

旅游产品生产者只选用一个中间商来销售自己的旅游产品或服务,销售范围比较狭窄。窄营销渠道一般适用销售那些专业性强、购买数量小的旅游产品或线路(如图 8-6 所示)。

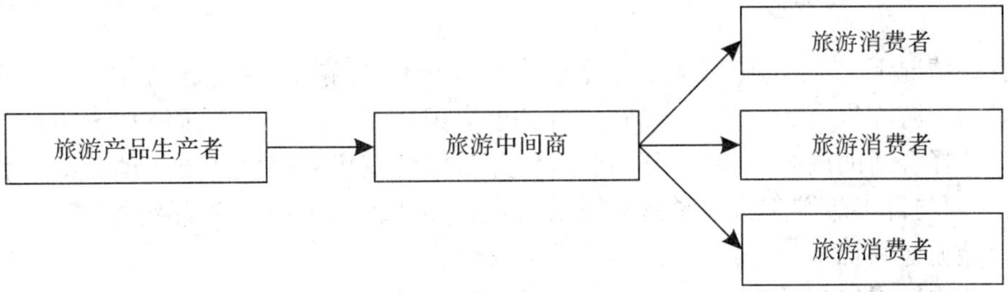

图 8-6　窄营销渠道

窄营销渠道的优点有:①旅游产品生产者和中间商的联系十分紧密,相互间的依附性很强,中间商会全力帮助旅游生产企业销售其产品,并帮助其分担各种销售和广告费用,有利于提高旅游产品的生产效率和销售效率;②中间商可以随时把市场信息传达给生产者,从而有利于信息的交流和沟通。

窄营销渠道的缺点有:①旅游产品生产者对中间商依附性太强,一旦两者间的关系发生变化,若在短时间内找不到替代渠道,将会面临重大危机;②销售范围狭隘,容易因销售力量不足,使产品不能迅速分销,影响再生产的顺利进行。

【同步思考 8-1】

某酒店的营销渠道选择

某一家酒店地理位置优越、交通便利、社会知名度较高,而且酒店的产品较有特色,吸引力大。请问:该酒店在营销渠道方面可采用什么渠道方式销售?

分析说明:该酒店在营销渠道方面可采用短营销渠道、窄营销渠道、直接营销渠道。

8.3　旅游中间商

旅游中间商是在旅游产品流通领域内专门从事交换活动的经济组织,是连接生产与消费的主要桥梁,也是营销渠道的主体成员。旅游中间商所承担的职能和工作让旅游产品供应企业的营销活动更富效率,它们的存在对生产和消费都起着不可或缺的作用。

8.3.1 旅游中间商的类型

旅游中间商是指介于旅游生产者或供应者与旅游者之间的中介组织和个人。换句话说,就是旅游产品在流通中的各个分销环节。根据这些中介组织所扮演的职能和行为方式来划分,其类型可分为旅游批发商、旅游零售商、旅游经销商以及旅游代理商等。

1)旅游批发商

旅游批发商是指专门从事团体包价旅游批发业务的旅游公司或旅行社。它们通过大量订购旅游交通企业、酒店、旅游景点等供应者的单向旅游产品，再重新进行整合，将这些产品制定成不同类型、不同价格档次的报价旅游产品，最终通过零售商分销给旅游消费者。旅游批发商在整个分销链中处于上游位置，直接针对旅游零售商并付给它们一定的佣金，起到薄利多销的作用。例如，有些旅游批发商专门借助某种交通工具组织包价旅游，通过火车专列、航空包机等形式将专线旅游产品批发给旅游零售商，获得批发利润。

有些情况下，少量的旅游批发商也会直接向团体旅游者销售包价旅游产品，除了委托独立的旅游零售商帮助销售产品外，自己也会担任零售的角色。旅游批发商根据自身的条件选择合适的旅游零售商帮助其分销，并对旅游零售商提供必要的销售支持和销售利润，从而与许多旅游零售商紧密地联系在一起，形成特定的旅游产品销售网络。

2）旅游零售商

所谓旅游零售商是指受旅游生产企业或者旅游批发商委托，直接面向广大旅游消费者进行零售业务的中介组织。它是旅游产品销售过程中的最后环节，将旅游产品售给最终的旅游消费者之后，旅游产品就退出了流通领域。旅游零售商可以是一个独立的营业组织，也可以是某一级旅游批发商的下属机构。

旅游零售商主要承担的任务有：首先，负责招徕游客，充当旅游者的决策顾问，向他们提供信息咨询服务，如有关旅游、住宿、时间、费用、服务项目等的相关信息；其次，按照合同条款的约定，承担为旅游批发商销售其产品的任务，如旅游零售商通过预订系统按照合同中约定的价格和产品形式向旅游者出售包价旅游产品；再次，为旅游者提供各种附加的产品服务，如购买旅游保险、兑换外币、办理护照和签证等；最后，发挥着旅游产品生产者与顾客之间纽带的作用。旅游零售商的主要酬劳来源于以下两种方式：一是按照与旅游批发商的合同约定，从旅游产品销售总额中抽取一定比率的佣金；二是从各种附加服务中提取佣金。

3）旅游经销商

旅游经销商又称为旅游经营商，是指从事旅游产品流通业务并拥有旅游产品所有权的旅游中间商。通俗地说，旅游经销商就是将旅游产品大量买入，再以高价售出，通过中转流通获得差额利润的中间商。旅游经销商一般都是旅游批发商，主要从事单项产品的整合、加工分类、批量销售的业务。旅游产品如果经过了旅游经销商的话，其所有权也会随之转移。因此，它们同旅游产品生产者或者供应者共同承担市场风险，它们的成败与旅游产品生产企业有着直接的关系。

4）旅游代理商

旅游代理商是指接受旅游产品生产者或供应者的委托，在一定的区域范围内和一定的时期内销售其产品的旅游中间商。旅游代理商主要从事旅游商品组织、宣传，推销团体报价旅游的零售业务，它们从旅游产品生产者或供应商那里获得产品，但并不拥有产品的所有权，因此旅游代理商和旅游产品生产者的关系并不是单纯意义上的买家和卖家的关系，而是在合同的订立下相互分工合作的协助关系。旅游代理商既包括从事批发业务的旅游代理商，又包括从事零售业务的旅游代理商。旅游代理商通过代理销售产品，从旅游产品生产者或供应者那里获得相应的佣金或者手续费。旅游代理商收益的多少，主要取决于它们售出旅游产品的数量和业绩。与旅游经销商相比，旅游代理商的经营风险更小，所投入的费用也相对较少。

8.3.2 选择旅游中间商的原则

选择旅游中间商需要注意以下三个原则，即经济效益原则、适应性原则和可控性原则。

1）经济效益原则

经济效益是每个旅游企业都追求的目标之一，因此在选择旅游中间商时，获利能力和经济效益是旅游产品生产企业首先需要考虑的问题。与直接销售相比，通过旅游中间商进行产品分销可以帮助旅游生产企业减少很多销售成本和宣传成本，而且还可以扩大销售范围，带动总利润的增长。但是如果采用旅游中间商的话，旅游生产企业必须给予旅游中间商一个非常低廉的供应价格，相对直销而言，在单位产品售价方面就会有很大的损失。如果采用旅游代理商进行销售的话，产品供应者则需向旅游代理商支付销售佣金，这无疑增加了产品的销售成本。此时，我们就需要对间接分销渠道的成本费用与销售利润收入进行比较，进而决定是否应当选用旅游中间商，或者选用何种类型的旅游中间商，以保证销售利润最大化的营销目标得以顺利实现。

2）适应性原则

对于旅游企业而言，旅游中间商并不属于完全的可控因素，因此旅游产品供应者在选择旅游中间商时还需要把握适应性原则。这种适应性主要体现在三个方面：①旅游中间商与销售地的适应性。换言之，所选择的旅游中间商必须十分了解客源地的市场环境，如该地区消费者的购买习惯、消费水平和市场环境，以保证旅游中间商能与之较好地适应。②旅游中间商与销售时间的适应性。即根据旅游产品在市场上不同时期的适销状况，旅游企业采取不同的中间商策略与之相适应。③旅游中间商与旅游生产企业彼此之间的适应性。旅游生产企业与旅游中间商是相互独立的组织机构，它们之间只是合作销售关系，在经营方式、定位策略、目标顾客等方面，旅游中间商或许会有别于旅游生产企业，因此在选择旅游中间商时，还需要考虑它们是否与旅游生产企业的营销战略、经营目标、自身资源等条件相匹配。

3）可控性原则

可控制性就是旅游产品生产企业对旅游中间商能实施有效地掌控和管理的程度。这是衡量与旅游中间商的合作关系是否稳定的重要指标。可控性的强弱直接影响着旅游产品生产企业的市场占有率以及长远目标的有效实现。旅游企业自己设立的分销系统虽然容易控制，但是成本较高，市场的覆盖面较窄，企业不可能完全依靠自行分销系统开展营销工作。但是如果依靠旅游中间商的话，因其是独立于旅游产品生产者的企业，因此对旅游中间商的可控程度就需要予以充分考虑。

旅游企业对销售渠道的控制一般体现在两个方面：一是旅游企业与旅游中间商的利害冲突以及处理的难易程度；二是同一渠道层次旅游中间商的关系协调难易程度，如在同一地区的旅游中间商是否会发生冲突,发生冲突后能否很好地协调解决。

【知识链接 8-2】

旅游中间商的激励

旅游中间商是独立于旅游生产企业的中介机构。它们之所以会愿意并且积极地帮助旅游企业推销某一旅游产品,主要是为了得到较高的佣金和利润。为了让旅游中间商重视推销本旅游企业的产品,旅游企业往往需考虑运用一些激励手段,以调动其积极性。旅游企业可以:

- 采取差异折扣或者佣金、年终奖金、各种形式的津贴等,对超过不同定额销量的旅游中间商给予差异性的奖励。奖励的程度要足具吸引力,这样才能有效刺激旅游中间商的销售热情和工作态度。
- 开展销售竞赛,对于销售业绩突出的旅游中间商给予特别的奖励。
- 邀请旅游中间商参观考察,通过产品体验来提高其对有关产品的了解。
- 以提供免费电话以及宣传材料等各种助销措施,为旅游中间商积极开展工作创造条件。
- 定期对旅游中间商提供人员培训,如组织推销人员来本企业进行商业咨询、产品介绍、销售技巧等方面的培训。这有利于加强合作双方的相互了解,促进沟通,为旅游企业营销目标的实现奠定基础。
- 授予业绩突出的旅游中间商相应的特权,以加强合作关系。

激励的方法还有很多,不管采取何种激励方法,都必须是围绕着旅游中间商的需求而设计的,目的在于提高它们的销售业绩。此外,激励手段是否奏效,还需满足一个前提条件,那就是旅游产品质量和服务的可靠性。

8.4 旅游营销渠道的选择策略

营销渠道类型的多样化要求旅游企业选择适当的营销渠道,这样才能保证旅游企业的产品有效地分销到旅游者手中,实现旅游产品的市场价值。渠道的决策往往是市场营销组合中最为困难和复杂的环节之一。一个旅游产品供应商很难单独地作出全部渠道的决策。一般来说,渠道决策是多方面共同的抉择。旅游产品生产企业可以选择旅游中间商,相反旅游中间商也可以选择旅游产品供应方,因此旅游企业必须充分评估各种影响渠道选择的因素,作出最佳决策。

8.4.1 影响旅游营销渠道选择的因素

旅游企业在进行营销渠道选择时,会受到诸多因素的影响和制约,旅游企业必须充分考虑这些影响因素,对可供选择的渠道进行评估和选择。

1)产品因素

旅游产品因素涉及价格、易储性、专用性或通用性、技术性、生命周期等因素。

(1)价格。对于定位在高端市场的旅游产品而言,由于产品单价昂贵,其销售数量较少,且对销售的设施、技术、服务、售后等方面有较高的要求,因此宜采用直接销售或短渠道销售的方式。如高端旅游住宿产品,大多是通过酒店集团自己的中央预订系统进行直接预订销售的。相反,价格便宜、购买人数多而广泛的旅游产品则往往采用多环节间接分销的方式,让旅游中间商承担部分销售成本,这样有利于在最大限度上覆盖整个市场,方便旅游消费者购买。

(2)易储性。旅游产品是否容易储存也是确定产品分销渠道的重要因素。对于那些不易储存的产品来说,渠道的长度不宜太长,应该采用短而迅速的结构,如饭店中鲜活产品的销售渠道一般都比较短。旅游行业的很多产品都具备不可储存的特点,因此更适合采用短渠道。

(3)专用性或通用性。通用的标准产品产量大、用户多而分散,一般采用间接的销售方式。如很多旅游常规线路产品都是通过大量的旅游经销商帮助分销的。专用产品和定制性旅游产品,由于旅游者对产品的品质、规格、性能要求各不相同,他们可直接向旅游产品开发商提出要求并订购产品,且专用性产品购买的人往往不像通用性产品那样多而广泛,因此应采取直接销售渠道或者窄而短的渠道形式。

(4)技术性。技术性很高的产品往往是通过旅游生产企业销售人员直接面对目标顾客进行推销的,因为中间商可能对产品的性能缺乏了解,而且还需要很强的维护技术以及配套服务,因此应选择直接销售渠道或短渠道销售。

(5)生命周期。对于产品生命周期短的产品,应当尽量缩短分销渠道,早日投放市场,迅速实现产品形态向货币形态的转变。营销人员可选择直接营销渠道或者短而宽的营销渠道,以免造成滞销。

2)消费者特点

(1)消费者每次购买数量的多少。如果每次消费者购买数量较多,营销人员多采用直接销售渠道或者短渠道的销售方式;反之,如果购买数量较少,除了自己设立营业分销网点外,一般企业都会采用批发商或者代理商进行销售。

(2)消费者的购买习惯。旅游者习惯于哪种购买方式对于营销渠道的结构十分重要。如某些散客线路,消费者只求购买方便,那么销售网点应该多而分散,通常采用间接的销售形式;对于那些高档的特色豪华旅游产品,则多采用直接营销方式。

(3)消费者的分布。如果目标顾客很集中,应该采用直接销售渠道和短渠道;如果客源比较分散,则一般采用间接性的营销渠道或者宽渠道,有利于扩大旅游产品的销售范围,将其广泛地销售出去。

3)市场因素

市场因素在营销渠道决策中起着举足轻重的作用,通常涉及以下几个方面:

(1)市场规模。市场规模指的是目标市场上潜在顾客数量以及需求人数的多少。旅游市场的规模直接决定着营销渠道的长度和宽度。一般来说,市场规模越大,销售渠道的长度和宽度也应随之扩大,以有效满足市场需求。

(2)目标市场在地理空间上的分散程度。通常,目标市场在地理空间上的分散程度越高,旅游产品生产企业的营销工作也就越难控制,其销售成本也越高。因此,通过旅游中间商进行间接销售,可以帮助旅游生产企业减少其销售经营的成本负担,取得更大的经济效益，还可以集中资源和精力搞好生产，提高旅游产品的质量。

(3)产品销售市场的季节性和时间性。大部分的旅游产品在销售方面都呈现出显著的淡季和旺季，因此渠道选择还需将产品的销售季节特征考虑进来。在销售旺季，为了不失去销售时机，应当充分利用旅游中间商的作用，采取宽渠道扩大产品的销售范围，让产品尽可能迅速而广泛地转移到旅游消费者的手中，促进旅游产品的销量提升。相比之下，在淡季，因为市场需求有限，为了节省流通费用，则应当降低单位售价，直接销售方式更为适宜。

(4)竞争者的销售渠道。企业一般采用与同行业竞争对手相似的营销渠道，以便展开竞争，而且也便于旅游消费者在同类产品中享有更为充分的选择机会。

4)企业自身条件

旅游销售渠道模式的选择也会受到企业自身因素的影响。

(1)资金。如果旅游企业的规模大，资金较为雄厚，而且在市场中拥有较好的信誉，那么旅游生产企业对营销渠道选择的余地就较大，甚至可以建立自己的销售网点进行直接销售。如上海春秋旅行社1994年研发了春秋广域网软件，直接建立电脑终端联网，同时开始在全国建立子公司，目前它已发展成为全国网络铺设最为广泛的旅行社。对于资金较为薄弱的小型旅游企业来说，则需依靠旅游中间商的协助进行分销，对它们而言间接的营销方式更为有效。

(2)经济效益。旅游企业经济效益也是营销渠道选择需要考虑的最根本因素之一。总体来看，缩短渠道，减少中间环节，有利于降低单位售价，增强产品在旅游市场上的价格竞争优势，从而提高经济效益。但从某些方面来看，只有增加中间环节，才能把旅游产品更广泛地销售出去，带动总体利润的增长。

(3)销售能力和管理能力。如果旅游企业在销售能力、经营经验、营业设施等方面都具备良好条件，而且有自成一体的销售网络，则可采用直接的销售渠道。相反，一些旅游企业缺乏必要的渠道活动能力，那么寻找一个能够提供专业服务和配套的旅游中间商就显得尤为重要。

5)环境因素

环境因素包括很多方面，如政策法规、自然环境、科学技术、竞争环境等。首先，旅游市场营销渠道在不同的国家和地区往往会受到许多政策法规的限制，如客源市场所在国是否允许国外旅游企业在该国设立和经营自己的销售网点等，这些问题都会影响旅游企业对分销渠道的选择。其次，自然环境对营销渠道也有影响。地处偏远地区的旅游产品往往需要借助间接的营销渠道，以加大分销力度；倘若旅游产品是销往交通便利的地区，则直销的效果会更好。再次，竞争方面的因素也会给旅游销售渠道带来影响，如我国加入了世界贸易组织，大量的外资旅游企业正逐步进入中国市场参与市场竞争，面对竞争的日益加剧，为了追求利润，增强旅游产品的市场竞争力，直接为顾客提供优质的服务和产品，旅游分销渠道呈现出渐渐缩短的趋势。最后，科技在不断进步，网络营销正以迅猛的发展态势运用于旅游产品的分销活动中，如很多大型的国际酒店集团都在开发自己的中央预订系统，利用计算机网络系统，使旅游企业直接和异地顾客进行交易，大大降低在各个地区设立门市的成本。此外很多网络分销商也慢慢出现,正逐渐取代传统的旅游零售商,如携程网实际上就是一个大型的旅游超市,旅游消费者登录该网站,可以直接订购各种旅游产品,节约了很多购买成本。

8.4.2 旅游营销渠道的策略种类

旅游营销渠道策略是旅游产品生产者或提供者在销售产品时,对所选旅游中间商数量和特征设计的基本对策。

1)直接销售渠道策略

直接销售渠道主要应用于短距离的大众旅游产品或酒店产品,如"近郊游"、"一日游"、酒店客房产品等。目前也有部分旅行社在销售长距离旅游产品时采用直接销售渠道。当今信息科技日新月异,很多旅游生产企业纷纷建立自己的网络预订中心和产品销售网站,通过互联网直接向旅游者进行产品展示、网络预订、异地交易、信息收集以及意见反馈等业务。网络直销为旅游产品供应者节省了很多销售成本,增强了它们的产品的价格竞争优势,有利于扩大产品的市场销量和市场占有率,并促进了产品生产者和旅游消费者的有效沟通。网络分销的运用为直接销售渠道的发展提供了更为广阔的平台。

【知识链接 8-3】

酒店行业的网络直销趋势

当今,互联网已成为酒店业最为重要的销售渠道之一。2009 年,排名前 30 位的酒店品牌,其总体酒店中央预订系统的预计量中有 54.2% 来自在线渠道,与 2008 年相比上升了 6.6%。相反,全球分销系统和电话这两个传统分销渠道的预订量已连续数年稳步下跌。

2)间接销售渠道策略

间接销售渠道策略是旅行社产品销售的主要方式之一,特别是被运用于长距离海外入境旅游产品。间接销售渠道策略通常包括专营性渠道策略、广泛性渠道策略以及选择性渠道策略。

(1)专营性渠道策略。专营性渠道策略是指旅游产品生产者或提供者采用间接的销售方式,在一定时期、一定地区内只选择一家旅游批发商或者旅游零售商来销售旅游产品,使该中间商成为本旅游企业的独家代理者或经销者的分销策略。一旦专营性的分销渠道建立起来,旅游企业只能向该旅游中间商提供本旅行社的产品,该旅游中间商则只能向本旅游企业提供客源,双方均不得在当地同对方的竞争对手进行业务往来,如英国的促进社、韩国的华丰旅行社分别只能经销中国在该地区的旅游产品。

这种渠道的优点在于:①旅游中间商和旅游生产企业的合作关系较为紧密。如果旅游产品生产商所投放市场的产品适销对路,就会给旅游中间商带来可观的利益;而旅游中间商的积极销售也会促进旅游生产企业的利润增长。目标一致、互惠互利的关系有助于双方的合作更为紧密。②分担费用、分散风险、减少财务压力。由于双方的利益联系紧密,因此合作双方都愿意为共同的目标而投资,进行必要的促销宣传活动,旅游中间商愿意帮助生产企业分担大量的销售费用,降低了财务风险。其缺点在于:①只通过一家旅游中间商进行独家经销,分销范围和能力有限;②旅游生产企业对旅游中间商的依附性太强，旅游企业的经营风险较大。

专营性渠道适合用于旅游企业对新市场的初创时期，特别是针对专业性极强的特殊旅游产品往往会有较好的效果，如专业登山旅游线路产品、汽车拉力赛旅游产品等。

(2)广泛性渠道策略。广泛性渠道策略是指旅游企业在所有销售渠道中不加限制，任何旅游中间商都可以参与销售其旅游产品，通过广泛的销售渠道，以达到提高利润、扩大销量的目的。采用这种策略，凡是愿意推销本企业产品的旅游中间商都可以和旅游生产企业建立业务关系，甚至也不禁止旅游中间商同时销售竞争对手的产品，双方相互的约束很少。

这种渠道的优点在于：销售范围广泛，特别是当旅游生产企业规模较大，且享有很高的品牌知名度和美誉度时，采取此策略往往能达到理想的效果。其缺点在于：会给旅游企业造成巨大的销售成本开支，因为旅游企业要维持一个稳定而且广泛的渠道网络，需要有效地激励旅游中间商为本企业作出贡献，如为旅游中间商提供额外的宣传服务、培训服务、财务支持等。

广泛性渠道策略一般适用于客源比较分散的大众化旅游市场。目前我国旅游产品处于供大于求的买方市场，国际旅行社都希望和更多的海外旅游中间商建立业务关系，因此大多采用广泛性渠道策略。

【同步案例 8 -1】

广开渠道，八方纳客

W 酒店是一家老牌的旅游酒店，过去一直靠与旅行社联系，接待旅游团体。随着商务市场的火爆，酒店也进行了更新和改造，并且设置了商务中心、行政楼层等，以期吸引更多的商务客人。尽管改建后的酒店设施设备达到了本市的一流水平，但是酒店的繁荣仅仅维持了一年多，便因为其他新建竞争对手的兴起而结束。W 酒店管理层经过调研发现本企业产品和服务都是一流的，与其他酒店相比具有较强的竞争力，价格上也具有优势，问题在于客源中 80% 均为上门散客，他们大多因为在附近办事或者碰巧看到酒店引人注意的标志而进来住店。靠公司商社提前订房或者其他代理机构预订的较少，即使有也是慕名或其他酒店无法安排后才到本店来的。酒店除了极少数附近固定的客户外，大多是不固定的零散客人。许多客人反映不知道通过什么简便途径与酒店联系，他们感到通过长途电话、传真方式订房很烦琐也不准确，尤其是临时性的公务旅行往往没有时间订房。此外，由于客源结构单一，往往造成高峰期较满，而周末或者其他低峰时期没有客源，使酒店的业务运营出现较大的差异。另外，因为上门散客所占比例过大，使得酒店难以作出营运计划，诸如人员安排、采购等都难以平衡，造成服务质量问题。

要求：请分析是什么原因让老牌旅游酒店陷入如此尴尬的处境。

分析提示：W 酒店存在的主要问题在于销售渠道过少，没有很好地利用中间商进行销售，仅仅靠自身接待上门散客，限制了市场层面。另外，酒店销售途径也不通畅，传真方式使客人很难方便、简单地进行订房，客观地造成了现有的客源流失，而且酒店的网络销售技术落后，如果进行直接销售，难以满足客人在使用网络媒体预订方式上对订房的新的要求。

(3)选择性渠道策略。选择性渠道策略是指旅游生产企业在特定的市场中,挑选若干个信誉较好、推销能力强、业绩突出的旅游中间商进行产品销售的渠道策略。这种策略的成败主要取决于对旅游中间商的考察。旅游企业针对市场中不同的旅游中间商进行考察,发现那些在市场营销、管理能力、经济实力、商业信誉等方面较为突出的旅游中间商后,通过谈判与它们建立稳定的业务关系,让它们充当本企业的销售代理。

这种渠道的优点在于:①首先,旅游生产企业与旅游中间商的合作关系比较紧密,保持着较为广泛的联系,有利于扩大旅游产品的销售;②旅游中间商是经过旅游生产企业严格认真挑选的,因此旅游中间商都拥有较高的经营实力和良好的声誉,有利于帮助旅游企业创出品牌,提高营业效益;③有利于降低销售成本。其缺点在于:旅游企业与旅游中间商之间相互满意选择的难度很大,要想让这种渠道策略完全付诸实施并达到理想效果有一定的难度。

【知识链接 8-4】

旅游企业选择旅游中间商的考虑因素

旅游企业决定采用选择性渠道策略时,通常会考虑以以下因素作为评判标准:

- 旅游中间商的市场范围;
- 旅游中间商的产品政策;
- 旅游中间商的地理区位优势;
- 旅游中间商的产品知识;
- 预期合作程度;
- 旅游中间商的财务状况及管理水平;
- 旅游中间商的促销政策和技术;
- 旅游中间商的信誉和综合服务能力。

【职业道德与企业伦理 8-1】

团购网站涉嫌"零负团费"

随着电子商务的发展,旅游团购日渐流行,已成为不少年轻游客的首选。不过,"零负团费"的消费陷阱也正在网上蔓延。安徽省旅游质监所通报了他们根据市民举报查处的一起利用网络团购涉嫌无证经营旅游业务,兜售旅游券及涉嫌操作"零负团费"的案例。据了解,市民在给省旅游局的举报中称,一家团购网的合肥站提供海南双人五日游贵宾券,仅 228 元,到旅行社另付 380 元可享受原价 2 760 元的 5 日浪漫海南三星品质双人游,外加 10 万元旅行社责任险。接到市民举报,省旅游局监督管理处、省旅游局质监所先后两次派人员以游客身份到该单位进行暗访,在查明举报情况属实后,5 月 5 日上午对该单位进行了检查。检查中发现,该单位所提供的"浪漫海南 5 天 4 夜三星品质双人游"抵用券系由深圳市的一家旅行社印制并通过该团购网站在全国范围内进行销售的,而该单位作为团购网站合肥运营中心,是抵用券在合肥地区的取票点。省旅游局检查组认为,该抵用券已构成"零负团费",此券在合肥地区的销售,严重扰乱了合肥旅游市场。

该单位的行为涉嫌违反了《中华人民共和国反不正当竞争法》、《中华人民共和国消费者权益保护法》、《中华人民共和国价格法》、《中华人民共和国广告法》、《旅行社条例》等法律法规。

要求:请谈谈你对我国电子分销网络的认识。

分析提示:我国电子商务虽发展得如火如荼,但存在着严重的跟风、模仿现象,且由于网上开店人员的素质参差不齐,信誉低、假货水货等一系列问题层出不穷。行业规范化、产业优异化是未来电子商务市场发展值得注意的问题。与其他的国民经济产业一样,电子商务的发展与运行也需要有良好的政策与法律环境。目前,为引导和推进电子商务的发展,调节和规范电子商务行为,国家从不同角度对电子商务的发展所面临的政策与法律问题进行了研究,已经或正在制定和实施相关电子商务政策与法规。2010 年 5 月 31 日,国家工商总局出台了《网络商品交易及有关服务行为管理暂行办法》,并于同年 7 月 1 日起施行。这标志着我国电子商务开始逐步走向法制化道路。

资料来源:http://news.chinabyte.com/247/11540247.shtml.

8.4.3 旅游营销渠道的调整策略

为了适应多变的市场需求,旅游企业需要经常根据自身情况以及旅游中间商的业绩表现来调整营销渠道。营销渠道调整的方式主要包括以下三种:

1)增减旅游营销渠道中的旅游中间商

在管理营销渠道过程中,旅游企业要本着"高效率低成本"原则,定期并及时检查和评估旅游中间商的业绩表现,从而随时调整合作关系。对于效率低下、推销力度不足、对渠道整体运作有严重影响的旅游中间商,应终止与其合作。如果有必要,可以另选合适的旅游中间商加入渠道。有时因竞争者的渠道宽度扩大,影响到自己的销量,旅游企业也可以顺势增加旅游中间商的数量,以应付竞争。

2)增减某一条旅游营销渠道

随着市场的变化,旅游企业有时发现自己的营销渠道过多,有的渠道作用不大。从提高营销效率的角度考虑,企业可以适当地缩减一些渠道。相反,当发现现有渠道过少,不能使产品有效地抵达目标市场而影响产品销路时,企业应增加新的渠道。

3)改变整个旅游营销渠道

这种调整的力度最大,意味着需要重新建立起新的营销渠道系统,取代原有的分销体系。旅游企业原有的渠道发生了无法调和的矛盾冲突,造成了整个渠道的极大混乱甚至分销功能的严重丧失,或者由于旅游企业的战略目标和营销组合实行了重大调整,都有可能需要对渠道进行重新设计和组建。在对整个渠道进行改变时,旅游企业必须进行认真细致的调查研究,权衡利弊,作出决策。

【情境模拟 8-1】

场景:某五星级酒店品牌即将在本地开业。为了扩大销量,更好地获取利润,该酒店需要制定营销渠道策略,选择合适的旅游中间商进行合作。作为该酒店的营销人员,请在市场调查的基础上,给出营销渠道建议。

操作:学生随机组合成为营销团队,在借鉴本地五星级酒店营销渠道经验的基础上,给出本企业合理的营销渠道策略。

知 识 题

8.1 旅游营销渠道有哪些类型?请说明它们各自的优缺点。

8.2 旅游企业在选择营销渠道时应当考虑哪些要素?

8.3 旅游营销渠道的选择策略有哪些?请指出它们各自的优缺点。

实 务 题

将学生分组,分别扮演旅游企业门市部的销售员或旅游者。请尝试向游客推销旅游产品,并从中体会直接销售渠道的优缺点。

案 例 题

根据玉龙雪山景区的统计,《印象丽江》自 2006 年 7 月 23 日公演以来,2007 年接待观众 23.64 万人,2008 年接待观众 60 万人,2009 年接待观众 140 万人,全年演出 927 场,每天演出 3 ~4 场,门票收入超过 1.5 亿元,净利润 7 300 万元,观众人数和净利润均超过了《印象刘三姐》。《印象丽江》为什么能取得这样优异的市场业绩呢?事实上,《印象丽江》在 2006 年下半年,曾经遭遇了相当大的市场困难,其中之一就是云南旅行社行业低价竞争严重,景区在销售渠道方面没有市场话语权。人气最惨淡的时候,500 名演员的大型实景演出,现场只有 8 名观众。后来,景区决定直接经营,对运营流程、市场策略和演员管理进行了一系列改革,这一投资巨大的实景演出逐步走上良性的发展轨道。当初,《印象丽江》在营销管理方面最棘手的问题是如何选择渠道模式。从国内景区的市场实践来看,专营性渠道模式不利于景区的市场发展。多数景区主要采用广泛性的分销方式,其渠道主体是成千上万的中小旅行社。其中,大型景区有时也会深入客源地市场开展远程促销。中小型景区由于实力有限,团队客源主要依靠地接旅行社。《印象丽江》在市场营销过程中,渠道模式是选择性渠道策略。所谓选择性渠道策略,是指景区并不针对所有旅行社实行分销,而是抓住旅游分销链上的某些关键环节,跟少数旅游代理商合作,逐步建立多层次的营销渠道。

问题:为什么丽江玉龙雪山景区要采取选择性渠道策略呢?

分析提示:景区之所以这样做,是为了加强对客源市场的营销控制力。如果按照传统方式,完全依赖地接旅行社,景区不仅要向旅行社大幅让利,而且会放慢《印象丽江》导入市场的速度。景区管理层采取三个营销步骤:其一,瞄准港澳台地区的高端客源,树立《印象丽江》大型实景演出的高端品牌形象,吸引国内旅行社跟进。其二,深入客源地市场,针对大型组团社直接促销。比如在珠三角地区,与南湖国旅·西部假期合作,将《印象丽江》纳入其西部旅游常规线路。同时,借助其同业宣传平台,面向珠三角地区的其他组团旅行社,大力宣传包括《印象丽江》在内的线路品牌。其三,销售平台前移至昆明,以授予代理权的方式,跟大型地接社建立战略合作关系。这样,景区既体现了对龙头旅行社行业地位的充分认可,又确保了团队客源的大幅增长,还消除了中小旅行社低价竞争的市场空间。在考虑《印象丽江》的市场运作时,其营销思维的基本出发点一直是在旅游分销链上寻找市场突破口,尽量选择有品牌、有客源的少数旅行社作为代理商。这一点体现了垂直分销的市场思维,有别于国内景区目前过于扁平化的渠道体系。

实训题

实训项目:请结合本章的学习内容,选取本地的一家旅行社,为其设计合理的营销渠道。

实训目的:通过实训,使学生掌握现代营销的新模式、新策略;培养学生进行销售渠道策划的初步能力。

实训步骤:本实训可以通过以下步骤实现:①随机组成营销小组,组织其调查访问不同类型旅游企业的销售渠道;②撰写小组访问报告;③结合实际,为所选旅行社设计合理的营销渠道;④小组将成果制成 PPT,在课堂上进行汇报。

实训成果:本实训最终成果为:①小组访问报告;②小组 PPT 汇报。

第9章 旅游营销沟通与促销组合策略

学习目标

知识目标：掌握旅游促销的概念；掌握旅游促销组合的基本内容和功能；掌握旅游广告、旅游人员推销、旅游营业推广、旅游公共关系。

能力目标：能够使用各种旅游营销沟通与促销的方法和手段；具备旅游企业间的信息沟通能力；具备为旅游目的地或旅游企业设计促销方案的能力。

素质目标：培养学生的沟通能力、口头表达能力和团结协作、勇于创新的精神。

【引例】

迪士尼的成功促销

谈到美国的旅游景区，许多人可能不知道尼亚加拉瀑布或科罗拉多大峡谷，但是恐怕没有人会不知道迪士尼乐园。早在1964年，美国总统约翰逊在授予公司创始人沃特·迪士尼"国家自由勋章"时，就曾赞许道："作为一名艺术家，沃特·迪士尼在旅游娱乐业领域，已经创造出了一个美国大众文化的奇迹。"如今，迪士尼与可口可乐、麦当劳、玛利莲·梦露一起，被称为美国娱乐消费的"四大天王"。

迪士尼的促销之道可总结为以下五点：

(1)卡通电影树立品牌形象。从1928年《威利蒸汽船》里倾倒世人的欢乐天使米老鼠开始，80余年来，迪士尼不断创造出人见人爱的卡通形象，无论是唐老鸭、三只小猪、白雪公主、辛巴，还是花木兰、木须龙，无不是光彩夺目、熠熠生辉的超级巨星。然而，走红的并不只是卡通形象自身，作为传递欢乐的载体，迪士尼公司也在传递着它的品牌内涵，树立着它的品牌形象。

(2)浪漫而神奇的童话王国。1955年，第一家迪士尼乐园在美国洛杉矶建成，以后又在美国佛罗里达州、日本东京、法国巴黎和中国香港相继建立了迪士尼乐园。在每一家乐园里，欢乐如同空气般无所不在，无论是建筑风格，还是娱乐项目，无不努力营造着一个超凡脱俗的梦幻世界。在这里，孩子们可以延续他们童话故事中的美梦，而成年人可以拾起他们未泯的童心，体会真实与纯洁。迪士尼乐园还尽量使用现代化的电子设备，每年补充更新娱乐内容和设施，使乐园成为一个容纳新鲜事物、纯真情感的"欢乐王国"。

(3)服务营销、沟通无限。迪士尼公司找到了欢乐的四项要素，即安全、礼貌、优美和效率，并由此升华出“迪士尼礼节”。围绕这四项要素的要求，迪士尼斥资训练员工，以提供优良的服务，并专门成立了迪士尼大学。公司还在整个组织结构中统一服务绩效，通过顾客建议和投诉系统等了解顾客的满意情况，力求以服务创造市场。

(4)迪士尼频道传播迪士尼信息。1983 年，迪士尼创建了“迪士尼频道”，专门用来播放迪士尼制作的影片、卡通及电视节目。1994 年，通过与中国台湾博新公司、英国天空电视台签约及收购大都会——美国广播公司，迪士尼走向了世界。到 1994 年，该频道的订购人数升到了 400 万人。

(5)迪士尼形象遍地开花。迪士尼通过特许经营发展玩偶消费品，每年利润近 1 亿美元。同时，玩偶消费品又成为迪士尼公司营销其卡通形象的重要手段。例如，1995 年《玩具总动员》上映之前，迪士尼公司动用了一切它所能使用的传媒和途径对其进行宣传，包括迪士尼频道、迪士尼商店、迪士尼的宣传画册、迪士尼的合作伙伴——汉堡王快餐连锁店。而该片上映之后，主角玩偶又出现在玩具商店中，出现在圆领衫、书包上，这样，卡通片又促进了迪士尼商品的销售。

资料来源：http://www.disney.cn/.

旅游促销是市场营销中最具活力和创意的领域，它具体表现为广告宣传、营业推广、人员推销和公共关系四个方面策略的综合运用。通过对这些内容的学习，学生能更好地运用旅游促销组合策略，为旅游营销活动的成功打下基础。

9.1 旅游产品促销及促销组合

由于旅游产品具有不同于一般产品的无形性特征，绝大多数旅游产品的买卖很难做到供需直接见面，且其使用价值不像一般产品那样容易感知，对其使用价值的判断带有很强的个人主观性，因此，旅游产品生产经营者更应重视与旅游消费者的沟通，尤其是沟通方式的选择及沟通内容的确定。旅游产品生产经营企业应首先通过市场调查掌握旅游消费者的需求及爱好，在此基础上，以最恰当的方式与旅游消费者进行交流与沟通，以扩大销售，这就是旅游促销。

旅游促销的实质是旅游产品生产经营者与购买者之间的信息沟通。其原理是通过各种方式不断向购买者传递企业及产品或服务的信息，以形成外界刺激，激发购买者的欲望，促使其采取购买行动。

9.1.1 旅游促销系统的构建

旅游促销系统的构建需要解决以下问题：

1)明确目标受众

明确目标受众所要解决的问题是明确向谁沟通、对谁促销的问题。旅游营销信息发送者要有明确的目标受众，才能提供有针对性的信息，并达到预期效果。

2)确定所要达成的目标

旅游企业作为旅游信息发送者，希望达成的最大目标是受众在受到旅游信息刺激后产生购买行动。按反应层次理论，潜在旅游者在购买前，通常要经过六个过程，即知晓、认识、喜爱、偏好、确信、购买。具体促销时要根据实际确定明确的目标。

3)拟定旅游信息

旅游企业在明确所要达成的沟通与促销目标后，旅游经营者要拟定有效的旅游信息。旅游企业经营者在拟定旅游信息时，要注意四个方面(如图9－1所示)。

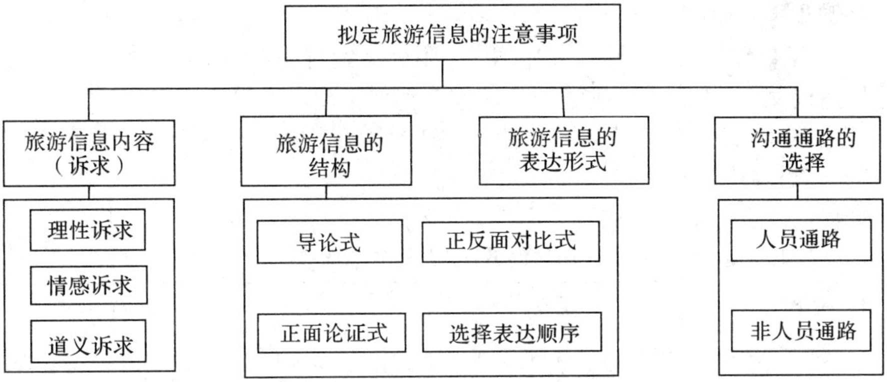

图9－1　拟定旅游信息的注意事项

4)选择信息传播媒体

旅游企业营销管理人员通过选择适当的媒体，以最少的广告费用投入获得最大的广告效益。所选择的媒体针对性越强，广告效果越好。旅游企业通过选择最佳广告媒体，把旅游广告信息有效传递给目标受众。

5)沟通反馈

旅游信息沟通包括广告、公关、营业推广、人员推销、网络沟通五大策略。各种不同的策略组合各有其优缺点。旅游企业需要密切注意沟通信息的反馈，如实际沟通效果如何，目标旅游市场受众的态度发生哪些有利于沟通者的变化，如何做得更好等，调整改善沟通工具和沟通策略，不断提高沟通效果。

6)编制沟通与促销预算

在沟通与促销费用确定后，旅游企业要把费用合理分配于广告、公关、营业推广和人员推销等具体沟通与促销方式中。各种沟通与促销方式作用不同，且又有一定的互补性、替代性。旅游企业沟通与促销预算费用的分配要根据不同旅游产品、不同时期、不同目标受众而有所侧重。

7)对旅游沟通与促销信息的管理

旅游沟通与促销信息管理的主要任务是根据旅游企业总体战略及阶段性目标编制沟通计划并付诸实施，在人员、机制上予以保证，并对沟通全过程实行监控，及时纠偏，不断改进，防止出现大的疏漏，树立良好的产品形象和企业形象。

9.1.2 旅游促销组合及促销策略

旅游促销组合就是有目的、有计划地把广告、人员推销、营业推广和公共关系四种促销形式结合起来，综合运用，发挥各自优势，达到旅游企业促销的目的。旅游促销组合的运用非常灵活，既讲究科学性，也讲究艺术性。要正确、高效、科学地制定促销组合，营销人员必须清楚各促销方式的特点、优势及不足。以下为四种主要促销方式：

• 广告，即企业在支付一定的费用后，利用大众传播媒介向公众传递有关企业及产品的信息。

• 人员推销，即旅游企业利用推销人员直接与消费者面对面地接触，以达到使消费者了解并购买本企业产品的目的。

• 营业推广，其形式有很多，如优惠券、附赠品销售、有奖销售、展览会等。营业推广鼓励尽快达成交易，能有效地刺激信息接收者在促销现场作出购买决策。

• 公共关系，即旅游企业以非付费方式通过大众传播媒介来改善并提高企业在公众心目中的形象，宣传企业及其产品。

四种促销方式的优缺点比较如表 9－1 所示。

表 9－1　四种促销方式的优缺点比较

促销方式	优点	缺点
广告	宣传面广，传递信息快，节省人力，形象生动	只能与消费者进行单向信息传递，效果不能立即体现；有些媒体促销的投入较高
人员推销	直接面对消费者，有利于了解消费者的特点和需要；互动性强，有利于与顾客形成长期的关系	人员多，推销力量不易改变，费用高
营业推广	容易吸引注意力，作用快速，刺激性强	效果通常是短期的，适用于短期促销行为
公共关系	对消费者来说，真实、可信、容易接受，有利于树立企业形象	活动牵涉面广，并非企业可自行控制的

旅游产品处于不同的生命周期阶段，四种促销方式的使用侧重点也不一样，旅游产品应采取不同的促销组合方式，如表 9－2 所示。

表 9－2　旅游产品生命周期与促销重点及促销组合方式表

旅游产品生命周期	促销重点	促销组合方式
投放期	提高知名度	采用广告及公共关系促进顾客对旅游产品的了解；采用营业推广作为辅助手段吸引旅游者购买
成长期	宣传产品特色，扩大市场占有率	以广告和公共关系促销为主
成熟期	稳定客源，吸引潜在客源	以人员推销和广告为主；更新广告，配合营业推广
衰退期	保留老顾客，促使旅游者购买	针对老顾客保留提示性广告；采用营业推广吸引旅游者购买

旅游促销策略是对几种促销方式进行选择、组合和应用。旅游促销策略有三种，即推动策略、拉引策略和推拉结合式策略。不同旅游促销策略对各种促销方式的重视程度

是不同的。

1)推动策略

推动策略是指旅游企业将产品或服务通过分销渠道“推”到旅游中间商或最终消费者手中,多以旅游中间商为促销对象。旅游产品生产企业以推动策略来指导渠道成员的促销活动,可以使旅游中间商多订购产品并最终销售给购买者。推动策略通常使用的促销方式为人员推销和销售推广。(如图 9－2 所示)

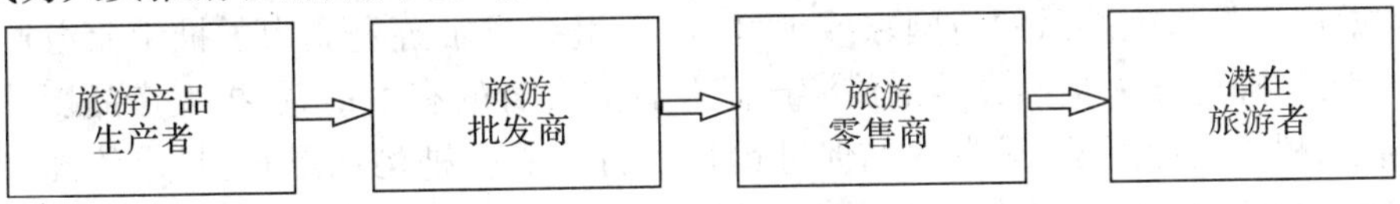

图 9－2　推动策略示意图

2)拉引策略

拉引策略即旅游产品生产企业大量运用广告和其他宣传措施,激发消费者对企业产品发生兴趣,产生购买行为。拉引策略多以最终消费者为促销对象,使消费者“拉动”产品沿着分销渠道运动。(如图 9－3 所示)

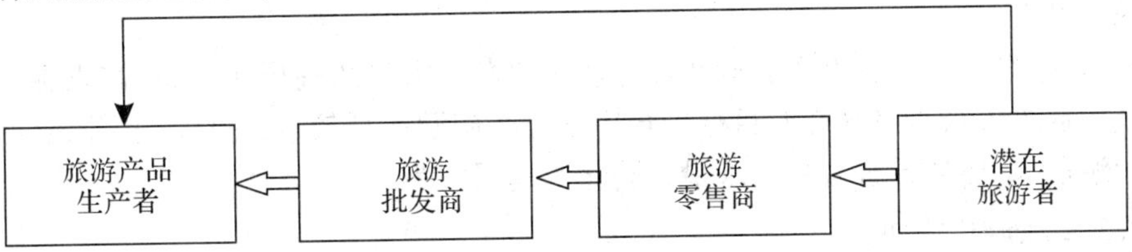

图 9－3　拉引策略示意图

3)推拉结合式策略

在旅游市场营销实践中,大部分企业都会把推动策略、拉引策略结合起来运用,即在吸引潜在旅游者购买的同时,努力调动旅游中间商经销或代理的积极性。

【同步思考 9－1】

婚宴推销

婚礼是宴会的重要来源,婚宴的主要客源是当地居民。在推销婚宴的过程中,销售人员可以通过调研了解婚礼名单,然后给这些人邮寄婚礼推销材料和菜单。广告是婚宴推销的有效手段,因为婚礼客源的大众性,往往是一次性的生意。许多饭店在当地报纸上刊登举行婚礼的广告。另外,饭店还可以利用免费提供新婚礼服、接送新婚夫妇、婚礼照相服务、特邀乐队演奏、结婚蛋糕等促销措施来吸引婚礼客人。

分析说明:婚宴是宴会的一种,这类订餐能为饭店餐饮部门带来大笔的利润,宴会用餐购买者作购买决策时往往比较注重客观的信息和事实,他们对餐饮部设施比较了解,不易受推销人员劝诱的影响,故而在充分掌握其心理的前提下,多用广告、邮件等方式,效果会更好。

资料来源:屈云波. 1997. 饭店业营销[M]. 北京:企业管理出版社.

9.2 旅游广告

旅游广告是旅游企业与目标市场进行沟通并对目标市场进行促销的主要手段之一，它是旅游企业借助广告媒体说服接收者、实现经营目标的有效途径。

9.2.1 旅游广告的概念和作用

旅游广告是指旅游目的地国家或地区、旅游组织或旅游企业为了推销旅游产品，以付费的方式，通过非人员媒介传播旅游产品及企业自身的有关信息，扩大产品影响，提高其知名度，树立企业形象，最终达到促进销售的目的的一种沟通形式，具有传播广、间接性、影响大等特点。旅游广告的主要作用有：

• 提高认知度。旅游市场竞争激烈，旅游产品层出不穷。因此，旅游企业要通过旅游广告的传播，不断提醒旅游消费者关注本企业和本企业的产品，提高目标市场旅游者对产品和企业的认知度。

• 增强美誉度。旅游广告尤其是公关广告可以帮助旅游企业树立良好的形象，增强美誉度，不仅能起到进一步扩大市场份额的作用，还能为旅游企业可持续营销创造极为有利的条件。

• 促进购买。旅游产品是满足人们享受和发展需要的高层次产品，需求弹性较大。旅游企业通过大众传播媒介向目标受众广泛传递旅游产品信息，可以唤起并强化目标市场的旅游需求，促进旅游者将需求最终转化为购买行为。

9.2.2 旅游广告决策

旅游广告是一种面向目标旅游市场，以付费形式进行的沟通。在大量广告存在的今天，要让旅游广告一鸣惊人、产生轰动效应比较困难。如何使旅游广告以最少的投入产出最佳的沟通效果，是旅游广告决策所面临的中心问题。要使旅游广告取得预期的成功，旅游企业需要精心组织与策划。旅游企业在进行广告策划时，一般要经过如下五个步骤（如图 9－4 所示）。

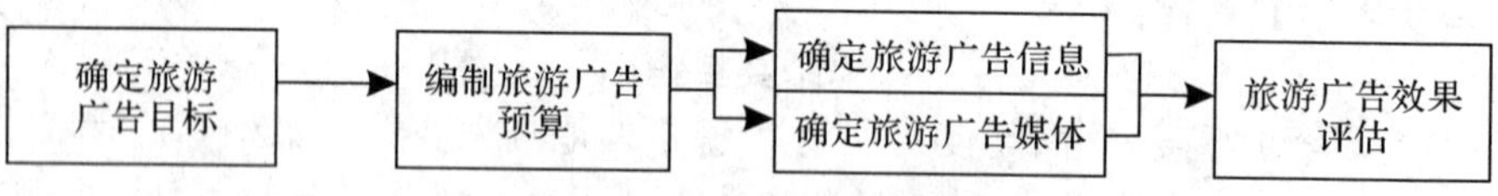

图 9－4　旅游广告决策过程

1）确定旅游广告目标

旅游广告要有较好的收效，必须有的放矢。旅游广告要达到的目标，是指在某个特定的时期要完成的与某些特定受众进行的某项特殊沟通任务。旅游企业需要依据总目标和各个时期的具体目标，以目标市场、市场定位和营销组合的有关信息来确定广告目标。根据广告沟通对象和销售目标的不同，旅游广告目标可分为以下三种类型：

（1）告知型目标。旅游企业利用广告媒体，告知受众本企业所提供的产品与服务项目的内容、价格、渠道、特色、服务项目、购买地点等，在新产品投放市场前后，旅游广告一般为告知型,目的是让旅游者对旅游新产品有一个初步认识。例如,当一家旅行社开发一条新线路时,公司管理层往往使用整页篇幅刊登广告,向市场传递有关该条新线路的信息。为提高旅游广告的吸引力,告知型广告可通过增加民族特色、地方特色、传播相关知识等内容来加深旅游者的印象。

(2)劝导型目标。劝导型广告多用于旅游产品成长期。此时市场竞争趋于激烈,旅游企业为展示优势,区别于竞争对手,必须强化受众对特定旅游产品的购买意愿,其目的在于唤起旅游者对本企业旅游产品的选择性需求。因此,劝导型广告主要用于同类旅游产品展开竞争的阶段。有些劝导型广告使用了对比手法,通过把一种品牌直接或间接地与另一种品牌进行对比,来说明旅游产品物有所值。例如,华美达酒店的广告主题定为"走出假日旅馆,走进华美达酒店",这则广告暗示"华美达"会提供与"假日"不一样的价值,具有一定的进攻性。

(3)提醒型目标。提醒型广告目的在于提醒受众,保持旅游者对特定产品的记忆,唤起旅游者对特定旅游产品的需要。如春天来了,城郊的旅游点提醒人们去郊游。提醒型广告多用于处于成长期、衰退期的产品,对于已有一定知名度的产品较为适用。例如,有一幅旅游广告画,整个画面无一字,仅有一幅用广角镜头拍摄的照片,夕阳下的科罗拉多大峡谷宁静而壮美。去过科罗拉多大峡谷的游客看到这幅画,心中无不唤起美好的回忆。该广告达到了使消费者记住或重新记起的目的,以促使购买行为的完成,并刺激老顾客重复消费的欲望。

【同步案例9-1】

香港迪士尼的平面广告

问题:该平面广告目标为何类型?

分析提示:这则平面广告十分简洁,除了日期外没有多余的文字描述。米老鼠及其身后的城堡可以明显体现迪士尼主题乐园,圣诞树则寓意圣诞节。配合日期,目标消费者能较好地将其理解为香港迪士尼将于11月11日至12月31日开展圣诞节主题活动,敬请大家光临。该广告为告知型广告。

2)编制旅游广告预算

旅游广告预算主要包括市场调研、广告计费、广告制作费、广告媒体租金、广告机构办公费及人员工资、广告公司代理佣金等。其中,广告媒体租金通常要占70%~90%,广告公司代理佣金约占15%。通常,广告预算的选择方案有如下几种:

(1)销售百分比法。销售百分比法即根据过去的经验,按计划销售额的一定百分比确定广告费用。这种方法的好处是简单易行,缺点是实际操作中过于呆板,不能适应市场变化。

(2)目标任务法。明确广告目标后,选定广告媒体,再计算出为实现这一广告目标应支出的广告费用。这种方法在实际操作中难度较大,因为广告目标很难用数字来精确计算。

(3)竞争对抗法。它是根据竞争对手的广告宣传情况,来决定自己的广告费用支出的一种方法。

(4)倾力投掷法。企业在不能测定广告目标和广告效果的情况下,常常采用有多少费用就做多少广告的办法,它的风险比较大。

随着旅游市场竞争的日趋激烈,国际、国内旅游企业广告费用的投入有不断增加的趋势,旅游广告预算决策难度加大。

3)确定旅游广告信息

旅游企业的产品和服务种类繁多,如果旅游广告信息面面俱到,受众会感到无所适从。广告在重视创意的同时要重点突出,设计时要遵循易看、易读、易记和易理解的原则。在构思旅游广告时,营销者必须设法达到以下要求:

(1)真实性。旅游广告在形式上要体现艺术性,以达到增强感染力的效果,但在内容上必须体现真实性,做到形式与内容的完美结合。旅游购买行为中的许多教训使旅游消费者变得越来越聪明,旅游者法制意识、维权意识的增强,使虚假旅游广告难以大行其道。另外,广告真实性是旅游企业诚信的重要组成部分,关系到企业的市场形象。旅游广告的真实性要求旅游企业对旅游产品的性能、质量、保证措施、价格等所作的承诺真实、不虚夸,不要让旅游者产生过高期望而企业又无力兑现的承诺。

(2)简洁性。旅游广告要求以简洁、通俗、文雅且完整的语言,传达旅游产品和企业的有关信息。一些旅游企业在设计时,语言冗长且无主次之分,这会干扰广告所要表达的主题,影响广告所要达到的效果。

(3)一致性。旅游企业进行广告策划时,企业标志、商标、字体、色调、广告画面要基本保持一致,并在广告中连续使用,使旅游企业的品牌和标志在旅游市场上得到广泛认知,广告受众甚至从标志符号中就能得知是什么旅游企业、什么产品,这就是所谓的一致性要求。一致性还要求广告宣传在风格上的内外协调统一。一些旅游企业根据一致性要求甚至做到建筑风格、员工制服、办公用品的图案、企业徽章、字体、标志物、标志色等的协调一致,收到了很好的整体广告宣传效果。

(4)形象性。旅游广告形式要生动活泼,表现方式要有较强的感染力,能吸引受众注意,激发需求欲望。例如,深圳世界之窗的广告——“你给我一天,我给你一个精彩的世界”——就以其形象化的语言深深打动了游客。目前,经营者对旅游广告的形象性越来越重视,相应的广告创意手法也越来越多。

【知识链接9-1】

各地经典旅游广告语

马来西亚:亚洲魅力所在	香港:动感之都	威尔士:城堡之乡
意大利:露天博物馆	日本:发现日本	纽约:我爱纽约

捷克:金色的布拉格　　　　埃及:历史的金库　　　伦敦:儿童的圣地
阿拉斯加:阿拉斯加,一见倾心　　加拿大:越往北,越使你感到温暖
新西兰:百分百纯正新西兰　　美国:友好的美国人民赢得美国的朋友
夏威夷:太平洋中的十字路口　　土耳其:不是欧罗巴,胜似欧罗巴
南非:非洲的拉斯维加斯　　印度:探索圣雄甘地的生平
突尼斯:空气,阳光,海水浴　　新加坡:尽情享受,难以忘怀
泰国:您不曾见过的泰国　　韩国:开心胜地,好客邻邦

【同步思考9-2】

菲律宾别出心裁的旅游广告

菲律宾旅游业的广告提及该国观光,他们举出令人开心的"十大危险":小心购物太多,因为这里的货物便宜;小心吃得过饱,因为这里的食品物美价廉;小心被晒得一身古铜色,因为这里阳光充足;小心潜入海底太久,记住勤出水换气,因为这里的海底世界特别瑰丽;小心胶卷不够用,因为名胜古迹太多;小心上山下山,因为这里的山光云影常使人顾不了脚下;小心爱上好客友善的菲律宾人;小心坠入爱河,因为菲律宾的姑娘实在热情美丽;小心被亚洲最好的餐馆宠坏;小心对菲律宾着迷而舍不得离去。

分析说明:菲律宾旅游广告语语言活泼生动,不乏幽默感,能紧紧抓住旅游者的心理,真实、简洁、完整地把旅游产品呈现给消费者,真正打动人心。

4)确定旅游广告媒体

旅游广告媒体决策包括旅游广告媒体选择和旅游广告时机决策。

(1)旅游广告媒体选择。旅游企业通过选择最佳广告媒体,把旅游广告信息有效传递给目标受众。广告媒体种类繁多,主要有报纸、杂志、广播、电视、网络等。各种广告媒体都有其比较优势及不足。要正确选择旅游广告媒体,首先要了解各类媒体的不同特性。(如表9-3所示)

表9-3　　各广告媒体优缺点比较表

广告媒体	优点	缺点
电视	综合视觉、听觉和动作,富有感染力,能引起高度注意,触及面广	成本高,干扰多,瞬间即逝,观众选择少
杂志	受众的人口类别选择性、针对性强,印刷精美,表现力强,有利于长期保存	广告周期长,版面受限
报纸	灵活,及时,本地市场覆盖面大,能被广泛地接受,可信度高	保存性差,复制质量低,传阅者少
广播	传播及时,灵活,费用低,覆盖面广,地域、人口可选择性强,在低介入状态下同样能引起收听者注意	缺乏视觉冲击,表现力差
户外广告	醒目,保存时间长,移动灵活	传播信息有限,宣传范围窄

续表

广告媒体	优点	缺点
直邮广告	针对性强,灵活多样,不受时空限制	费用高,宣传范围窄,费时费力,使用不当会使收件人反感
POP 广告	对冲动性顾客效果好,将产品和广告紧密联系在一起,形式不受限制,成本伸缩性大	适用范围小
新传播媒体(互联网、激光视盘)	传递信息迅速、准确,信息量大,反应灵活。互联网可打破时空限制,互动性强,信息反馈及时	设备要求高,基础投入高,缺乏监管,安全性差

在明确各类媒体优缺点后,旅游营销管理人员在选择广告媒体时还要考虑如下因素:

• 产品特点及广告内容。如旅游景点、旅游接待地介绍宜选择电视广告;旅游信息发布则较适合广播媒体。如 2002 年韩日世界杯,一些酒店推出的酒吧广告在体育媒体上发布比在一般媒体上发布效果更为理想。

• 消费者习惯。不同消费者对广告媒体的喜好不同,接触程度不同。如徒步旅行、探险等适合年轻人的旅游产品,选择网络媒体较好。

• 媒体传播范围和影响力。不同媒体的传播范围和影响力不同,在选择时既要考虑其传播信息的广度,又要考虑其影响的深度,要使企业的目标市场与广告的传播范围和影响力所达到的程度相一致。

• 广告费用高低。一般电视广告费用最高,广播最低。不过,广告费用应与广告效果结合起来考虑,不仅要看广告费用绝对数,还要看其所带来的直接和间接效益。

(2)旅游广告时机决策。旅游企业须选择最佳广告时机,以实现最佳广告效果,并在一定时期内安排广告密度和强度。从广告密度上看,有集中式、连续式、间断式三种;从广告强度上看,有水平式、上升式、下降式、交错式四种。

5)旅游广告效果评估

旅游广告效果评估是指运用科学的方法来鉴定所做广告的效益。广告效益包括三个方面:一是广告的经济效益,这是指广告促进商品或服务销售的程度和企业的产量、利润等经济指标增长的程度;二是广告的心理效益,这是指消费者对广告的心理认同程度和购买意向、购买频率;三是广告的社会效益,这是指广告是否符合社会公德。广告效果评估的方法有很多种,具体可通过以下方式进行:

(1)售后检验。这是最直接也是用处最多的一种方法。它把广告发布后企业产品的新销售量和广告发布前的销售量比较,从其中得出广告的促销功能。其优点是简便易行,立竿见影,直接和企业销售量挂钩;不足之处是无法把广告促销的效果和同时作用的其他促销办法(如人员促销、公共关系等)的效果区分开来。

(2)调查检验。调查消费者,询问顾客,做一些广告并向读者提供一些好处,鼓励他们对广告作出评论。可以把同一则广告发布在不同的媒体上,询问哪一种效果好;也可以同时发布在报纸上,准备两则广告,今天刊登一则广告,明天刊登另一则广告,然后询问哪一种广告效果较好,再决定取舍。

(3)回忆检验。一般来说,不给对方任何提醒或暗示,只是在受试者记忆大海中检查所做广告深入人心的程度。其优点在于能提供有关广告深入思想程度方面的材料,而且还可以检测消费者是否领会了广告制作人员企图表达的广告主题、广告意图与受众的接受认同程度是否一致;缺点是费用大,受试者记忆兴趣和记忆程度有差别。

9.3　旅游人员推销

旅游人员推销具有直接性、灵活性和针对性等特点。旅游人员推销是旅游企业对目标市场进行沟通的有效手段。

9.3.1 旅游人员推销的概念及形式

旅游人员推销是指旅游企业通过派出推销人员与客户直接交谈,进行面对面的陈述,以推销产品,促进和扩大销售的一种促销活动。由于推销人员与客户面对面进行沟通与促销,因此具有其他沟通与促销手段难以比拟的优势。但它也是一种成本较高的沟通形式,特别是随着人工成本的上升,沟通成本中的人工费用还将有进一步提高的趋势。

在旅游人员推销活动中,推销人员、推销对象和产品是三个基本要素。其中,推销人员、推销对象是推销活动的主体,产品是推销活动的客体,通过推销人员与推销对象之间的沟通、洽谈,将产品推销出去,从而达成交易,实现销售产品的目的。与非旅游人员推销相比,人员推销最大的不同点是与潜在用户的直接接触。此时,信息沟通是双向的,推销人员可以马上得到反馈并作出相应的反应。因此,旅游人员推销的过程既是一个产品转移的过程,也是一个信息沟通的过程。旅游人员推销具有有效性、灵活性、针对性、推销目的的双重性等特点。与非旅游人员推销相比,旅游人员推销可以促进信息的双向沟通,并有利于保持长期性的友谊协作。

旅游人员推销属于直接促销。推销人员不通过任何中间环节,同旅游消费购买者面对面洽谈,直接介绍和宣传旅游产品或服务,充分展示旅游产品或服务的有用性,解答顾客的询问,说服消费者采取购买行为。其基本形式有:

(1)派员推销。旅游企业指派专职推销人员携带旅游产品或服务的说明书、宣传材料及相关材料走访客户进行推销的方式。特别适用于推销人员在不太熟悉或完全不熟悉推销对象的情况下开展推销工作。这种方式的特点主要体现在,推销人员主动向顾客靠拢,要求其既要有百折不挠的精神,还要掌握推销对象的心理,把握时机,有艺术性地进行推销。

(2)营业推销。旅游产品或服务的各个环节从业人员接待每位旅游消费者,销售自身产品的推销方式。从广义上讲,在吃、住、行、游、购、娱六个方面从事接待服务的所有人员都是推销人员,包括导游、服务生、营业员等。他们与顾客直接接触,以谈话方式及行为方式向顾客介绍和展示旅游产品和服务,回答询问,完成交易。与派员推销不同,其形式是顾客主动向推销人员靠拢，推销人员依靠良好的销售环境和接待技巧，完成推销，满足顾客需求。

(3)会议推销。旅游企业利用各种会议介绍和宣传本企业旅游产品或服务，开展推销活动的方式。如订货会、洽谈会、交易会、展览会、推介会、新闻发布会等。会议推销也是较为常见的人员推销形式。这种方式突出的特点是群体集中，接触面广，省时省钱，成交量大，而且推销人员不必以推销员的身份出现在顾客面前，购买者的心理负担小，推销阻力也相应减弱，但对顾客产生的影响力却很大。

9.3.2 旅游人员推销决策

旅游人员推销决策包括旅游推销队伍的组织、旅游推销人员报酬设计、旅游推销队伍策略和旅游推销队伍管理等方面。

1)旅游推销队伍的组织

旅游推销队伍是旅游企业人员推销的主体，旅游推销人员是旅游企业的销售代表。在客户眼中，推销人员还是旅游企业的象征。旅游企业组织一支高素质、高效率的推销队伍，是做好人员推销工作的关键。在旅游推销队伍的组织过程中，以下几项工作值得重视：

(1)明确推销队伍任务。旅游推销队伍的任务要围绕企业的战略目标和推销目标而确定。为实现企业目标，推销队伍肩负着在企业和客户之间进行双向信息沟通并为客户提供售前、售中、售后服务及谈判、签约等重要使命。

(2)确定推销队伍规模。旅游推销人员能直接为企业带来效益，企业也需要支付人力成本及相关销售服务费用。旅游企业要以利润最大化为前提，实行推销人员数量的最佳配置。企业规模不同、性质不同、目标旅游市场不同，推销队伍规模也就有大有小。旅游企业确定旅游推销队伍规模常用的方法有：销售额法、成本—利润法、工作负荷法、竞争法、地区型结构模式、产品型结构模式以及客户型结构模式等。

(3)重视推销队伍素质。推销队伍素质与推销效果的好坏有直接的关系。在组织推销队伍的过程中，营销人员要挑选适合该项工作的人员加以培养。通常，推销队伍较为重视的素质有态度热忱，勇于进取；求知欲强，知识广博；文明礼貌，善于表达；富于应变，技巧娴熟。

2)旅游推销人员报酬设计

报酬设计关系到旅游企业和推销人员的利益，以“多赢”的思路科学设计推销人员报酬，可调动推销人员的积极性和创造性，对促进旅游产品销售起着重要作用。一般的，旅游推销人员报酬有固定报酬、变动报酬、津贴和福利四个部分。固定报酬是指付给旅游推销人员的固定工资；变动报酬是指付给旅游推销人员的奖金，一般以销售额和利润额为基础来计算；津贴是指付给旅游推销人员在推销旅游产品时所发生的费用补贴，如电话费津贴、制服津贴、招待费津贴等；福利是指旅游企业对推销人员提供的医保、劳保、失业保障等。

3)旅游推销队伍策略

要从顾客那里获得订单，各旅游企业就要相互竞争，必须在策略上部署其销售队伍，在适当的时机以适当的方式访问适当的对象。销售代表可以通过以下几种方式与顾客接触(如表 9－4 所示)：

(1)一对一式。一对一式即销售代表与购买者个别接触,销售代表通过电话或面对面的方式与潜在顾客或现有顾客交谈。

(2)一对多式。一对多式即销售代表与购买者群体接触,销售代表向购买者群体做销售介绍。

(3)组对组式。组对组式即销售小组与购买者群体接触,销售小组向购买者群体做销售介绍。

(4)推销会议。推销会议即销售公司派代表和相关高级人员会见多个购买者,举行洽谈会以便讨论有关问题或提供相互交流的机会,以促进购买。

(5)培训研讨会。培训研讨会即公司派一个推销小组到客户公司里为他们的有关人员举办教育性的研讨会,讲解和介绍有关领域的最新发展情况。

表 9－4　推销队伍策略

形式	内容	适用范围
一对一式	一名销售代表与一名客户洽谈	重点、大客户
一对多式	一名销售代表与多名客户洽谈	对购买小组
组对组式	销售小组与购买小组的客户洽谈	对购买小组
推销会议	参会推销人员与参会买方洽谈	旅游交易会、旅游博览会等
培训研讨会	一个推销小组到客户公司举办研讨会	旅游地说明会等

4)旅游推销队伍管理

旅游企业在运用人员推销策略时,须对推销队伍进行有效管理。旅游推销队伍管理包括推销人员的选拔、推销人员的培训、推销人员的激励和推销人员的时间管理等。

(1)推销人员的选拔。根据旅游企业特点和推销工作的需要,确定推销人员选拔基本标准。这些标准包括职业道德、知识水平、能力与心理素质等。选拔的范围应尽可能大些,一般面向社会招聘,选拔考核的方式既要有基础知识方面的笔试,还要有面试,以考核人员的仪表、口语表达能力和应变能力,有时还要进行心理测试。通过考核,择优选聘理想的推销人员。

(2)推销人员的培训。旅游企业招聘推销人员后,要进行必要的岗前培训。培训内容包括旅游企业基本情况、旅游产品情况、客源情况、同行竞争者的情况、价格及渠道情况、推销知识和技巧、推销人员职责、推销工作程序等内容。培训方式可以灵活多样。

(3)推销人员的激励。有效的激励机制既是调动旅游推销人员积极性的手段,又是鞭笞推销人员成就一番事业的“助推器”。激励可采取物质激励和精神激励的方式,集中体现在以下几个方面:

- 奖金激励。旅游企业根据推销人员完成的销售定额或利润定额,按一定比例支付奖金。

- 权限激励。旅游企业授予推销人员一定的权限,给予一定的随机处置权力。如把旅游产品价格一定的折扣权限赋予推销人员;在旺季,对旅游推销人员优先保障其所需旅游产品;给推销人员一定额度的招待费使用权等。
- 荣誉激励。旅游企业对推销业绩突出的推销人员给予适当的荣誉。
- 情感激励。旅游企业尊重推销人员的劳动,高层主管应经常深入推销队伍,了解其工作和生活状态,倾听心声。
- 事业激励。提供必要的进修机会,积极支持推销人员实现自我价值。

(4)推销人员的时间管理。将客户分成若干等级,根据客户重要程度安排访问次数的多少和访问时间的长短,避免时间的浪费。

【职业道德与企业伦理 9-1】

旅游人员的推销原则

在不同的地点和时间,以不同的方式和技巧,推销不同的旅游产品,优秀的旅游推销人员都遵循以下一些原则:

互惠互利原则。互惠互利是双方达成交易的基础,是推销人员自信心的来源,是良好交易气氛形成的重要条件,也是赢得回头客、获得竞争地位的重要筹码。

使用价值观念原则。使用价值观念就是旅游消费者对旅游产品有用性的认识。推销人员必须找出旅游产品使用价值与消费者需要的结合点,使顾客形成正确的使用价值观念,最终决定购买,并产生良好的购后评价。

人际关系原则。旅游推销人员推销旅游产品时,必须建立真诚、坦白、富于感情的和谐人际关系,因为和谐的人际关系容易形成互相信任,使彼此理解,产生信息沟通。

尊重顾客原则。推销人员尊重顾客,从顾客的角度出发,帮助消除疑虑,优化交易气氛。同时,推销人员要善于换位思考。

问题:为什么旅游人员推销要讲究原则?

分析提示:旅游人员推销讲究互惠互利、使用价值观念、人际关系、尊重顾客等原则有利于建立与消费者良好的长久关系。这有助于顾客满意度和忠诚度的培养,能促进销售的实现。

9.3.3 旅游人员推销的步骤

大部分旅游推销人员所接受的、具有代表性的推销过程分为相互关联、相互渗透、相互转化的七个步骤:

1)寻找顾客

旅游推销人员必须利用各种渠道和方法为所推销的旅游产品或服务寻找现有的和潜在的消费者。在此步骤中,营销人员可以拟定潜在消费者名单,通过电话、邮件及其他调查方法,了解潜在消费者购买的需求、支付能力和购买权力,作出购买资格评价,筛选出有接近价值和接近可能的目标顾客,以便集中精力进行推销,提高成交比例和推销工作效率。

2)接近前准备

旅游推销人员在推销前,必须进行充分的准备,尽可能地了解目标顾客的情况和要求，确立具体的工作目标，拟定推销时间和线路安排，预测可能发生的一切问题，准备好推销材料，如图片、说明材料、价目表、旅游产品的介绍材料等。准备就绪后，推销人员需要与准顾客进行事先约见，用电话、信函等方式询问对象，讲明访问事由、时间、地点等约见内容。

3）接近目标顾客

在较短的时间内，根据掌握的顾客材料和接近时的实际情况，灵活运用各种接近技巧，如介绍接近、产品接近、好奇接近、搭讪接近等，引起顾客对旅游产品的注意，引发和维持他们对访问的兴趣，并引导顾客进入面谈，达到接近顾客的最终目的。

4）推销面谈

面谈阶段主要集中于推销旅游产品，建立和发展双方的业务关系，促使顾客产生购买的欲望。一般来说，推销面谈需要推销人员利用各种面谈方法和技巧，向购买者传递旅游企业及产品信息，展示顾客利益，消除顾客疑虑，强化购买欲望，让顾客认识并喜欢所推销的旅游产品，进而产生强烈的购买欲望。

5）处理异议

面谈过程中，购买者往往会提出各种购买异议，如需求异议、价格异议、服务异议、购买异议等，销售人员对不同类型的异议，采用不同的策略和方法，有效地加以处理和转化，才能说服顾客，最终促成交易。

6）成交

销售人员要谨慎对待顾客的否定回答，善于把握最后的成交机会，帮助购买者作最后的打算，并完成成交手续。

7）后续工作

这一步是为了让顾客满意，使他们继续购买。达成交易后，销售人员应着手履约各项具体工作，做好顾客服务，妥善处理可能出现的问题，着眼于与客户建立良好的关系。

【同步案例 9-2】

酒店商场购物接待

几位客人到杭州某酒店商场购物，在茶叶专柜前，他们看了看标价，议论道："这儿东西贵，我们还是到外面去买吧。"这时，服务小姐走上前，关切地说："先生们，去外边买茶叶一定要去大型商场，因为市场上以次充好的茶叶很多，一般是很难辨别的。"客人立即止步问道："哪家商场比较好，茶叶又怎么进行选择呢？"于是服务小姐便告诉茶叶等级的区分，如何区分茶叶好坏，又介绍了本商场特级龙井的特点，价格虽略高于市场，但对游客来说，买得称心、买得放心是最重要的。几位客人听了服务小姐的介绍，都爽快地买了几盒茶叶，于是服务小姐做成了一笔较大的生意。

问题：消费者为什么会改变态度，最终购买酒店商场的茶叶呢？

分析提示：酒店员工由于和消费者直接接触，常常面临许多销售机会，因此，全体员工除按服务规程提供规范化服务之外，还需积极、主动、创造性地推销酒店的各项产品与服务。本案例中，销售员能很好地运用销售知识与技巧，拉近与消费者的关系，友好的态度、专业的服务使消费者对其产生信任感，消除了顾虑，最终促进购买行为的实现。

9.4 旅游营业推广

9.4.1 旅游营业推广的概念和作用

旅游营业推广是指旅游企业在某一特定时期与空间内通过刺激和鼓励交易双方,促使旅游者尽快购买或大量购买旅游产品或服务而采取的一系列促销措施和手段。旅游营业推广强调在特定的时间、空间范围内,采用一系列的促销工具,对供需双方产生刺激与鼓励,其直接效果是使旅游者产生立即或大量消费购买行为,具有非常规性、方式灵活多样、刺激消费效果显著、短程高效等特点。其作用集中体现在:

- 有利于加速旅游产品进入市场的进程;
- 有利于诱导重复购买;
- 有利于增加旅游产品销售;
- 有利于更好地应对竞争;
- 有利于带动关联旅游产品的销售。

【同步思考9-3】

凯悦摄政酒店的营业推广

美国田纳西州凯悦摄政酒店,为汽车协会每一个成员的家庭旅游提供价格为25美元的低价客房。为吸引家庭旅游者,除一张双人床外,酒店还提供儿童帆布床,并且房间里的住宿人数不受限制。尽管25美元一夜的家庭旅游房价是普通双人房价的一半,但提供的服务却是相同的,因而效果极佳。在推出这项销售促进手段的第一个月,吸引家庭旅游就为酒店租出了100间客房,第二个月租出了200余间客房,使客房利用率迅速上升,并且食品、饮料等关联产品的销售也有较大的增长。

分析说明:旅游营业推广有利于带动关联产品的销售。由于廉价客房的出售也带动了食品、饮料等相关产品的销售,短期内促销效果明显。

9.4.2 旅游营业推广决策

旅游营业推广决策是旅游企业促销决策的重要组成部分。通常,企业在制定该决策时会遵循以下几步:

1)明确旅游营业推广的目标

旅游企业首先要明确旅游营业推广所要达到的目标,这一目标应与旅游企业整体目标相符合。营业推广所达到的具体目标要根据所选定的目标旅游市场对象而定。确定营业推广的目标需要先回答两个问题,即"向谁推广"和"推广什么",在此基础上再确定具体目标。例如,针对旅游者的营业推广目标可以是增加使用量,促进购买相关产品,使潜在旅游者变成现实旅游者等;针对中间商的营业推广目标可以是鼓励其尽快购买新产品,鼓励淡季购买,增加经销(代销)量或协助进行促销活动;针对销售员的营业推广目标则可以定为调动销售积极性,鼓励推销新产品,开拓新客户,稳定销售队伍。

2)选择旅游营业推广方法

旅游营业推广目标一旦确定,就需要选择实现目标的手段和措施。旅游营业推广对象有旅游者、旅游中间商和推销人员等三种，对象不同，方法也各有不同。

(1)针对旅游者的营业推广方法。针对旅游者的营业推广常见的有如下六种类型：

• 提供优惠旅游产品。旅游企业以一定的优惠价提供旅游产品。

• 赠送旅游纪念品。旅游企业通过赠送旅游纪念品的方法进行营业推广，如旅游公司向团队客人赠送太阳帽、旅行包等。

• 抽奖。旅游企业通过抽奖方式对旅游者进行营业推广，旅游者购买旅游产品可参加抽奖。如一家酒店餐饮部推出名片抽奖活动，凡来消费的客人可把名片扔进抽奖箱中，每月抽奖一次，中头奖者可免费携带两名家庭成员住总统套房一天，并提供免费套餐。

• 赠折价券。为吸引回头客，一些旅游企业对来消费的客人赠送折价券。折价券不可兑付现金，也不可凭此领取相应金额的实物，但可为下次来企业消费冲抵相同金额的现金。

• 免费试用。旅游企业通过邀请特定的旅游者免费旅游或免费试住、品尝等方式进行营业推广。

• 会员卡。旅游企业把宾客组织化，旅游者可免费或交纳一定的会费后成为会员，价格上可享受一定优惠。

(2)针对旅游中间商的营业推广方法。针对旅游中间商的营业推广，常见的有如下四类：

• 折扣。旅游产品提供者根据与旅游中间商的协议，在房费、餐饮费用、景点门票、变通费用等方面予以一定的减免，如有的旅游酒店对旅行社组织的团队客人房价予以50%的优惠等。

• 广告津贴。旅游产品提供者通过与旅游中间商联合广告的形式促销产品，旅游产品生产者补贴旅游中间商一部分广告费用；或以广告津贴的形式委托旅游中间商作一定的广告宣传。

• 旅游交易会、展览。通过参加旅游产品交易会和展览，旅游产品提供者对旅游中间商进行营业推广。

• 赠品。旅游产品提供者给旅游中间商一定的赠品予以奖励，一般采取赠品印花形式，达到一定量时可兑付赠品。

(3)针对推销人员的营业推广方法。针对推销人员的营业推广，常见的有如下两类：

• 销售竞赛。组织推销人员之间或小组之间进行销售竞争，达到一定销售目标即予以一定的物质奖励和精神奖励。如有的酒店评选月度、季度、年度最佳销售人员，给当选者发放奖金和证书，以调动推销人员的积极性。

• 销售奖励。销售奖励的形式有奖金、奖品、免费旅行等，旅游企业按事先的约定给销售人员奖金和奖品，组织销售人员奖励性旅游。

3)制定旅游营业推广方案

旅游企业进行营业推广，必须有一个科学、切实可行的方案。旅游营业推广方案是旅游企业营业推广活动的具体安排，包括规模与强度、对象、途径、时间及费用等内容。

(1)旅游营业推广规模与强度。一般而言,旅游营业推广规模越大,对潜在旅游者的影响面就越大,强度就越高,刺激程度会越强。但从成本效益的角度看,规模大、强度高,不见得就能达到最佳投入产出比。有时营业推广强度过高,还可能引起受众的抵触情绪。

(2)旅游营业推广对象。旅游企业要明确营业推广的对象是经销商、代理商、潜在旅游者,还是推销人员,谁是重点,由谁去完成及强度如何等方面的问题。

(3)旅游营业推广途径。旅游营业推广形式多样,多种形式又可通过多种途径来实施,如既可通过赠券形式,也可采取赠物形式,还可采取抽奖形式等进行营业推广。在实际经营中,旅游企业往往针对不同的目标市场采取不同的营业推广途径。

(4)旅游营业推广时间。旅游企业营业推广时间长短要适宜。营业推广时间太长不一定妥当,如一家三星级酒店一年365天标准客房都打五折,仅138元/天,客人却并不怎么买账。当然,营业推广时间也不能太短,太短则刺激作用有限。另外,旅游营业推广时机的选择也很重要。由于旅游产品季节性强,一般在旺季到来前就要进行营业推广,销售高峰期也是营业推广的高潮期。如果错过时机,营业推广效果往往较差,旅游产品"过时",不仅不能吸引旅游者购买,反而对企业有负面影响。

(5)旅游营业推广费用。要根据旅游营业推广的目标、规模强度、途径、时间等来确定旅游营业推广预算。旅游营业推广费用要与带来的效益进行比较。

4)旅游营业推广的实施与控制

旅游营业推广方案制定之后不能只停留在方案阶段,还要有条不紊地组织实施。在实施前有时还要进行测试,以防止发生重大失误,在试验可行后方可付诸实施;在实施过程中还要进行必要的控制,发现问题及时解决,不断改进营业推广方案,力求达到最佳效果。

(1)旅游营业推广方案测试。旅游企业在进行重大营业推广活动前,往往会选择一定范围进行小规模测试,测试结果证明方案较有把握时才全面付诸实施。如果发现方案存在重大缺陷,则要重新制定;如发现方案存在一部分问题,则待修改完善后才能付诸实施。

(2)旅游营业推广实施。旅游营业推广方案在经过测验并完善后应按计划组织实施,把方案转化为具体行动。

(3)旅游营业推广控制。在旅游营业推广方案实施过程中,往往还会出现这样或那样的问题,一旦出现重大纰漏又未能及时发现并矫正,将会出现不良后果甚至损失惨重,影响极坏。旅游企业在实施旅游营业推广方案的同时要有危机意识并具有危机控制能力,防患于未然。

【同步思考9-4】

免费自助餐带来的后果

C酒店新开辟能容纳100多位客人同时就餐的中式自助餐厅,拟在国庆节开业。为制造轰动效应,开业前三天C酒店在店内外张贴"国庆节中午免费提供自助餐"的营业推广海报,并在海报显著位置写上"天下真有免费的午餐"。开业当天11点前,餐厅外已挤满了人，而酒店营销部和餐饮部却毫无察觉。11点整，餐厅准时开门，人们蜂拥而入，许多没抢到座位的食客只好站着就餐，没有找到筷子的客人甚至用手拿食物吃；食物不够，有的客人甚至跑到厨房去拿，终因拥挤不堪，把餐厅的玻璃大门都挤破了，场面一片混乱。此时，酒店领导才知道情况不妙，忙派保安去维持秩序，但于事无补，最后只好请110帮忙才控制住局面。酒店原本希望通过提供"免费的午餐"来制造轰动效应，结果却搞得难以控制。

分析说明：旅游营业推广中，实施与控制这一环节对营业推广的成功与否有重要影响，营业推广过度，会导致活动场面难以控制。所以在营业推广前，进行小规模测试，选择合适的度是值得旅游营销人员思考的。

5）旅游营业推广效果评价

旅游营业推广是否达到了预期效果，只有进行评价才能知道。销售量评价法和营业推广利润评价法是两种常用的评价方式。

（1）销售量评价法。销售量评价法指从销售量评价营业推广效果。营业推广对销售量的影响有四种典型情况：

- 稳定上升型。在营业推广期内销售量不断增加，营业推广结束后能保持营业推广期间的销售量，这是最理想的状况，也是较少见到的情况。
- 平起平落型。在营业推广期内销售量增加，营业推广期结束后，销售量又回到原先的水平。消费者没增加购买量，只是改变了购买时间。
- 大起小落型。营业推广期内销售量增长快速，营业推广结束后有所减少，但总体上销售量增加的数量超过了销售量减少的数量。根据这种状况，旅游企业可以在上一个营业推广期结束后，开展新一轮营业推广活动。
- 小起大落型。营业推广期内销售量有所增长，营业推广结束后明显减少，总体上销售量的增加不及销售量的减少。

（2）营业推广利润评价法。旅游营业推广是一种费用投入，自然也要求回报。在旅游营业推广期间，旅游产品的边际利润会有所下降，因此要得到应有的补偿。营业推广期间所要达到的最低销售量是重要评价指标。旅游产品最低销售量是指可以全部补偿营业推广费用的销售量，超过最低销售量所带来的利润就是促销利润。

9.5 旅游公共关系

旅游公共关系就是旅游业以自己的公众为中心，以现代传播沟通为媒介，通过塑造自身良好形象，使自己与公众及社会环境相互适应、共同发展的一种经营管理理念和经营管理活动。旅游公共关系与旅游推销有着非常密切的联系，也有着一定的区别，旅游公共关系针对的是旅游形象，旅游推销则是瞄准旅游产品和服务。

9.5.1 旅游公共关系的功能与特征

作为旅游业本身来讲，其公共关系最主要、最根本的目标就是塑造旅游业良好形象。形象本身就反映着旅游业向它的公众提供产品和服务的质量水平，反映着旅游业与它的公众沟通协调的程度。塑造旅游业良好形象主要包括两方面的内容，即旅游地的良好形象和旅游企业的良好形象。

所谓旅游地形象,是指旅游者对一个地区旅游业的整体认识和感受。一个地区的旅游形象直接关系到旅游者对旅游目的地的选择,进而影响到一个地区旅游业的发展。旅游地的良好形象通过旅游地独特的风采和满意的服务体现出来。一个地区应该有区别于其他地区的独到之处,旅游者到这一地区,可以领略到在别的地区领略不到的东西,可以得到在别的地区得不到的独特经历。创造独特的风采是塑造旅游地形象的首要任务,任何一个地区在塑造自己的形象时都必须突出自己的特色,充分利用自己的独特魅力。另外,独特的旅游资源和满意的服务也是旅游地形象不可缺少的部分。所谓旅游企业形象,是指旅游者对某个旅游企业的看法和感受。旅游企业的形象是关系到某个旅游企业在竞争中能否取胜的关键,也影响到某一地区整体旅游形象的塑造。旅游企业应有选择地根据与企业休戚相关的公众的需要,根据自身特点,来树立最有效的形象,这就是旅游企业形象定位问题。旅游企业在选择具有自身特点的形象时,至少要考虑以下若干因素:首先,应该使自己的企业与别的企业区别开来,为自己的产品或服务创造、培养一定的特色;其次,应注重旅游者对购买本企业某种产品或服务所获得的利益的看法,给旅游者一个购买产品或服务的理由。

旅游业是一个营利性的服务行业,具有高度依托性,它特定的经营性质决定了它有着区别于其他行业和部门的独特经营思想和经营方式。因而,旅游公共关系除了在一些基本原则方面与其他行业有相通之处外,还具有其自身的特点,主要有以下几个方面:

- 营利性。无论旅游饭店、宾馆或其他旅游企业,都是营利性企业,其公共关系工作都是以经济效益为中心。经济效益的好坏,往往与市场营销工作的优劣直接相关,所有营利性组织,其公共关系活动必然要与市场营销紧密配合,为实现有效的市场营销发挥作用。

- 服务性。旅游业的行业特征就是它的服务性,旅游公共关系的目标就是尽一切努力塑造本行业良好的服务形象,而且必须是独具特色的服务形象。服务的无形性,使人们在评价服务质量优劣时,习惯于依据对服务过程和服务结果的满意程度。每一个员工的一举一动都关乎整个服务形象,旅游业应注重树立“全员公关”的公共关系意识,教育和引导员工自觉遵循公共关系的原则和要求,提高顾客满意度,是旅游公共关系的重要内容。

- 复杂性。旅游业公众具有广泛性和复杂性的特点,这就决定了旅游公关活动既不能简单从事、一概而论,也不能局限于某一领域、某一范围或某一时期。另外,旅游还是一种包括多种需求的综合性活动,其活动的完成,不仅需要旅游组织的经营,也需要社会其他行业和事业的支持。因此,作为旅游公共关系主体的各级各类旅游组织,不仅要加强相互之间的沟通与了解,而且要与社会其他行业和部门加强联系,与上下左右相互沟通,才能促进旅游业的发展。

9.5.2 旅游公共关系的主要公关工具

旅游公共关系的主要公关工具有新闻媒体、出版物、讲座演讲、公益活动、专题或主题活动、危机公关等。

1)新闻媒体

旅游企业利用各种传播媒介进行宣传,使公众充分了解相关信息,以获得更多的合作者与支持者。旅游企业可以向新闻媒体传播旅游企业的产品信息,或开记者招待会、新闻发布会、新产品发布会等。新闻媒体具有权威性,对公众的影响力很大,可以提高社会公众对企业及其产品的认同感和接受程度。

2)出版物

出版物有报刊、书籍、宣传资料、视频材料、电子出版物等多种形式,借助出版物提高自身的公众曝光程度,提升知名度也是旅游企业常用的公关手段。在运用出版物时,旅游企业可以结合旅游企业形象识别系统,使用自己区别于其他组织的各种图形、文字、风格等的综合体,展露旅游产品,突出企业风格,宣传企业文化。

3)讲座演讲

旅游企业可以通过进行讲座和演讲的形式进行公关。通常企业的代表如董事长、首席执行官等可以借助媒介进行讲演。讲演的内容可以多种多样,如介绍自己的创业史,介绍经营理念等。

4)公益活动

这类活动包括开展环保工作、慈善救济、福利活动、参与社区公益活动。通过这些活动,有助于提高旅游企业的声誉和知名度,赢得社会公众的信任和支持。

5)专题或主题活动

各种专题或主题活动有开渔节、开游节、企业周年庆等形式,这是树立良好企业形象、加强外界公众联系的好时机。

6)危机公关

旅游组织经常遇到一些个别突发事件,如消费者投诉或是当地环境因素变化的影响,造成该企业的信誉或是该地区的游客数量减少。因此,查明原因,以最快的时间公布真相,尽可能快地挽回损失也是公关的重要部分。

【同步案例9-3】

肯尼亚旅游危机公关

肯尼亚气候温暖宜人,四季均可旅游,有数量众多的珍禽异兽,多姿多彩的赤道自然景观和风土民情,是非洲著名的旅游国家。在“花之都”内罗毕,可观赏花卉和市郊野生动物;西南部的维多利亚湖,可领略湖光岛影,观赏河马、鳄鱼嬉戏;在北部的大裂谷地带,镶嵌着“鳄鱼的极乐世界——图尔卡纳湖”,在其东部有库彼福勒古人类遗址;沿大裂谷南下,裂谷省的纳库鲁湖是非洲鸟类资源极为丰富的湖泊;其东部是非洲第二高峰肯尼亚山和阿伯德尔国家动物园,这里有著名的“树顶旅馆”,游人可安全地在此地观赏动物的夜间活动。东非不但具有独特的旅游区,其土人的生活习惯亦引起了无数游客的兴趣,在游览之余,多会购买一些土人的纪念品,如漂亮的珠链、皮带、矛、雕刻品及马赛族妇女编织的手工艺品、具有非洲风味的蜡染等,充满了独特的民族气息。

肯尼亚以其丰富的野生动物和美丽的自然资源吸引着无数探险与动物爱好者前往

参观旅游。然而2007年年末，肯尼亚国内因总统大选引发两党之争，国内发生骚乱，使旅游业严重受损。作为肯尼亚支柱产业的旅游业，不仅给肯尼亚带来巨大的外汇收入，还给当地居民带来了就业机会，所以这样的打击对于肯尼亚来说是非常致命的。为了挽救肯尼亚的旅游业，危机公关势在必行。2008年3月，两党达成和解，从而国内恢复稳定。肯尼亚国家旅游局开始努力在全球进行公关活动。中国作为肯尼亚重要的客源国市场，得到了极大的重视，其全球推广的第二站就放在中国的北京、上海和广州。

肯尼亚特别委托了中国内地的专业目的的营销机构——迈思国际传播——为其策划。他们相信这样的专业公关机构更加了解中国市场，更懂中国消费者的心理。在策划中，迈思国际传播融入了中国人非常强调的"和"的理念，以消除人们因动乱产生的不安。

在此次危机公关中，肯尼亚旅游局希望能够通过新闻发布会的形式，让中国国人及有关媒介掌握肯尼亚当地的稳定局面。"和"的融入看似简单，却充分表达了肯尼亚旅游局的这种诉求。"和"这个中国文字的运用最能体现"和谐"、"和睦"、"和美"、"家和万事兴"之意，同时有平安、稳定、祥和的意思，具有抚慰人心的作用，更暗含了和平安定之意。"和"蕴藏了深厚的中国传统文化，因此更容易让中国人感到亲切且容易接受，同时"和"也反映了肯尼亚与大自然、世间万物的和谐相处。

问题：本案例中，肯尼亚旅游局是如何进行危机公关的？

分析提示：在复杂的市场环境中，危机时时刻刻陪伴着一个企业、一个团体或组织的成长。如何不让这些危机成为企业组织的绊脚石，适时而准确的危机公关是非常必要的。肯尼亚旅游局能够看到问题的所在，并能够选择合适的时机进行危机公关，采取有效的手段。肯尼亚旅游局相信本土化的营销能够获得更好的营销效果，在对中国消费市场不是很了解或者缺少了解途径的情况下，花点小成本将此艰巨的任务交给了当地的专业营销机构——迈思国际传播。

资料来源：http://www.tianya.cn/techforum/content/843/888.shtml.

【情境模拟9-1】

场景：为推进本市旅游公共服务体系建设，完善旅游信息咨询服务功能，旅游信息咨询服务中心推出了"旅游夜市"活动。本次活动主要是在大型社区定期举办旅游信息发布。本活动首次尝试汇集全市主要旅游景区深入社区进行宣传，直接针对社区居民推出便民、惠民的旅游信息，对旅游推介是一个全新的尝试。

操作：学生随机组合成为旅游推销人员小组，深入了解本市的旅游资源，请设计在各个社区用什么方式促销旅游产品，然后将你们的方案在班上分享。

知识题

9.1 旅游促销工具有哪些？各促销策略是怎样的？

9.2 旅游广告与宣传品在促销中具有怎样的作用？

9.3 旅游营业推广的方式有哪几种？

实 务 题

在情境模拟 9－1 的小组成果基础上，请给出一个“旅游夜市”营业推广的详细方案。

案 例 题

2012 年的夏季奥运会将在英国伦敦举行，四年一度的体育盛事即将拉开大幕，这无疑成为英国旅游业的新契机。为此，英国旅游局启动了一项历时 4 年，总值 1 亿英镑，围绕“经典、活力、奢华”3 个主题的全球推广计划。中国作为英国旅游在亚洲区增长最快的客源地之一，受到了极大的重视。

在与世界各大航空公司合作的基础上，英国旅游局借助包括中国在内的许多 SNS 社交网站开展互联网宣传；与英国领事馆共同打造“我眼中的英国”大型征集活动，借助普通游客和留学生的介绍，展现全新的英国形象。另外，英方积极协助全球媒体，在签证与服务方面提供便利，借助平面与动态画面，向世界呈现自身。其中，奥运主题旅游宣传招贴画已于近期发布。以英国标志性景点为背景，该系列招贴画充分展示了英国作为体育旅游目的地的魅力。旅行社和旅游媒体可以下载招贴画格式的文件自行印制，也可免费使用这些图片，用于英国奥运旅游项目的宣传推广。（如图 9－5 所示）

都市美景　时尚购物

节庆狂欢　运动休闲

图 9－5　伦敦奥运会旅游宣传招贴画

在英国首相团访华期间，英国旅游局一直积极促进简化签证手续、缩短签证过程、减少不同语种的签证材料或数量来吸引中国游客。中国亦有望在更多地区建立签证中心。对于中国大众比较感兴趣的“自由行”政策，英国旅游局也在积极推进，估计在 1 到 2 年内对中国市场正式开放。

此外,英国旅游行业代表团也积极访华,推出全新的"英国旅游专家在线培训网站",以帮助中国旅游从业人员更全面、更深入地了解英国旅游资源,同时推出更多面向中国市场的旅游产品。通过各地的推介会,英语旅游行业代表团与中国旅行社完成了合作意向洽谈,并向众多专业参观者推荐了英国旅游资源。

资料来源:http://www.myvacation.cn/article/328/2010-11-16/51431.htm.

问题:英国如何借助奥运契机推销旅游?

分析提示:英国综合运用广告、人员推销、公共关系、销售促进等手段,借助自身、中间商以及大众的力量,通过互联网、口碑、旅游公司、实物展现、专家指导等多项渠道积极推介英国旅游。

实 训 题

实训项目:选择你所在地区一家旅游企业的新年旅游产品,为它设计一个旅游促销活动。

实训目的:通过实训,使学生能综合掌握旅游促销的工具,并能将其与实际工作结合起来,活学活用。

实训步骤:本实训可以通过以下步骤实现:①随机组成工作小组,选取本地区一家旅游企业的新年旅游产品,有针对性地进行旅游市场营销环境分析;②小组完成旅游促销方案报告撰写;③小组促销演示,并在课堂进行汇报。

实训成果:本实训最终成果为:①小组旅游促销方案一份;②小组成果演示。

第10章

旅游企业内部营销管理

学习目标

知识目标：了解旅游企业内部营销的概念及其重要性；掌握旅游企业内部营销的主要内容。

能力目标：能在掌握旅游市场内部营销的基础上，运用相关的内部营销理念，进行旅游企业的内部管理。

素质目标：具备内部营销理念，打破传统的金字塔形管理模式，重视旅游企业员工的沟通和满足感。

【引例】

万豪酒店的内部营销

万豪酒店的总裁认为，连锁酒店要使顾客、员工和股东三个群体满意，就首先必须使员工满意。如果员工热爱酒店的工作且有自豪感，他们将会很好地为顾客服务，经常满足顾客，顾客会反过来满足万豪酒店。如此循环，其结果将会满足万豪股东对利润的要求。满足顾客是最终取得利润的关键。典型的组织机构图总是总经理在顶端，管理人员在中间，最前线的人们在底下。这一模式已经过时了。精通营销的公司更加明白，他们把该模式颠倒过来，即在机构顶部是顾客，接下来重要的是最前线的人员，他们的工作是会见顾客、服务顾客和满足顾客。在他们之下的是中层管理人员，他们的工作是支持最前线的人员，使他们能更好地为顾客服务。最后，在底下的是高级管理人员，他们的工作是支持中层管理人员。

资料来源：http://www.docin.com/p-48090514.html.

对于服务企业而言，人员是服务的一个组成部分，员工满意度会直接影响到服务质量，进而影响到顾客满意度和企业绩效，因此，服务企业需要对服务人员进行内部营销，把企业员工看做内部顾客，提高服务人员的满意度，促使员工能够积极主动地为顾客提供优质服务。

10.1 旅游企业内部营销管理的概念与重要性

随着人们对服务和服务特征认识的不断深化,越来越多的企业开始把提高服务质量的重点由制度转向人,于是内部营销管理开始受到现代企业的普遍关注和重视。

10.1.1 旅游企业内部营销管理的概念

内部营销就是通过创造一种优良的环境来满足雇员的需求,通过分批生产来吸引、发展、刺激、保留能够胜任的员工,是一种把雇员当成消费者,取悦雇员的营销战略。其实质就是在企业能够成功达到有关外部市场的目标之前,必须有效地运用企业和员工间的内部交流,使员工认同企业的价值观,使企业为员工服务,把员工也当做自己的内部顾客来对待,强调员工和他们的需求。内部营销把营销的视角从企业的外部转到了企业的内部,简单地说,内部营销就是从营销管理的角度来管理组织的人力资源。

进行内部营销的目的是形成一种公司和员工之间的伙伴关系而不是传统意义上的上下级关系,并通过对员工的关心和培养,提高员工对企业的认同感和归属感,并把这种认同发自内心地体现到对顾客的服务当中去,提高外部顾客对企业的满意度,使他们成为公司的重要消费者。

【知识链接 10-1】

企业内部营销概念的提出

20 世纪 30 年代的日本,正面临着世界经济萧条,许多工厂纷纷裁员或倒闭的状况,刚刚起步的松下电器公司的员工担心被裁而人心惶惶。公司董事长松下幸之助召开全体员工大会,向大家宣布无论外界形势如何,松下电器公司一个员工也不裁减。他希望全体员工和他一起共渡难关,以后每天只上半天班,其余时间请员工帮公司推销仓库积压的产品。工人们打心底感激松下电器公司的决策,结果松下电器公司在疲软的市场中打开了销路,公司的全员营销帮助公司成功摆脱危机,成为业界的佳话。

10.1.2 旅游企业内部营销管理的重要性

内部营销是提高服务质量的前提,是企业向顾客兑现服务承诺的基础,它对提高企业绩效具有重要意义。

1) 内部营销是提高服务质量的前提

服务质量由可靠性、响应性、安全性、移情性和有形性等五个维度构成,服务人员直接影响到服务质量的这五个维度。可靠性要求企业能够按照承诺准确无误地提供服务。而服务往往由员工来提供,在很大程度上,服务人员决定了能否及时、准确地提供企业所承诺的服务。从响应性来看,要使员工能积极主动地帮助消费者,企业不但需要以顾客为中心来制定相应的服务标准,而且需要开展内部营销,雇用有较强服务意愿的人员,不断提升他们的服务能力与水平,使员工能够自发地帮助顾客。安全性依赖服务人员激发顾客信任的能力。服务人员在与顾客接触的过程中,既可以与顾客建立良好的关系,增强顾客对企业的信任,又可以破坏顾客对企业的信任,使企业声誉受损。移情性要求企业站在顾客的立场上,关注顾客的需求,向顾客提供个性化的服务。由于服务具有无形性，顾客往往通过一些有形物来评价服务的质量，因此，服务人员的穿着打扮、言行举止就成为顾客判断服务质量的线索。根据上述分析可知，服务人员影响服务质量的五个维度，影响到顾客对企业服务质量的感知，所以内部营销是提高服务质量的前提，企业开展内部营销有助于提高服务质量。

2）内部营销是企业兑现服务承诺的基础

为了在激烈的市场竞争中取胜，针对目标市场的顾客，企业需要进行外部营销。外部营销的功能主要是向顾客作出与服务有关的承诺，包括向顾客表明企业将以某种渠道、某种价格提供某种服务等。作出承诺的同时企业还必须向顾客兑现承诺，而能否兑现承诺往往与服务人员的服务意愿和能力密切相关。如果服务人员内心不愿意，或者缺乏相应的能力就不能提供企业所承诺的服务，因此如何使服务人员愿意并有能力来实现企业的服务承诺就成为服务营销中的重点问题。而内部营销的对象正是企业内部的员工，企业通过合理的招聘、选拔、培训、评估，增强员工的服务意愿，提高员工的服务能力，促使员工能兑现企业的服务承诺。

【同步案例 10－1】

丽思卡尔顿的员工之道

丽思卡尔顿是万豪国际集团的豪华超五星品牌之一，也是全球享有较高声誉的连锁酒店，曾两度获得马可姆·波里奇国家质量奖（Malcolm Baldrige National Quality Award）。丽思卡尔顿既面向高端商务人群又面向休闲人群，产业遍及北美、墨西哥及加勒比海区、南美、亚太、欧洲和中东，总数约 70 家。它以“绅士淑女服务绅士淑女（Ladies and gentlemen serve ladies and gentlemen）”为服务口号，很好地提升了员工地位，并通过此举加强了自身服务的特色性和品牌高贵感。

问题：丽思卡尔顿的员工之道与普通酒店相比有何不同？

分析提示：酒店工作人员，尤其是一线员工在与宾客的服务交流过程中普遍有落差感，即消费者是上帝，处于较高的地位。丽思卡尔顿强调绅士淑女服务绅士淑女，将自己的员工提升到与宾客同等的地位，在心理和物质上通过内部营销加以满足，使之加强工作的动力，出色地为消费者提供服务。

3）内部营销有助于提高企业的利润和盈利能力

企业的利润增长和获利能力增强来源于顾客满意度和忠诚度的提高，顾客满意度和忠诚度的提高又来源于顾客所获得的服务价值，服务价值的创造与提供来源于满意、生产率高的企业内部服务人员，而提高员工满意度就需要企业向员工传递优质的内部服务。企业所采取的一系列的内部营销措施，如工作场所、工作设计、招聘、选拔、培训、激励等，都是为了提高内部服务质量，使员工满意，最终提高企业绩效。从服务利润链理论可以看出，内部营销有助于提高员工满意度，进而提高顾客满意度和忠诚度，最终使企业利润增加，促进企业未来的良好发展。

10.2　旅游企业内部营销的主要内容

目前，内部营销理论与实践还处于不断完善的过程中，内部营销的内容非常广泛，企业在实施内部营销时，要找出关键点，以便获得事半功倍的效果，确保内部营销目标的实现。

10.2.1 开发内部营销战略

为了促使员工成功实现顾客导向的服务承诺，企业还要开发一组内部营销战略，内部营销战略是内部营销取得成功的核心。内部营销战略主要有以下几种：一是人力资源战略。企业主要通过雇用合适的人员，对这些人员进行培训和激励，留住最好的员工，以及提供员工服务传递中所需的设备、技术和管理支持等，加强对人力资源的管理，使企业能够兑现其服务承诺。二是营销战略。企业把员工看做内部顾客，借助于市场营销战略来实现员工满意，促使员工向顾客传递优质服务。该战略主要是将市场营销战略运用在员工身上，企业在对员工进行市场调研的情况下，对所有员工进行市场细分、员工群体选择和定位，再运用营销组合来满足不同内部目标市场的需求，使员工满意。三是综合性战略。该战略综合了人力资源战略和营销战略的优势，将这两种战略融为一体进行运用。在使用综合性战略时，企业可以先使用营销战略中的市场调研和市场细分，然后，再针对不同的员工群体制定营销组合方案，这些营销组合方案包括了不同培训项目、激励方式、考评方法和指标等。由于这种人力资源管理组合是在考虑了员工不同需求的基础上制定的，方案的实施可以很好地满足员工的需求，因此，综合性战略的有效实施容易取得良好的效果。在现实中，企业可以根据自身情况，单独使用人力资源战略或营销战略，也可以使用综合性战略。

10.2.2 培育服务文化

服务企业要成功实施内部营销战略，还必须转换以企业为中心的观念，主动培育有助于实施内部营销的服务文化。服务文化是指向内外顾客提供优质服务的一系列价值观或信念。服务文化意味着企业成员共享一种以提供优质服务为导向的价值观或理念，一旦这种文化深入人心，就会起到巨大的作用。在企业内部，各个员工会向对方提供服务支持，形成良好的协作氛围，从企业外部来看，员工在服务过程中会主动地为顾客提供个性化的服务，为企业塑造良好的形象。服务文化的培育对服务企业尤为重要，由于服务的生产和消费同时进行，服务人员直接与顾客接触，服务人员的态度和行为会对顾客满意度产生较大的影响，服务企业难以完全通过管理者和管理制度对员工行为进行严格监控，因此，服务企业应该充分利用服务文化来影响员工的想法，规范员工的行为。

在培育服务文化的过程中，服务企业要注意以下几点：首先，企业的管理层不但要在思想上重视服务文化培育，而且要采取措施让所有员工都感受到优质服务的重要性并感受到企业的鼓励，从而为服务文化的形成营造一个良好的内部氛围。其次，享受优质服务的对象并非只有外部顾客，还有企业内部的员工。只有企业先向员工提供优质服务，让员工满意了，顾客才有可能获得员工所提供的优质服务。最后，企业应使服务文化成为每个员工最重要的行为标准，使员工围绕着服务文化来开展工作，规范自身的行为。

【职业道德与企业伦理 10－1】

重视沟通，促进和谐

沟通是取悦员工的一种重要手段。经常对话可以改变一切。在企业内部，有很多误会或者摩擦都是因为缺乏沟通引起的。管理者应该经常走到员工中去，鼓励下属反映意见,帮他们解决实际问题,员工感到自己被尊重,他们的责任心和积极性就会大大增强,整个企业就更容易形成一股合力,从而避免一些无谓的内耗。在直接的沟通中,无论是上情下达,还是下情上达,信息可以在最大限度上保持原貌,也减少了因片面理解而给决策和执行造成的隐患。开明的管理者还应该善于引导员工参与决策,一方面集思广益,另一方面起到鼓舞士气的作用,使得决策更容易被通过。

问题:怎样的企业内部沟通才是值得推荐的?

分析提示:旅游企业需要重视直接、平等、科学、有效的沟通,省去不合理的进行"传话"的中间环节,在尊重的基础上,真心鼓励下属反映意见并主动进行沟通。

10.2.3 构建以顾客为导向的组织结构

以顾客为导向的组织结构是实现内部营销目标的保障。内部营销的基本目标是形成一支以顾客为中心、以服务为理念的员工队伍来向顾客传递优质服务。优质服务意味着顾客能方便、及时地得到个性化的服务,这就需要改变传统的官僚科层制的组织结构,重新构建以顾客为导向的组织结构,以确保内部营销目标的实现。从传统来看,许多企业都把高级管理者看做企业中最重要的人,而一线员工往往是被忽视的。这一思想反映在企业的组织结构图中,就是把高层管理者列为顶部,将一线员工放在底部,使企业的组织结构呈现出金字塔的形状。在这种组织结构中,高层管理者制订计划并命令员工执行,员工处于被动地位,是在被迫执行任务,自身的需求难以得到满足,在工作中缺乏主动性和积极性,这会导致顾客的不满和流失。而顾客是企业当前和未来利润的根本源泉,企业之所以开展内部营销,也正是为了在使员工满意的基础上来赢得和维系顾客,这就需要重新构建组织结构。在构建以顾客为导向的组织结构时,企业应该重视向顾客传递优质服务的员工,将员工放到最顶层,而高层管理者主要是向员工提供支持和帮助,应位于最底部。总之,企业要成功开展内部营销,就应重新构建组织结构,由金字塔形状的组织结构转变为倒金字塔形状的组织结构,以便为以顾客为导向的优质服务传递提供保障。

【同步思考 10-1】

酒店员工授权体系的建设

酒店业重视服务质量和氛围,无论是高星级酒店还是普通酒店,都希望自己的服务水平能在现有的基础上更上一层楼,以便增强品牌竞争力。但是服务与生产不同,服务不能通过标准化设置经由流水线操作完成。在很大程度上,服务离不开其提供者,正因为如此,服务过程总存在着失误。在内部营销理念的指导下,请思考酒店营销人员如何重新构建以顾客为导向的组织结构,在服务中,尤其是在服务发生失误后,进行顾客挽留和服务弥补。

分析说明:纵观国际酒店,适当授权的服务体系建设是增强酒店品牌竞争力最有效的实现途径。适当的授权体系可以依托政策面和资金面开展。前者即在酒店规章中明确酒店员工如有接到顾客抱怨及其他服务问题,无论其岗位性质和岗位职责是否与之相符,该酒店员工须接受并着手协助顾客在第一时间进行处理,并担任酒店与顾客的联系人角色。这一做法能有效避免员工及部门在顾客问题处理上的相互推托,提升日常问题处理的速度,帮助建立员工与顾客的情感联系。作为后者的资金保障则在政策健全的基础上为员工提供了实质性的问题处理权限。例如,美国本土的丽兹酒店在经营过程中授予员工2 000美元以内的使用权,用于顾客问题的处理。这一量化的做法能较好地实现权限分配,给予员工一定的顾客服务处理自由度,进而提高员工的工作成就感和满意度。

【情境模拟10-1】

场景:旅行社旅游产品的提供需要依托大量的员工服务,无论是接待、导游还是其他服务都与员工的无形付出紧密相关。为了更好地促进旅行社员工提供积极、全面、周到的服务,请结合内部营销的相关理念,制定相关策略。

操作:学生随机组合成为营销团队,根据市场营销的理念,在了解旅行社的基本员工构成的基础上,进行合理的内部市场细分,挑选其中一个细分市场,给出内部营销策略,具体列出几种内部营销手段。

知识题

10.1 什么是旅游企业内部营销管理?

10.2 为什么旅游企业需要重视员工,对内部人员进行相应的营销管理?

10.3 旅游企业可以通过何种途径进行内部营销?

实务题

请为某个旅游企业构建一个以顾客为导向的组织结构,并给出保证该组织结构有序运行的手段。

案例题

曾经,希尔顿酒店集团旗下家木套房酒店(Homewood Suites)是一个低迷的酒店品牌。该酒店的品牌经理霍尔特豪泽想要聘请高人帮助他开展复兴。霍尔特豪泽说:"我们的确需要一些贤能之士来帮助我们发展。但是,我刚到家木套房酒店的时候,招聘广告发出去后却没有一个来应聘的人。大家都想去客似云来的地方,而在公司内部,我们这个品牌默默无闻。所以,家木套房酒店必须激起内部员工对这个品牌的兴奋度,这样就能够吸引一部分人才了。"霍尔特豪泽还说:"我们一直都在孜孜不倦地培养和推广家木套房酒店的品牌个性。我们这里不拘谨,员工工作很开心。我们把'谢谢'挂在嘴边,向员工提供很好的培训、发展机会和奖励机制。而且我们做了大量的沟通工作,使团队中的每一个人都能全心全意地工作。我们的团队成员都为家木套房酒店的品牌感到骄傲,他们希望客户也喜爱这一品牌。"

霍尔特豪泽和手下的几位高层经理定期和公司一线的团队成员召开电话会议,同时也定期与每位总经理召开电话会议,以了解业务的最新进展情况。当有员工表现突出时,霍尔特豪泽会发去书面感谢信,并致电表示祝贺。由于霍尔特豪泽为员工敞开了信息大门,他们的工作非常出色。不仅如此,员工在客户服务方面的表现也更上一层楼,因为他们真正担起了促使公司品牌成功的责任。霍尔特豪泽说:"我们一直认为内部营销同外部营销一样重要,而我在这里的经历证明了我的想法是对的。"

几年之后,霍尔特豪泽再也没有碰到招聘方面的问题了。他说:"现在发出招聘帖子后,应聘的人数超过了我们能够应付的程度。"酒店行业面临的最大问题是员工流失率高,但是家木套房酒店的优秀员工却一直没有离开那里。这些员工关心客户,而客户也回馈他们以支持和赞赏。霍尔特豪泽说:"由于客户的好评,我们赢得了三项行业大奖。这些奖励是我们致力于营造企业文化的直接结果,在这种文化氛围内,团队成员满腔热情地实现着我们的品牌承诺。"

问题:家木套房酒店在内部营销方面有何可取之处?

分析提示:家木套房酒店在进行酒店复兴建设过程中,重视品牌建设,无论是在希尔顿酒店集团内部还是在外部,都注意品牌个性的建立,家木套房酒店十分重视内部员工的营销培养,通过奖励、培训、沟通、交流、支持、赞赏等多种手段,提高员工的品牌骄傲感,留住了优秀的员工,进而也留住了满意的客户。

资料来源:http://hi.baidu.com/xczlhj/blog/item/8eed5b3c99866dc5a2cc2b54.html.

实训题

实训项目:培养企业文化是旅游企业内部营销的一种有效手段。请结合本章的学习内容,选取本地的一家旅游企业,在深入了解的基础上,给出该企业培养企业文化的途径。

实训目的:通过实训,使学生能综合掌握旅游企业内部营销的相关知识,并能将其与实际的工作结合起来,活学活用。

实训步骤:本实训可以通过以下步骤实现:①随机组成营销小组,选择本地一家旅游企业并了解该企业的企业文化培养现状;②结合实际给出该企业的企业文化培养手段及方式;③小组制作 PPT,将成果在课堂上进行汇报。

实训成果:本实训最终成果为:小组 PPT 汇报。

第11章

旅游市场营销战略应用

学习目标

知识目标:了解旅游目的地、旅游景点、旅行社、旅游饭店的营销概念与特点;掌握旅游目的地、旅游景点、旅行社、旅游饭店的营销策略。

能力目标:能在掌握旅游目的地、旅游景点、旅行社、旅游饭店的营销策略的基础上,根据实际情况,灵活地组织各类旅游企业的营销活动。

素质目标:全面严谨的营销工作作风;灵活多变的营销工作思路;团结合作的营销工作精神。

【引例】

"非典"后香港的旅游市场营销

2003年6月23日,世界卫生组织宣布中国香港从"非典"疫区名单中除名的当天,香港经济发展及劳工局局长联同香港旅游发展局(以下简称旅发局)主席举行了记者招待会,正式公布激活"全球旅游推广计划"。

2003年6月23日至9月15日,旅发局制作了5段新闻录影带,分发到69个国家的368家电视台,并邀请了皇马球队成员、姚明等篮球巨星、奥运滑冰好手关颖珊等多位知名人士,以及586位国际传媒嘉宾访港宣传,接受传媒专访和出席演讲活动达79次。同时,旅发局组织了来自17个不同市场的300多家旅游代理商和1 930位旅游业务代表赴香港考察。

2003年7月13日起,旅发局推出为期两个月的"好客月"推广活动,联合旅游业界开展合作促销,并刺激旅游者和市民的消费金额。2003年9月起,为了确保旅游业持续复苏,巩固香港作为亚洲首屈一指的旅游目的地的地位,旅发局策划了全球广告宣传活动。活动以"乐在此,爱在此!"为主题,由成龙担任全新电视宣传片的主角,在全球16个重点市场和30多个大城市播出。旅发局配合郭富城主演的电视剧《动感豪情》开展大型的公关宣传活动,中国内地、中国台湾和东南亚地区有3亿家庭收看了此剧。旅发局与国家地理频道的《亚洲自我挑战赛》节目合作,推广香港旅游。2003年12月,旅发局举办了"香港缤纷冬日节"大型活动,节目融合了西方节庆和中国传统特色,掀起了香港在圣诞和新年前后的旅游高潮。

在"非典"时期和危机过后,香港旅游局和香港政府的积极筹划和快速反应,以及香港各行各业的联合行动,不但使整个香港经济损失减少到最小,而且在最短的时间内重塑了香港健康、美丽的城市形象。

资料来源:http://www.doc88.com/p-10628839310.html.

旅游市场营销环境分析、购买行为分析、营销调研、市场细分及目标市场选择与定位、产品策略、定价策略、渠道策略以及促销策略并不是单独的。在实际的旅游企业运营中,各个方面要相互配合,综合运用,才能达到良好的营销效果。

11.1 旅游市场营销模拟综合应用

旅游市场营销在实际的运营中主要有旅游目的地营销、旅游景点营销、旅行社营销、旅游饭店营销等几大块。旅游专业学生需要将相关营销知识灵活地运用到实际工作中,处理各类问题。

11.1.1 旅游目的地营销

旅游业是一个综合性的产业,仅仅靠旅游企业进行推广宣传往往难以实现目的地营销目标。为了能取得更好的效果,目的地政府需要在形象塑造、吸引游客和促进旅游产业发展等方面发挥其应有的作用,积极进行目的地营销工作。

1)旅游目的地营销的定义与参与主体

旅游目的地营销是指在特定空间区域层次上进行的一种崭新的旅游营销方式。在这种方式下,区域旅游组织将代表本区域内所有的旅游企业和旅游产品,作为统一的营销主体并以相同的旅游目的地形象参与旅游市场的激烈竞争。旅游目的地营销的内容主要包括:制定国家或地区旅游发展总体规划;确定目的地向目标市场提供的产品及总体形象;确定对该目的地具有吸引力的目标市场;确定目标市场的信任度及抵达该目的地的最佳途径。由于旅游目的地的发展水平和范围不同,其营销活动的规模和层次也会有所不同。旅游目的地营销活动的参与主体通常包括目的地旅游组织、政府机构、政府的旅游专门组织、旅游产业协会组织、旅游企业、旅游营销辅助机构(如广告媒体、旅游中介)和旅游者等。

2)旅游目的地营销的特点

旅游目的地营销的理念和方法与旅游企业营销的理念和方法基本是一致的,两者之间也存在着很多业务交叉。但是旅游目的地营销和旅游企业营销之间也有着较大的差异,具体表现为:

- 营销主体不同——前者为区域旅游组织,后者为旅游企业;
- 营销对象不同——前者以区域旅游形象为主,后者以旅游产品为主;
- 营销目的不同——前者为提升区域旅游吸引力和竞争力,后者为企业利润最大化;
- 营销手段不同——前者为旅游活动,后者为营销组合。

3)旅游目的地营销的战略战术

旅游市场营销战略是一个国家或地区为了实现其发展旅游业的目标,为旅游业内各行业制定的在一个相当长的时期内市场营销发展的总体设想和规划,具有长远性、全局性、适应性等特点。在实际的工作中,旅游目的地营销战略主要有促销战略和支持战略。前者通过实施促销组合以提升潜在顾客对目的地的认知,并对其态度施加影响;后者则对整个旅游业施加影响。

(1)促销战略。旅游目的地形象是公众以一个潜在或现实旅游者的眼光对一个地区的印象、评价,代表了大量与该地区相关的信息。促销战略是指通过实施促销方案来向目标细分市场中的潜在旅游者提供重要信息,以突出目的地在游客心目中的形象,激发其旅游意愿,进而促使他们索取产品宣传册,或与当地的旅游代理商联系。世界上大多数政府旅游组织选择将营销预算主要用于提升目的地的知名度与形象。在采用促销战略时,政府或旅游组织必须确保有足够的预算支持,因为为了达到预期的效果,使潜在顾客了解并产生购买的兴趣,促销活动必须具有足够的规模和影响力。

【知识链接 11-1】

中国旅游宣传推广代表团在悉尼举行大型推广活动

2011 年 6 月 22 日,中国旅游宣传推广代表团在澳大利亚悉尼举行了大型中华文化游产品推广活动。来自悉尼政界、旅游界、航空以及新闻媒体等的 300 余名嘉宾出席了推广活动。此次推广旨在落实中国和澳大利亚两国领导人确定的 2011 年澳大利亚"中国文化年"活动,以文化交流推动两国人员往来。中国驻悉尼总领事段洁龙,中国驻澳大利亚大使馆文化参赞柯亚沙,澳大利亚资源、能源与旅游部旅游事务助理格兰德,澳大利亚全国旅行社协会主席杰森·维斯特伯利等贵宾出席了此次活动。为做好 2011 年"中华文化游"的宣传推广工作,积极开发澳大利亚旅华市场,扩大我国主要远程客源市场规模,由国家旅游局组织,北京、河北、内蒙古、福建、安徽、河南、广东、广西、海南、重庆、四川、陕西、宁夏、青海、新疆等 15 个省(自治区、直辖市)旅游局及中国旅行社总社组成的中国旅游推广代表团参加了推广活动。代表团代表先后向来宾介绍了以中国世界文化遗产为代表的文化旅游产品与线路。推广活动上,各省市代表带来的具有地方特色的旅游产品与线路,悉尼旅游办事处推出的旅游网站信息视频,国航、东航、海航、银联等驻澳企业提供的各类奖品将推广活动带入高潮。继悉尼推广活动之后,中国旅游宣传推广代表团还将前往奥克兰、惠灵顿和墨尔本举行推广活动。

配合促销战略,旅游目的地营销在战术上主要采用营销广告与公共关系。

- 营销广告

旅游目的地的营销广告是由旅游目的地国家或地区的政府旅游组织或旅游企业出面,用付费的方式选择和制作相关的旅游信息,并由媒体发布出去,以扩大影响及知名度,树立旅游目的地国家或地区和旅游企业的形象,从而达到促销的目的。其主要类型大体包括旅游产品广告、旅游线路广告、游览度假地广告、国家广告和地区广告等。利用视觉、听觉等各类感官,宣传并塑造旅游目的地的整体形象,提高潜在游客对旅游目的地的认知和兴趣，鼓励新老游客前来旅游。

【同步案例 11-1】

马来西亚的旅游海报

马来西亚是旅游业十分发达的东南亚国家。在激烈的市场竞争中，该国政府和组织在旅游营销广告方面加大投入，借助各类媒体给潜在消费者传达旅游目的地的静态和动态的各类信息和亮点，下图就是一张马来西亚在中国区的平面旅游广告。

问题：马来西亚在旅游目的地宣传广告中突出了何种信息和特色？

分析提示：马来西亚在旅游目的地宣传广告中突出了该国的热带气候、细沙大海、民族风情、自然风光和当地美食等特色，向潜在旅游消费者发出观光邀请。

- 公共关系

公共关系是通过信息沟通，发展旅游目的地与社会公众之间的良好关系，建立、维护、改善或改变旅游目的地形象，营造有利于旅游目的地经营环境的一系列措施和行为。与营销广告相比，公共关系需要较长的时间来营造，但是其带来的可信度是广告所不能相比的，能对公众心理产生较强的影响。为了在激烈的旅游市场中占得一定的地位，国家或地区的政府或旅游相关组织需要发挥一定的功能，利用公共关系树立目的地旅游的整体形象。

(2) 支持战略。如前所述，促销战略需要有大量的经费支持，因此近年来，政府和旅游组织逐渐转向支持战略，即以自愿合作为基础，开展一些联合促销活动，政府和旅游组织利用旅游企业的资金来进行一些必要的旅游宣传和广告。通过这一做法,政府和旅游组织能有效地节省经费投入,而旅游企业则可以利用政府强大的影响力来提高宣传的力度和可信度,达到双赢的效果。

配合支持战略,旅游目的地营销在战术上主要有:

• 提供研究数据和咨询服务

前者为政府和旅游组织通过摘录统计数据,发布关于市场趋势的简报或采用协助调研等方式定期为旅游企业的营销规划提供有价值的支持;后者为政府和旅游组织向企业提供咨询、建议,为企业的营销决策作出贡献。

• 组织研讨会或展销会

政府和旅游组织安排旅游产品供应商与潜在购买者如旅游经销商、旅游代理商和其他旅游组织者等进行有效且低成本的见面、交流。

• 设立客源市场办事处

通过在产生大量游客的客源市场建立办事处,政府或旅游组织可以建立并保持和旅游业界的良好关系,并冲淡旅游目的地各类旅游产品的分销。

• 支持宣传品的制作和发放

政府或旅游组织有时需要对外进行旅游宣传册等宣传品的发放,可以将这些宣传品的广告版面等出售。若政府或旅游组织的宣传品发放科学、快捷、有效,这些宣传品就成为了效益较高的广告媒体,在给旅游企业带来机会的同时,也为自己增加了利润。政府和旅游组织还可以为经营者提供直接邮寄、分发其自制宣传品的服务。

• 支持行业联合

政府和旅游组织为中小旅游企业联合提供支持,使其在规模经济的基础上实现更有效的营销。

此外,政府和旅游组织还可以通过支持和保护消费者、支持新产品、出版旅游行业指南及熟悉业务旅行等开展支持战略。

【同步思考 11 - 1】

江苏赴东南亚旅游促销系列活动

为了进一步巩固新加坡、中国香港等传统入境客源市场,并积极开拓东南亚新兴旅游市场,全面展示江苏旅游新产品、新线路和新形象,特别是将江苏省中部和北部地区的旅游产品和最新的旅游资源推介给东南亚地区的旅游业界及民众,江苏省旅游局于2009年9月18日至29日组织苏中、苏北各市旅游市场促销人员、景点景区及旅游饭店等旅游企业代表30多人组成江苏旅游宣传促销团,赴新加坡、菲律宾和中国香港开展旅游资源推广、产品说明、拜会座谈和互动交流等一系列旅游宣传促销活动。本次江苏旅游推介活动以苏中、苏北地区的旅游资源、文化特色和风土民情为主打产品,通过扬州、徐州、南通、连云港、泰州、淮安和宿迁各市旅游局领导和代表的推介,展示了江苏沿海湿地、汉风文化、江海风情、生态旅游和美食文化等苏中、苏北的精品旅游产品和最新的旅游资源,给与会者一个耳目一新的江苏印象,引起了参会代表的极大兴趣。

分析说明:政府牵头,旅游企业参与的促销支持活动能很好地结合政府和旅游行业的优势，既可以提升促销的规模、力度和可信度，减轻政府的营销压力，又可以给企业带来很多营销机会。

11.1.2 旅游景点营销

旅游景点在整体旅游产品中处于核心地位。旅游景点管理的主要目的在于激发旅游动机、使顾客满意和提供物有所值的感受，因此，将营销理念导入景区管理有着很现实的意义。

1）旅游景点的定义与类型

旅游景点是指专为来访公众参观、游乐和增长知识而设立和管理的长久性休闲活动场所。旅游景点的类别很多，有以自然资源见长的，有以人文资源或人造资源见长的。按内容和表现形式，旅游景点主要有：

- 古代遗址，主要有挖掘出土和加以保护的古迹，如秦始皇兵马俑、古墓葬等；
- 历史建筑，即历史遗留下来的各种建筑物，如北京故宫、杭州灵隐寺等；
- 博物馆，包括以特定收藏品为展示内容的博物馆及以特定场址为展示内容的博物馆；
- 美术馆，主要指收藏和展览历史或传统美术作品的场所；
- 公园和花园，指以有特色的自然环境和植物环境为主要内容的旅游景点，如苏州园林、九寨沟自然保护区等；
- 野生动物园区，指以观赏野生动物为主要活动内容的旅游景点，如水族馆、动物园等；
- 主题公园，主要指以某一种新主题为基调而兴建的大型人造游览娱乐园区，如迪士尼乐园、苏州乐园等；
- 早期产业旧址，即那些在已经遗弃的早期工矿产业旧址基础上形成的参观景点，如运河码头、采矿业遗址等。

2）旅游景点营销的战略战术

现有的旅游景点营销很多还停留在以产品为导向的错误思路中，营销人员必须改变经营思路，以消费者为导向，在景点的战略营销中，首先进行市场细分，并确定每一细分市场的潜在需求量或营销目标。市场细分是针对特定的潜在顾客展开有效促销及其他营销活动的基础。

在对目标顾客细分市场进行研究的基础上，营销工作者需要进一步分析旅游者的消费心理，并结合景点自身的特色，确定所经营的景点能给顾客提供何种经历。这种经历可以是现有的经历，也可以是资源改良后可能创造的经历。目前，旅游产品可以通过开发新的展示内容或通过改进展示方式和技术来实现经历创造。

以市场细分和确定经历为依据，以消费者为中心，营销人员紧接着要进行产品组合和扩展，在资源可承受的范围内以最佳经历提高游客的满意程度。为了更好地进行该项工作，景点往往需要根据自身的性质确定一个基本主题或思想，以反映其特点和精华。

在促销方面，旅游景点可以与同一线路的其他同类景点或同一地区不同类型的景点展开合作。该合作可以通过政府或旅游组织牵线，也可以由景点间直接合作。此外，在分销与促销过程中，景点还可以与交通、住宿和其他旅游企业合作，如度假区景点与酒店合作，提供度假包价产品，将酒店住宿和景点门票捆绑起来。对旅游企业而言，在经营主体业务的同时，景区的外延和扩展可以增加其产品的附加价值；对于景点而言，旅游企业反过来也成了它们的一个分销渠道。

在战略营销的框架指导下，以下战术将有助于景点营销的有效实现：

(1)事件营销。事件营销是指企业通过策划、组织和利用名人效应、新闻价值以及有社会影响的人物或事件，引起媒体、社会团体和消费者的兴趣与关注，以求提高企业或产品的知名度、美誉度，树立良好的品牌形象，并最终促成产品和服务销售的手段。景区事件营销的目的是向现实或潜在的旅游消费者提供景区产品信息，引导消费行为，满足消费者需求和接受消费者的反馈意见，借此迅速提高景区的知名度，树立景区鲜明的品牌形象，形成新的旅游旺季。目前大多数景点在事件营销中都以与景点主题形象一致的节庆活动为主，配合适当的新闻媒体宣传，促进多元效应的产生。由于事件的应用在景点营销中频率较高，因此，工作人员需要注意营造亮点，注重创意，避免沦为泛泛之流。

(2)广告及公关营销。广告是较为有效的促销手段，它可以建立和维持公众尤其是潜在旅游者对景点的兴趣，加深其对景点的了解，配合潜移默化的公关活动，能更好地发掘公众对旅游资源可能抱有的兴趣。

(3)分销渠道营销。景点营销者可以利用自己的分销渠道，在景点辐射范围内的各类配套设施中，如酒店、旅馆、旅游信息中心、其他相关景点有效发放宣传册、海报或招贴画等，激发潜在游客的旅游动机。

(4)适当的降价促销。虽然降价通常不大被营销者所推荐，但是适当的降价也不失为促销的手段之一，给消费者明显的让利空间，促进其对景点产品的购买。另外，还可以通过家庭套餐、朋友套餐、情侣套餐等变相的降价活动来吸引相关人群。

【同步案例 11－2】

大堡礁招聘——醉翁之意在营销

大堡礁尽管久负盛名，但因为随着海洋升温以及游客增多，大堡礁的珊瑚虫一度濒临灭绝，经过一段时间的休养生息，大堡礁生态环境得到了恢复，知名度却已大不如从前。哈密尔顿岛素有澳大利亚“大堡礁之星”的美誉，岛上终年气候舒适宜人，活动多姿多彩，但由于当地旅游受金融危机冲击，游客量大减。

为了积极有效地营销大堡礁这一景点，昆士兰旅游局发起了“澳大利亚大堡礁护岛人”全球招聘活动。表面上赢家是最终入选大堡礁护岛人的本·绍索尔，实际上，最大的赢家是昆士兰旅游局。昆士兰旅游局承认，活动的实质旨在提升大堡礁的国际知名度。“世界上最好的工作”招聘活动引起巨大反响，昆士兰旅游局已收获了价值 1.1 亿美元的全球宣传效应。与此相比，活动所投入的 170 万美元显然连个零头都不到。

由于澳大利亚的前五大客源国分别为新西兰、英国、日本、美国和中国，在此次活动中，昆士兰旅游局建立了七个版本的招聘网站，覆盖面极广。虽然面向的是广大人群，但因为中国的游客是近年来增长最快的，而此次护岛人将“定居”的汉密尔顿岛又是中国旅游团尚未开辟的旅游路线，中国作为重中之重的客户，自然也得到了额外的待遇，比如海选的官方网站仅中文版本就分为大陆简体、台湾繁体、香港繁体三种，昆士兰旅游局甚至在北京进行了现场招聘。而针对第二大客源国的英国市场，还为大堡礁配套推出了"世上最好的蜜月目的地"、"世上最好的度假目的地"等系列活动。

迄今，"澳大利亚大堡礁护岛人"已成为一个知名品牌。一旦成为品牌，即使结果揭晓，昆士兰旅游局也可以利用品牌的影响力，确保大堡礁的新闻不会淡出人们的视线。比如绍索尔上岗后，海岛豪华别墅内的生活究竟啥样？在大堡礁群岛探索会遇到哪些趣事？……这些都将引发人们新一轮的关注，续写大堡礁的营销传奇。这一事件已被包括英国路透社在内的知名媒体评为 2009 年堪称经典的网络营销案例之一。

问题：大堡礁的旅游营销为何如此成功？

分析提示：此次活动借助招聘吸引了大部分潜在的游客对目的地的好奇，目标人群定位准确，基本上设置的招聘国家位于亚洲。亚洲因为近些年经济的发展，外出旅游的人数大幅度增加，从招聘广告的描述来看，旅游局特别把目标放在吸引"闲适且自由"的中产阶级以及白领身上。另外，此次招聘还非常准确而全面地把大堡礁的特色都展现了出来，从自然风光到特色旅游项目，再到住宿以及一些拓展性的多元活动，给潜在旅游者展示了大堡礁的魅力。较之其他花大笔钱在全世界找一个美女明星代言人在海边徘徊踱步，或开几场浩大的全球明星演唱会等营销手段，大堡礁的案例无疑是独特而经典的。

11.1.3 旅行社营销

旅行社是旅游业的支柱之一，在旅游活动中既要对产品进行组合，又要对产品进行销售。在我国，旅行社行业已有了稳定的发展，但综观整体，存在着公司规模普遍较小，行业利润较为低微以及竞争日趋激烈等问题。在日渐与国际接轨的今天，旅行社需要更多地运用营销手段，突破行业运营的瓶颈。

1）旅行社的主体业务

目前，旅行社的主体业务是包价旅游。所谓包价旅游产品是由交通、餐饮、住宿、目的地景点及其他附属设施和服务中两个或两个以上的要素组成的有质量控制并可反复供应的标准化产品。包价旅游产品经营商通常利用各种媒介来宣传产品，并向潜在顾客公布其统包价格。该统包价格并不是简单的由各单项旅游产品价格合并累积而成的，它是由各组成要素的价格和经营商的附加价值组成的，就各部分而言，其单独的价格已经不能体现了。

按照不同的标准，包价旅游可以划分为不同的类型：按目标市场不同，包价旅游可分为团体包价旅游和散客包价旅游；按包价项目不同，包价旅游可分为全包价旅游、半包价旅游、小包价旅游和零包价旅游。

- 全包价旅游，是指将交通、住宿、餐饮、门票以及各类文化娱乐等费用全部包含在内的旅游产品形式。
- 半包价旅游，是指在全包价旅游的基础上，减去中、晚餐费用的一种包价形式。
- 小包价旅游，又称可选择性旅游，由非选择部分和可选择部分构成。前者一般包括住宿、餐饮、交通和基本景点等；后者包括风味餐、节目欣赏、可选游览项目等。
- 零包价旅游，是一种独特的产品形态，多见于发达国家，参加这种旅游的旅游者必须随团前往和离开旅游目的地,但是在旅游目的地的活动是完全自由的,形同散客。

旅行社在主体业务的基础上,日常运营的主要方式是承接各种与旅游有关的委托代办业务以及设计开发旅游产品并进行团体接待。前者指旅行社接受委托人的代办委托后,根据有关协议,代办各种事项或手续,如代订客房、代办签证、代购票据、代租汽车等;后者则是指旅行社向有关旅游服务提供部门或企业购买旅游服务要素,然后根据市场的需求,设计适销对路的旅游产品即包价旅游线路,经过一定的包装、宣传和促销,销售给旅游者。

2)旅行社营销的战略战术

旅行社营销战略所涉及的范围较为广泛,为了达到良好的效果,营销者需要从多个方面入手。通常,旅行社营销主要围绕旅行社品牌建设、旅行社客户关系营造、旅行社产品组合设计、旅行社分销促销设计等方面展开。

(1)旅行社品牌建设。在竞争激烈的今天,企业都十分重视品牌的打造。品牌不仅是一种标志,一种象征,更是旅行社区别于同类公司、传达产品服务品质、提高顾客信任度的工具。只有拥有自己的知名品牌,企业才能长远地发展壮大。但是重视并不等同于做好。很多旅行社在品牌经营中,尤其是国内旅行社片面地重视媒体宣扬,依靠激动人心但却略显空泛的广告进行品牌推广,效果往往不尽理想。品牌注重外在但更要脚踏实地地通过企业本身对质量和价值的追求而实现。

配合品牌建设战略,以下战术将有助于旅行社营销的有效实现:

- 价值营销

当前市场调研显示,旅游消费者在进行旅行社产品购买时较之价格更重视产品与服务的质量,旅游产品的开发正逐渐进入价值回归的时代。人们已经对恶性价格竞争、服务质量差、购物环节泛滥的旅游产品深恶痛绝,愿意花多点儿钱享受高质量的旅游产品。因此,旅行社必须改变以成本为导向的做法,在设计旅游产品、制定旅游价格时,重视价值的体现,使游客真正从心底喜欢自己购买的旅游产品,进而对旅行社及其品牌产生好感。

- 形象营销

当前,旅行社的经营还是集中于价格和产品组合上,形象营销不能说被忽视,但明显不占主流。随着市场的成熟,各旅行社价格和产品组合方面的差异日渐缩小,行业竞争必须添加新的亮点。由于旅行社主要采用点到点的门市经营方式,在适当的场地建立营业部面向客源市场,因此通过标志塑造并确定形象和品牌,在消费者心目中确定企业的形象定位来形成差异已成为营销工作的重要内容。在形象营销方面旅行社可以借鉴麦当劳等连锁店的做法,利用简洁明了、意义深刻、深入人心的标志以及统一的门店风格,统一的员工着装,标准化的服务流程加强品牌效应,培育顾客的满意度和忠诚度。

- 公关营销

公司在导入形象营销的同时,还可以通过重视企业社会形象来向公众传达品牌亲和力,树立并维持其美誉度。在这一方面,旅行社通常选择参加公益活动和公益事业,如希望工程、残疾人事业、环保节能工程,或支持文化娱乐事业,提供赞助等来实现。

【同步思考 11－2】

穷则独善其身，达则兼济天下

借“为了西部的孩子”大型系列报道之际，天津市黄土地旅行社密切关注此次公益活动。通过与天津人民广播电台总编的协商和沟通，黄土地旅行社决定出资并全程为西部的孩子服务，将一些品学兼优的西部孩子代表接到天津来度过六一国际儿童节。该旅行社董事长通过敏锐的新闻嗅觉判断出了这个极具价值的新闻事件，其果断的决策和快速的反应使黄土地旅行社抢先找到了结点，成功地切入了这一公益性事件，把握住了一个关爱西部孩子、为国家西部大开发战略添砖加瓦的好机会。而黄土地旅行社出资并全程服务的西部孩子在天津观光旅游度六一活动，作为天津人民广播电台“为了西部的孩子”大型报道的延续和亮点，成为天津各大媒体争相报道的焦点，引起了全社会的广泛关注并得到了业内人士和天津人民的一致赞誉。

分析说明：低手推销产品，高手推销企业。推销产品要穿透人们的层层戒心，而且仅仅能带动销售，但推销企业却不容易引起公众的戒备，从而在不经意间以春风化雨的形式在公众心目中树立起良好的企业形象，而良好的企业形象可以拉动产品的销售，可谓是一箭双雕，达到润物细无声、四两拨千斤的效果。这正是公益事业的迷人之处。

(2)旅行社客户关系营造。客户关系是旅行社营销的又一个战略手段。客户是旅行社的利润来源，拉拢老客户与吸引新客户在成本上相差悬殊，因此建立良好的客户关系对旅行社意义深远。旅行社要在紧紧吸引老客户的基础上，不断吸引新客户，使自己的消费者如滚雪球般越来越多，并借此在营销竞争中处于不败之地。

配合旅行社客户关系营造战略，以下战术可作参考：

● 建立完整的客户数据库，记录客户的基本信息、身体状况、消费喜好、购买习惯等信息。

● 适时与老顾客联系，如在他们生日时寄发贺卡；旅游完毕给旅游团成员发封电子邮件，在表示感谢、征求意见的同时鼓励他们成为旅行社的注册会员，享受更优惠的价格和更好的服务；有特殊优惠活动时，主动联系老顾客，给予活动说明和提醒等。

● 建立会员制，当累计消费达到一定的额度自动升级为银卡会员、金卡会员甚至钻石会员，并成立会员俱乐部，提供各种优惠和更加全面、周到的个性化服务。

● 对即将出游的游客，提前查阅数据库资料，使接待者对其有充分的了解。如有特殊要求的客人，在许可的范围内予以个性化的服务。

● 利用网站，建立游客论坛，与他们交流意见、沟通想法、收集意见、给予反馈。

(3)旅行社产品组合设计。目前很多旅游产品都趋于成熟，各个旅游企业在提供过程中同类产品间的差异度很小，这使得旅游产品的竞争性不强。为了更好地在竞争中脱颖而出，旅行社需要在产品营销中，分析内外部环境因素，进行合理的市场细分并明确市场定位，根据市场需求组合并均匀配置景点、住宿、餐饮、娱乐、交通、购物等产品要素，突显旅行社产品的差异度，保护旅行社产品的独创性，进而赢得营销优势。

配合旅行社产品组合设计战略，以下战术可作参考：

● 形成丰富的产品体系，满足不同游客的需要。在产品设计中要对特色予以足够的重视,创新产品组合模式,如开发“旅游+修学”、“旅游+研讨”、“旅游+培训”、“旅游+交友”的线路。

• 针对特定人群,设计差异化的旅游产品,并利用企业自身的规模、资源、实力等优势,与专业机构等建立合作关系,取得近似垄断性的产品代理权或专营权,使其他企业不能模仿,保障自己的利益。

• 在提供旅游产品组合的同时,推出免费附加产品与服务,如借助网站或手册提供旅行指南,发布各条线路和景点有关吃、住、行、游、购、娱的综合旅游信息,给出包括货币、天气、新闻等方面的出游提醒和建议,提供自助旅游介绍,并支持产品在线问答、交流和预订。

• 时时关心国内外旅游环境的变化和旅游政策的调整,紧跟国际旅游趋势,并将其第一时间在旅游产品组合中反映出来,如旅游管制问题、签证办理条件等。

(4)旅行社分销促销设计。旅行社营销还与分销促销设计有着密切的关系。分销是指为顾客提供购买产品的通道。旅行社在分销环节通常会有大量的花费,除了佣金等基本的变动成本以外,还有包括印刷分发宣传册、安装维护计算机网络、销售推广活动、员工教育培训等在内的固定成本。在竞争激烈的形势下,为了不断刺激分销商的积极性,旅行社还需要配备一支销售队伍来建立、保持和加强同销售渠道客户的联系。促销是推动销售实现的重要环节,在加强分销渠道的基础上,实施有效的促销手段对旅行社营销大有帮助。

配合旅行社分销促销设计战略,以下战术可作参考:

• 组成旅行社区域联盟,利用联盟后的规模优势降低运营成本,提高竞争力。各旅行社可以在主要区域发起互为代理,形成优势叠加。

• 加强直复营销,通过各种途径收集潜在旅游者资料,建立计算机数据库,再根据潜在旅游者的市场细分特征,设计高度个性化的旅游产品以满足旅游者的要求,并运用有效沟通手段引导旅游者,同其建立良好的关系。直复营销可以解决旅行社与旅游者沟通上的障碍,实现信息双向交流;提高旅行社服务质量,争取“品牌忠诚顾客”,提升竞争力。

• 增加广告投入,扩大市场宣传力度。在淡季或特殊活动时期降价以刺激特定时期的销售。

• 针对顾客进行销售推广,如限时折扣、儿童免费、礼品赠送等;针对零售商进行销售推广,如分发红利、提高佣金、奖励旅游、宣传津贴等。

• 联合批发商和零售商进行联合促销,特别是通过网络来沟通最新产品销售信息及受理预订,可以极大地促进在最后时刻打折销售,获得更多的收益。

• 加强门市接待人员的培训,增强其营销接待能力,并适当地引入纪实活动影像、景观实物、模拟景观、游客留言、图片相册等增强促销效果。

• 大力加强网络营销和网上预订,利用数字化的信息和网络媒体的交互性来辅助营销目标的实现。

【知识链接 11 -2】

中青旅英文网站的 SEO 引爆点

中青旅英文网站是一个针对国外客户的旅游服务网站,它的所有竞争对手在作搜索引擎优化,即 SEO(Search Engine Optimization)的时候,都在竞争"China tour"和"China travel"这两个词。但是,即使给这个词排到第一名,每天带来的流量也不多。通过专业的关键词分析工具分析可以发现,使用"China tour"这个词查询的老外很少,而使用"China tours"的人要比使用"China tour"的人多好多倍,但是搜索频率依然不是很高。旅行社在经营网站时,不要为了排名做 SEO,而要为了赚钱来做 SEO,想赚钱,必须获得更多的客户,想获得更多的客户,必须搞大量的流量,想搞大量的流量,必须搜索大量的关键词,寻找爆破点。

寻找爆破点,要从关键词分析着手:第一类是热门词,如"China tours"、"travel to China"、"China hotel"等,这类词虽然热门,但是日检索量有限,同时竞争非常厉害,所以不是考虑的重点。第二类是旅游景点,如长城的英文写法,"Great Wall of China"这个词每天搜索量有上万次。甚至每天搜索长城有多长的老外也有几百人。所以把所有的景点都当做关键词,也是一个不小的量。第三类是地名 + travel,如"travel to Beijing"、"travel to Shanghai"。第四类是地名 + hotels,如"Beijing hotels"、"Guangzhou hotels"。第五类是 cheap + 地名 + flights,如"cheap Beijing flights"、"cheap Shanghai flights"。第六类是真正的爆破点,即城市名 to 城市名 + cheap flights。保守一点儿计算,500 个城市组合,就是 25 万个关键词。在该策略的框架下,设计关键词网页的模板,在模板中直接把关键词布局和内部链接构架设计好,接着用程序制作 web 界面,几十万个关键词网页就建好了。有了这几十万个关键词网页,不费吹灰之力,几个月后,中青旅英文网站流量就增长了 15 倍。

11.1.4 旅游饭店营销

旅游饭店包括向所有类型的游客提供商业性或准商业性过夜住宿设施的所有机构。它是旅游目的地设施的一部分,也对旅游目的地的吸引力具有重要的作用。旅游饭店的产品是由旅游饭店提供的一系列服务构成的,主要包括预订服务、接待服务、结账服务、客房服务、餐饮服务、康乐服务等。饭店经营需要遵循自身规律,开展营销,取得更大的竞争优势。

1)旅游饭店营销的特点

旅游饭店营销与其他旅游产品营销相比,具有自身的一些特点:

(1)受地理位置影响较大。旅游饭店一旦建成开业,其经营位置就固定下来。位置对饭店的经营有着极强的影响,它决定着企业能够获得何种市场组合,决定着营销战略战术。所以,企业在进行投资开办新饭店项目之前的可行性研究时,必须首先评估待选地址固有的市场需求潜力。

(2)经营业务存在季节性。旅游市场需求具有季节性的特征导致旅游饭店在经营上存在高峰和低谷。这些高峰和低谷由于时间和变动幅度的不同而形成不同的需求模式。

(3)综合多元且以客房销售为重点。旅游饭店是集餐饮、住宿、购物、娱乐、休闲等为一体的经济组织，具有一定的复杂性。配合旅游饭店的产品与服务，其市场营销也是多种职能共存，具有综合性的特点。但是在所有销售中，因为客房销售对总利润的平均贡献突出，且对餐饮和其他服务有促进作用，工作人员通常将其作为重点进行营销。

(4)以预订者为营销对象。在旅游饭店销售中，预订者与消费者并不统一。旅游饭店的营销对象应该始终是预订者。预订者可能是住店者本人，也可能不是，但他对饭店产品的销售起着至关重要的作用。

2)旅游饭店营销的战略战术

在旅游饭店选址确定下来，开始进入到实际运营阶段，旅游饭店营销人员需要根据选址所带来的需求潜力和需求特征，选择适合的战略战术。

(1)市场定位及市场形象战略。任何一家旅游饭店在经营中都要根据具体的环境因素、企业自身条件和消费者情况，明确企业的细分市场并进行市场定位，开发、设计、提供旅游饭店综合产品和服务。目前，旅游饭店提供的产品和服务有着很大的相似性，为了凸显企业的个性，与其他饭店及其产品服务区别开来，必须建立自身的差异性和品牌知名度。

配合市场定位及市场形象战略，以下战术可作参考：

- 创建品牌，明确自身的品牌标志、口号、形象和可区别特征。目前，我国酒店无论在种类上还是在数量上都较为可观，行业内部竞争相对也较为激烈。如何能脱颖而出，赢得顾客的注意，并激发他们的消费欲望，酒店自身需要重视特色化的塑造，发掘目标客户的需求，建立品牌差异，建立有品牌特色的价值服务，通过差异性的体现突出品牌价值。

- 借助信息传递，实现市场定位，对目标客户及大众阐述企业的经营理念，介绍产品与服务，树立企业形象。主要信息传递工具包括旅游饭店介绍、口碑推荐、媒体宣传、媒体广告、宣传资料、员工面貌、饭店价格与氛围等。

- 旅游饭店公共形象塑造也是形象定位战略的有效战术之一，结合节能环保与社会公益，通过公共关系的培养提高整体形象。旅游饭店在力所能及的范围内，可以为所在社区、所在城市等贡献自己的力量，一方面有利于推动社区和地方的发展，另一方面也有益于品牌与形象的提升。

【知识链接 11－3】

旅游饭店特色经营与公关活动

卡尔森国际酒店集团旗下的丽晶酒店，其国际名声的建立依靠品牌一贯以来注重细节的高品质顾客服务，突出表现在丽晶员工问候新老客人从来不用“先生”、“太太”等统称，而是称呼客人的具体名字，进而让客人感到别样的温馨与受欢迎。集团的另一酒店品牌丽怡在塑造形象方面主要突出该品牌对顾客阅读的重视。大部分丽怡酒店都设有“图书馆(Read It & Return Lending Library)”，客人可以免费租借自己喜爱的图书，并在下次光临丽怡酒店时归还。经济型酒店旅行小站(Travelodge)在全球250多个分店经营中则以便利的宠物服务赢得顾客的青睐，以地方法规为依据将自身定位为宠物友好酒店，方便旅行者携宠物入住，并提供宠物服务。

此外在公关活动方面，高端酒店领军集团之一的费尔蒙 & 莱佛士国际酒店集团旗下的莱佛士酒店与度假村设有专门的社区承诺，建立 REACH 社区计划，寄意为回报（Rendering）、鼓励（Encouragement）、帮助（Assistance）、关心（Care）与希望（Hope），支持当地儿童、艺术、环境事业。希尔顿酒店公司关心大气污染问题和全球变暖现象，保护世界环境，在可持续发展的范畴内经营酒店业务，造福子孙后代。其郑重承诺"五年减排计划（five - year reductions）"，即在 2009 年至 2014 年减少 20% 的能源消耗，减少 20% 的二氧化碳排放，减少 20% 的废物排放，减少 10% 的水消费。

（2）结合市场调研规划产品与服务战略。旅游饭店根据选址所带来的需求潜力和需求特征，应该选择最佳的或盈利能力最大的细分市场组合，并根据这些市场的需要开发和促销具体的产品和服务。例如，一家地处商业中心的四星级酒店在竞争中为了更好地吸引潜在顾客，进行深入的市场研究，对其基本客户作出结构分析（商务散客占 30%、公司商务客户占 40%、休闲散客占 10%、旅游团队占 20%）。在此基础上，该饭店调整了产品服务，加强了内部的各项商务设施和会议设施，并在商务中心之外开设个人工作室服务；深化员工培训，提高员工的服务能力和服务质量；大力引入会议业务并与公司客户加强联系与合作等，巩固竞争优势。

在市场调研的基础上，要使提供的产品与服务在同行业中脱颖而出，以下战术可作参考：

- 超越预期

在规划产品与服务时，营销人员可以将超越预期的概念引入其中，给消费者创造意外的惊喜，借此提高产品与服务的知名度。所谓超越预期的实现要与顾客关系管理结合起来。例如，某星级饭店有着较为全面的消费者数据库，当消费者再次入住时，该饭店会根据数据库的记录个性化地安排客房，免费提供客人最爱的巧克力、糕点或其他小食等，让客人在进房间的第一时间感到别样的温馨。这一举措就是从小细节超越顾客预期的做法。

- 100% 满意保证

服务行业要保持"零失误率"是不现实的，但是有失误并不代表不满意。相反，在第一时间化解服务危机能有效地将顾客的抱怨转化成他们对公司的信任。100% 满意保证的实现需要大力依靠服务危机化解体系建设。通过事前承诺，事中道歉、协助解决、补偿和事后跟进来兑现满意度，旅游饭店可以使产品和服务真正深入人心。

（3）激励与奖励战略。有效地激励和奖励常住客也是旅游饭店战略营销的内容之一。常住客对于饭店而言具有十分重要的价值，不仅他们本身的决策能给饭店带来销售收入，他们还会带动亲友和其他参照群体，实现饭店营销目标。在激励和奖励方面，旅游饭店常用的方式有：

- 建立并完善顾客关系管理，记录个人基本信息和个性化资料，保证激励和奖励活动的顺利开展。
- 建立会员俱乐部，鼓励顾客免费加入，并提供各项超值产品与服务，如快速登记入住、高速网络服务、免费本地电话、本地报纸提供、套房升级等。

• 实施顾客忠诚计划，通过积分的累积和兑换获得有吸引力的奖赏，如美食餐券、免费入住等。

(4)联合营销战略。联合营销战略是指企业在营销时能够与其他企业一起达成一定程度的协作，进行联合营销。在分销方面，旅游饭店间可以相互推荐业务；在促销方面，合作开展经营，进行联合广告；在产品和定价方面，协调统一价格，避免价格战而造成两败俱伤。

配合联合营销战略，以下战术可作参考：

• 建立联合营销中央预订系统，使各饭店能便捷高效地进入销售网络。

• 利用公共专业营销队伍联合制定宣传册、广告等资料，或集体参加行业交易会和展览。例如，"世界一流饭店组织"一年一度的饭店指南便是众多独立的豪华精品饭店开展宣传销售的重要途径。

在联合营销之外，旅游饭店当然也不能忽视独立的企业营销。旅游饭店可以充分挖掘节假日文化内涵，组织节庆活动，提高饭店人气和饭店销售；可以与网站和其他渠道合作，推销产品和服务；提供价格折扣，增加产品与服务的吸引力；鼓励中间商，激发零售分销系统等。

11.2 旅游市场营销仿真实践

在系统学习的基础上，本章节以"当地大学生假期旅游行为及大学生旅游项目开发调研"为项目，在任务引导的模式下，学生以团队形式完成旅游市场营销仿真实践，提高营销综合能力。

11.2.1 任务一：编写旅游市场调研问卷

当地大学生假期旅游行为调研及大学生旅游项目开发需要建立在调研的基础之上，结合本书前几章的学习内容，请为此次市场调研设计一份调查问卷。

1)任务关键点

营销团队在以"当地大学生假期旅游行为及大学生旅游项目开发调研"为主题，设计调研问卷的过程中需要解决三个主要问题：

• 问卷版式

• 问卷内容

• 问题形式

在问卷版式方面，营销团队可以参考常见的几种设计版本。通常，问卷除了要有标题之外，为了更能体现其正规性，我们可以在标题之下写一段简短的说明，其内容主要包括调查组织者身份、调查目的、问卷填答时间预估、致谢及问题反馈。在说明之后，问卷正式进入提问环节。在所有问题之后，可再次用文字对回答者表示感谢。

在问卷内容方面，对于旅游的调研，通常围绕旅游吃、住、行、游、购、娱六大类展开，并对营销组合作整体的了解。就本次问卷内容可以设计为旅游目的地类型选择、交通工具选择、住宿及用餐类型选择、对购物及娱乐的需求、旅游信息渠道来源、旅游动力来源、旅游活动设计偏好、可承担的价格水平、旅游促销偏好以及个人基本信息等。

在问题形式方面，问卷要考虑填答者的便利程度以及后续统计的可行程度，尽可能地运用便于回答、便于衡量的提问形式，避免过多的开放式提问。

2）任务样本

以下为以宁波为例的大学生假期旅游行为及大学生旅游项目开发调研问卷的参考版本：

宁波大学生的假期旅游行为及大学生旅游项目开发调研问卷

本人为宁波×××学院旅游管理专业的在校学生。本次问卷调查是旅游市场营销实务的课程组成，目的在于了解宁波大学生的假期旅游行为，进而为其设计相应的旅游服务。本次问卷回答是完全自愿的，大约会占用您 5 分钟时间，非常感谢您对我们工作的支持。在问卷回答过程中，如若有任何问题，您可联系×××，电话为××××××××。

Q1. 在即将到来的假期，您计划：

□工作

□小型短途旅游(1～2 天)

□度假(3 天或更多)

Q2. 下个假期您计划去旅游的主要目的地是

____

Q3. 在下面几组数据中，您下个假期旅游的总开销大概是

□￥200 元以下　□￥200～500 元　□￥500～1 000 元

□￥1 000～2 000 元　□￥2 000 元以上

Q4. 下个假期，您计划旅游会选用的主要交通工具是

□火车　□私家车　□租车

□飞机　□船　□的士

□客车　□其他，请注明__________

Q5. 下个假期，您会选择的旅游住宿类型是

□宾馆　□旅馆　□朋友、亲戚家

□朋友寝室　□其他，请注明__________

Q6. 一般在假期旅游中您去哪里用餐？

□快餐店　□小餐厅　□自备

□便利店　□正规餐厅　□其他，请注明__________

Q7. 下次假期旅游，您打算怎么组织？

□自己一个人旅游　□和几个老朋友、亲戚一起去旅游

□和一群新认识的朋友旅游　□其他，请注明__________

Q8. 对于下列信息渠道,您认为他们对你的下次假期旅游会起到多大的作用?

信息渠道	非常重要	重要	不确定	不是很重要	不重要
朋友/亲戚					
旅游中介					
网络					
旅游介绍手册					
报纸/杂志					
电视					
收音机					
以前的经验					
其他,请注明__________					

Q9. 对于下列理由,请选择它们对您计划下次旅游的重要性。

理由	非常重要	重要	不确定	不是很重要	不重要
拜访远方的朋友/亲戚					
放松休闲					
逛街购物					
逃避现有生活					
看体育等赛事					
体验不同的文化					
夜生活					
挑战自我、尝试不同的新事物					
美食					
参加活动					
结交新朋友					
学习新事物					
去很多人想去的地方					
和朋友/亲戚结伴聚会					
打工					

续表

理由	非常重要	重要	不确定	不是很重要	不重要
被广告吸引前往					
旅游地安全					
旅游地物价低					
在宁波待久了,想出去走走					
其他,请注明__________					

Q10. 最近,您在旅游时想做下列活动的程度是

活动	非常想	想	不确定	不太想	不想
购物					
看自然风景					
看历史遗迹					
去海边					
参加体育赛事					
外出吃饭					
夜生活/酒吧/迪斯科					
探险活动					
参与旅游地生活					
导游陪同参观					
参加活动					
逛大城市					
度假休闲					
学外语					
其他,请注明__________					

Q11. 您的性别是　　　　□男　　　　□女

Q12. 您的学历是

□专科　　　　□本科　　　　□硕士/博士

再次感谢您的配合!

【职业道德与企业伦理 11 -1】

旅游市场调研问卷设计注意点

旅游市场调研问卷在设计时,通常以匿名的方式呈现,在提问环节要注意保护答卷人的隐私和敏感的个人信息。旅游企业在调研问卷回收后要注意保存,切不可随意处置,导致回答者的资料外泄,给他们带来不必要的麻烦与困扰。

问题:为什么旅游企业要保护答卷者的隐私和个人信息?

分析提示:旅游企业要秉着负责的态度对待每一位问卷回答者,这是一个企业的道德。只有企业做到了这一点,问卷回答者才会对其产生信赖感,才会更好地配合工作的开展。

11.2.2 任务二:实施旅游市场调研

在问卷的基础上,营销团队需要开展实际的调研,实现信息收集。在工作中,营销人员可以以问卷调查为主,附加随机的访问与交流,使所得信息更加全面、深入。

1)任务关键点

旅游市场调研的开展需要设计合理的调研方案,本任务的完成所要解决的关键问题是抽样选择及问卷分发与回收设计。

由于受到人力、物力、财力的限制,大规模的普查并不常见,营销人员更倾向于进行抽样调查。好的抽样要具有代表性,即所抽样本要能反映调查对象的整体特性。通常调研的抽样是随机进行的,但是完全的随机有时并不能很好地体现被调查群体特征。营销人员在抽样前需要首先研究被调研群体的结构,在此基础上进行各结构层次内部的随机抽样,才能更好地完成任务。

问卷的发放与回收要讲究科学性与可行性。发放时间、地点的选择要合理,不要对被调研对象造成负担,要挑选他们有时间、有空闲的时候,以提高被调研对象的配合度以及问卷回答的准确率。问卷回收要给人以方便感,要鼓励调研对象主动递交或自己主动回收。

2)任务样本

以宁波为例的大学生假期旅游行为及大学生旅游项目开发调研在实施市场调研环节确定抽样比例之后,可以先就宁波大学生的结构作具体的分析。如果条件允许,营销团队可以兼顾每所大学当然是最好的,但是往往在实际工作中人手和资金都是有限的,所以我们可以首先对大学进行抽样,如将宁波的所有大学罗列出来,按本、专科分为两大类。本科又可以根据其公办、私立的不同分类;专科则可进一步根据综合性或专一性分类。将大学分别对应到四小类,然后根据每个类别院校数量的多少确定抽样数量,并选取相对具有代表性的院校作为抽样对象。大学确定后,根据每所院校人数的多少,按比例分配抽样名额。在单所院校抽样还要进一步研究其大学生组成,是清一色的专科生或本科生,还是专本科生都有,或是既有本科生又有研究生等,以便最终确定各类学生的抽样人数。

在问卷分发回收中,可以选取傍晚的时间段,到学生生活区开展工作。营销人员可以考虑比较直接且回收率较高的到寝室进行随机问卷发放及现场回收。为了减少问卷遗漏，营销团队在回收方面可以考虑在人流较多的地点设立回收箱，并对主动配合的调查对象采取分发小礼物的做法以提高他们的积极性。

11.2.3 任务三：分析旅游市场调研结果并开发相应的大学生旅游项目

完成实地市场调研后，营销人员需要对调研的结果进行分析总结，使零散的数据系统化、科学化，为营销方案的设计提供依据。

1)任务关键点

在进行旅游市场调研结果分析的过程中，通常营销人员需要对问卷中可以量化的数据进行量化操作。例如，以任务一的调查问卷为例，针对信息渠道的第八个问题在结果分析时可以将各个选项用数字来定量，非常重要为 5、重要为 4、不确定为 3、不是很重要为 2、不重要为 1。在统计时将填答者的数据相加取平均值，就可以对信息渠道的重要性进行排序。在统计中计算机是必不可少的工具，学生要加强计算机程序的运用，帮助自己更好地完成分析统计工作。在调研结果总结中，建议使用图文结合的方式进行陈述，以加强直观性和形象性。

相应的大学生旅游项目开发需要围绕调研分析结果展开，根据吃、住、行、游、购、娱等多方面信息组合旅游产品并设计其他旅游营销组合。

2)任务样本

以宁波为例的大学生假期旅游行为及大学生旅游项目开发调研在分析统计过程中，营销团队要利用计算机对问题进行科学分析。针对问题 1、3、4、5、6、7，统计出较多的备选项；针对问题 8、9、10，量化后进行重要性或意愿排序。营销人员可以适当对照性别和学历来分析备选项，若无明显差异可将大学生作为统一人群对待，若根据性别或大学课程级别，旅游喜好与消费需求有较大不同，营销人员则要对大学生市场进行一定程度的细分，区别对待。在分析的基础上，在结果陈述中营销人员可用数据加强其可信赖度。单一的文字表述过于枯燥，建议利用图表，使结果让人一目了然。

大学生旅游项目开发要紧紧围绕调研分析结果，发挥营销小组的团体智慧，完成旅游产品设计并对其加以定价，选择适当的渠道和促销方式向目标市场营销。

11.2.4 任务四：撰写旅游市场调研报告

在前期工作的基础上，营销人员需要撰写旅游市场调研报告，使调研成果形成书面材料，递交上级部门审阅。

1)任务关键点

撰写旅游市场调研报告需解决的主要问题为格式与内容。在格式方面，市场调研报告的格式根据具体实际不能一概而论。针对本次调研，较为完整的旅游市场调研报告可以分为以下几个部分：

- 封面：明确基本信息，如营销报告标题、营销团队组成等。
- 引言：该部分可有可无，主要起到引入的作用，并在其中阐明报告的意义、作用和背景。
- 市场现状：了解当前针对大学生假期旅游的市场实际，如产品与服务的提供，配套的价位、营销渠道及销售情况，并对该情况进行介绍。在介绍的基础之上，该部分可以配合 SWOT 分析,使之更为系统化。

- 市场调研:对本次市场调研过程即方式进行阐述,如抽样方式及组成、抽样合格率、调研时间与地点、调研过程等。市场调研的科学性可增强调研结果的可信性。
- 结果分析:对调研的结果进行分析,并采用图文结合、引用数据的方式进行陈述。
- 营销建议:结合当前市场现状与调研结果,给出营销团队的专业意见,针对性开发或改良旅游产品,作出吃、住、行、游、购、娱全方位的设计,并给出报价、营销渠道与促销组合的配套。

另外,旅游企业对自身所作的市场调研也十分常见。该类调研的格式可以参考以下几个部分:

- 封面:明确基本信息,如营销报告标题、营销团队组成等;
- 目录:清晰地告知具体内容的起始页码;
- 公司简介:简单地描述公司的经营状况和经营主要任务;
- 市场现状:介绍当前市场现状、客户主体、经营重点、产品现状、市场营销组合以及竞争情况,可以配以数据支持说明问题;
- SWOT 分析:根据市场现状作出公司强项、弱项、机遇及潜在威胁的分析;
- 目标陈述:简述营销目标与财政目标;
- 目标市场:针对本次营销,进行市场细分、市场选择及定位,确定目标市场的组成,并陈述其购买行为及特征;
- 营销战略:从产品、价格、渠道、促销等策略入手制定战略;
- 行动计划:以单位时间为标准,如月份、季度等,制订年度行动计划;
- 预算:根据行动计划确定预算;
- 存在的缺陷:简述研究存在的问题以及今后的工作方向;
- 参考文献:将参考文献罗列出来;
- 附录:如有附录放在参考文献之后。

在内容方面,旅游市场调研报告要注重逻辑性,意见、建议、策略等的提出要有根有据、思维严密,切不可凭空撰写。在语句方面要精简、扼要、书面化,避免拖沓冗长及过多的描述。

2)任务样本

参照上述格式,营销团队完成市场调研报告的撰写。在内容严谨、有逻辑之外,格式方面还要注意字体、行距、空格、图表以及各级标题等的统一,做好排版工作,方便审阅者阅读。

宁波大学生的假期旅游行为及大学生旅游项目开发调研报告

××。

一、市场现状

××。

(一)市场需求现状

××。

(二)产品与服务现状

××。

(三)产品配套现状

××。

二、市场调研

××。

(一)抽样

××。

(二)调研设计

××。

1)时间选择

××。

2)地点选择

××。

3)调研过程

××。

三、结果分析

××。

(分点阐述)

四、营销建议

××。

(分点阐述)

11.2.5 任务五:组织旅游市场调研结果展示及评比

为了更好地锻炼营销人员的口头表达及提案能力,团队间可以进一步组织旅游市场调研结果展示及评比,以达到相互学习、扩充思路、提高能力的目的。

1)任务关键点

为了较好地完成该项任务,小组需要制作 PPT 以更好地展示。PPT 制作需要结构明晰,方便观阅,避免使用过多的文字来进行冗长的展示。营销人员可以通过提纲挈领的分点陈述配以必要的图表来进行说明。

在陈述的过程中,要注意衣着得体,仪态大方,语速适中,声音洪亮,发音清晰。展示者要与听众保持目光交流,切不可一味地盯着 PPT 进行简单的阅读。营销人员在 PPT 的基础上对重点问题要展开进行深入说明,最好能做到脱稿或半脱稿的讲演。

2)任务要求

完成该项任务首先要求进行 PPT 制作,然后营销团队可以派一人或几人配合 PPT 进行当地大学生假期旅游行为调研及大学生旅游项目开发的陈述。PPT 制作及陈述要求如下:

- 以小组为单位,要求制作 PPT 进行展示;
- 每组发言时间 15 ~ 20 分钟;
- 每组需要在调研的基础上,根据结果,给出一个具体的旅游产品设计及相关的活动安排,并与调研结果保持逻辑上的统一;
- 每组在产品的基础上,给出报价,并说明报价的由来;
- 每组根据调研结果,给出旅游产品的销售渠道选择;
- 每组根据调研结果,给出旅游产品的促销方式安排。

【情境模拟 11 – 1】

场景:舟山作为旅游目的地要大力开发其旅游资源与项目,作为营销顾问团,请以小组为单位提出科学的意见与建议。

操作:学生随机组合成为营销顾问团队,对该旅游目的地的旅游资源进行整合,分析其中最有代表性、最具特色的旅游资源,用形象的语言对旅游资源进行描述,给出舟山旅游主题定位,并提炼宣传口号。

知识题

11.1 旅游目的地营销有何战略战术?

11.2 旅游景点事件营销有何注意事项?

11.3 旅行社品牌建设战略可配合哪些战术开展?

11.4 旅游饭店营销有何战略战术?

实务题

学生以营销团队为单位,对当地某一旅游景区进行内外环境的分析,配合“十一黄金周”,对该景区进行营销组合设计。

案 例 题

春节过后,旅游市场进入了相对的淡季,接下来的三八妇女节是各旅行社争夺的市场热点。

由于三八妇女节期间出游以女性为主,同时多为团体预订,规模通常较大,很多旅行社一早就开始抢这块蛋糕,不少单位也早早与旅行社协商线路,让女同胞可以玩得更舒心。为了显示女性节日的特点,旅行社纷纷在价格上对女性倾斜,同一线路女性报名可获得一定程度的优惠。

旅行社还针对女性的爱好和特点,专为妇女节设计了“妇女线路”,如为山西线路加入了剪纸项目;为昆明线路设计了扎染项目;为陕西线路增添了亲手制作绣花鞋项目等,并进行重点介绍、大力宣传。

三八妇女节旅游线路的另一个主角是花。考虑到女性爱花,且正是春暖花开的季节,旅行社在设计产品时用“花”取悦游人:欧洲线路特别安排了“荷兰郁金香之旅”;云南罗平线路特地安排了“菜花游”。

另外,女人是水做的,温柔且需要精心呵护。很多旅行社也推出了以“水”为主题的旅游项目,汇聚了温泉、海岛、海滩等以“玩水”为特色的产品与服务。部分旅行社还为女性旅游团安排了随团摄影师,专为爱美的女性拍照。

问题:旅行社针对三八妇女节的营销有何可取之处?

分析提示:在针对三八妇女节的旅游营销中,旅行社能很好地以潜在目标顾客为出发点,考虑到她们的消费特点与喜好,科学地组合产品与服务。这是旅行社营销关键且重要的一步。有了充满吸引力的产品与服务,配合其他营销组合,旅行社才有可能赢得顾客的青睐。

资料来源:杨益新. 2010. 旅游市场营销学[M]. 北京:清华大学出版社.

实 训 题

实训项目:学生分角色扮演旅行社门市接待人员以及前来咨询的顾客,在明确旅游时间、旅游需求等的基础上,进行旅游产品及服务的推荐、营销工作。

实训目的:通过实训,使学生能很好地进入到工作实际,对营销知识进行活学活用;同时,在扮演顾客的过程中能进行换位思考,发掘顾客喜好。

实训步骤:本实训可以通过以下步骤实现:①随机组成小组,模拟扮演旅行社门市接待人员以及前来咨询的顾客;②一组进行角色扮演的同时,其他同学在旁观看,并进行点评,指出成功与失败之处;③教师点评,如有条件可与实训基地开展工学结合,将模拟实训提升至实战演练。

实训成果:小组口头演练。

参考文献

陈尚懋.2010.泰国观光业的政治经济分析[J].台湾东南亚学刊(7).
陈云川,张洪刚.2009.饭店市场营销[M].北京:机械工业出版社.
谷慧敏.2007.旅游市场营销[M].北京:旅游教育出版社.
刘晓明.2011.旅游市场营销[M].上海:上海交通大学出版社.
屈云波.1997.饭店业营销[M].北京:企业管理出版社.
沈杨.2011.旅游市场营销与管理[M].北京:人民邮电出版社.
魏敏.2005.旅游市场营销[M].长沙:中南大学出版社.
吴金林.2003.旅游市场营销[M].北京:高等教育出版社.
颜永国.2010.上海旅游市场调查分析[J].统计科学与实践(5).
杨丽佳.2006.市场营销案例与实训[M].北京:高等教育出版社.
杨益新.2010.旅游市场营销学[M].北京:清华大学出版社.
张云中.2004-07-04.北京海洋馆:魅力商务空间[N].国际商报.

大家经管·新世纪高职高专精品教材系列

❖ 新世纪高职高专精品教材·财经类专业核心课

货币银行学(省级精品课教材)	钱　晔
税务管理实务(省级精品课教材)	邢玉敏
应用统计学(省级精品课教材)	宫春子
应用统计(项目化课程教材)	刘大赵
纳税实务(省级精品课教材)	高素芬　范雅玲

❖ 新世纪高职高专精品教材·工商管理类

人力资源管理	魏世红　谭开明
管理沟通实务	南志珍　吕书梅
企业管理实务	王永芳　吕书梅
消费心理学	朱吉玉
管理心理学	陈　勇
管理学基础	朱吉玉
网络营销与策划	杨雪青

❖ 新世纪高职高专精品教材·旅游类

导游服务英语	俞　圆
旅游心理学	朱吉玉
旅游市场营销	沈金辉
前厅客房服务与管理	廖建华
旅游景区服务与管理实务	廖建华　陈文君

❖ 新世纪高职高专精品教材·秘书专业

行政管理学	范思凯

文书工作与档案管理　戈秀萍
商务秘书实务(重庆市市级精品课)　张　东
办公自动化　疏　靖
新编秘书事务管理　谭书旺

❖ 新世纪高职高专精品教材·财政金融类

金融学　方晓雄
期货投资实务　方晓雄
商业银行经营与管理(第二版)　满玉华
商业银行经营与管理习题与实训(第二版)　满玉华
国际金融(第二版)　李军燕
国际金融习题与实训(第二版)　李军燕
金融市场学(第二版)　张丽华
金融市场学习题与实训　张丽华
证券投资(第二版)　张丽华
证券投资习题与实训　张丽华
金融学基础(第二版)　李　春　曾冬白
金融学基础习题与实训(第二版)　李　春　曾冬白
保险理论与实务　郑祎华　迟美华
保险理论与实务习题与实训　郑祎华　迟美华
保险会计　孙迎春
保险会计习题与实训　孙迎春
银行柜员业务操作　丁贵英
国际结算　石月华
国际结算习题与实训　石月华　刘　晶

❖ 新世纪高职高专精品教材·财务会计类

管理会计(项目化课程教材)　张学惠
出纳岗位实务　周东黎

❖ 新世纪高职高专精品教材·公共基础课

应用文写作　徐明友
现代交际礼仪　金常德